Wolfgang Hantel-Quitmann und Peter Kastner (Hg.)
Die Globalisierung der Intimität

D1721294

REIHE »PSYCHE UND GESELLSCHAFT«
HERAUSGEGEBEN VON JOHANN AUGUST SCHÜLEIN
UND HANS-JÜRGEN WIRTH

Wolfgang Hantel-Quitmann und Peter Kastner (Hg.)

Die Globalisierung der Intimität

Die Zukunft intimer Beziehungen im Zeitalter der Globalisierung

Psychosozial-Verlag

Die Deutsche Bibliothek - CIP-Einheitsaufnahme

Die Globalisierung der Intimität : die Zukunft intimer Beziehungen
im Zeitalter der Globalisierung /
hrsg. von Wolfgang Hantel-Quitmann und Peter Kastner.
- Gießen : Psychosozial-Verl., 2002
(Reihe »Psyche und Gesellschaft«)
ISBN 3-89806-133-7

© 2002 Psychosozial-Verlag
Goethestr. 29, D-35390 Gießen,
Tel.: 0641/77819, Fax: 0641/77742
e-mail: info@psychosozial-verlag.de
www.psychosozial-verlag.de
Alle Rechte, insbesondere das des auszugsweisen Abdrucks
und das der photomechanischen Wiedergabe, vorbehalten.
Umschlagabbildung: Linde Salber: »Greta is speaking«
Weitere Bilder von Linde Salber finden Sie unter
www.fine-artgalleries.de
Umschlaggestaltung: Christof Röhl nach Entwürfen
des Ateliers Warminski, Büdingen
Lektorat: Simone Ott
Satz: Mirjam Juli
ISBN 3-89806-133-7

Inhalt

Willkommen im 21. Jahrhundert!

Martin J. Kirschenbaum

Vor vielen Jahren, in den Dreißigern und Vierzigern des 20. Jahrhunderts, saßen wir vorm Radio und hörten gespannt die Abenteuer des »Lone Rider« an, beteiligten uns an tiefen interessanten Gesprächen, sprachen über unsere Träume und erzählten unsere Witze real anwesenden Menschen: in unseren Familien, in der Nachbarschaft, in Gruppen von Freunden und Kollegen. Technik und Elektrizität hatten unser Leben dramatisch verändert: Autos, elektrisches Licht, Verkehrsampeln, Telefon, U-Bahnen und S-Bahnen. Doch damals dachten wir, unser Leben verliefe eigentlich langsam.

Dann wurde unser Leben schneller und schneller. Die Autos füllten mehr und mehr unsere Straßen und unsere Autobahnen. Die Flugzeuge flogen schneller und schneller. Das Fernsehen wurde erfunden. Ein neues Phänomen wurde geboren: Menschen, die auf diese erleuchtete Kiste blickten, die uns bewegte Bilder von anderen Menschen bescherte. Jede Bewegung schien sich nach außen und aufwärts zu entwickeln, sogar um unseren Planeten herum bis zum Mond und zurück. Doch nicht einmal in unseren wildesten Träumen konnten wir uns vorstellen, was wir heute, zu Beginn des 21. Jahrhunderts beobachten können.

Technologie trennt und verbindet

Wenn ich heute durch die Straßen gehe, sehe ich Menschen, die aussehen, als ob sie laut vor sich hin sprächen. Merkwürdig. Im alten 20. Jahrhundert hätten wir angenommen, sie wären psychotisch, hätten Geldprobleme bei ihrer Bank, würden zum Geist eines toten Freundes, eines verstorbenen geliebten Menschen oder eines Elternteils sprechen. Oder sie wären schlicht Alkoholiker. Jetzt kommen noch mehr von diesen fremdartigen Menschen vorbei. Einige halten ein Objekt an ihr Ohr, andere haben etwas in den Ohren. Da kommt noch jemand mit zwei von diesen »Handys«, wie man sie nennt, eins an jedem Ohr. Spricht er mit zwei Menschen zur gleichen Zeit? Noch mehr Leute tauchen auf, die laut vor sich hin sprechen. Ich bin sehr überrascht, dass sie gar nicht aufpassen, wo sie lang gehen, sie beachten sich nicht und begrüßen sich nicht – wie unhöflich.

Um Himmels Willen! Jetzt sehe ich in jedem zweiten Auto Menschen mit »Handys«. Was passiert hier? Hoppla – jetzt hat mich beinahe einer angefahren, obwohl ich mich auf dem Fußgängerbereich befand, der deutlich gekennzeichnet ist. Der Bursche hat mich nicht gesehen. Bin ich unsichtbar für ihn?

Wenn ich einen Zug besteige, ertönt ein spezielles Geräusch, ein ständiges Klingeln, manchmal sogar eine kleine Melodie, der Anfang eines Liedes. Ungefähr zwanzig Frauen und Männer nehmen fast gleichzeitig ihre Handys in die Hand, um nachzusehen, ob ihr Gerät klingelt. Manchmal geschieht dieses Phänomen einmal, manchmal zwei- oder dreimal – ein technologisches Ballett in perfekter Harmonie. Was ist aus den aufregenden Gesprächen in Zügen geworden, die wir so schätzten? Vorbei. Man spricht nicht mehr mit seinen Mitreisenden. Wie merkwürdig sich Intimität im 21. Jahrhundert entwickelt, verbunden miteinander in der Ferne, getrennt voneinander in der Nähe.

Eine Taube landet auf dem Dach einer Bank in Hamburg. Einige Tage vergehen und die Menschen bemerken, dass der Vogel noch dort oben sitzt, immer allein. Es ist eine Brieftaube. Einem der Angestellten der Bank fällt ein Ring am Fuß des Vogels auf, er kommt aus den Niederlanden. Er gibt das Stichwort »Brieftaube gefunden« ins Internet ein und einige Stunden später befindet sich die Taube im Flugzeug in einem Käfig auf dem Weg nach Hause zu ihrem Besitzer. Wunderbar, dieses 21. Jahrhundert.

In Österreich wird ein Skifahrer von einer Lawine verschüttet. Sein Handy ermöglicht eine schnelle Rettung, das Signal kann von einem Hubschrauber aus geortet werden, so dass ihn die Retter nach kürzester Zeit finden. Wie wundervoll! Die neue Technologie ermöglicht eine schnelle Verbindung zwischen dem Verunglückten und seinen Helfern.

Ein amerikanischer Flugzeugträger befindet sich irgendwo im Pazifik in der Nähe von Taiwan. Der Kapitän befiehlt seine leitenden Offiziere in die Messe – damit sie über einen Bildschirm die Geburt seines Sohnes in einem Krankenhaus in Nashville, Tennessee, simultan miterleben können. Der frisch gebackene Vater ruft die Mutter an und sie sagt: »Wie schön, dass du dabei bist.« Er ist dabei, seine Kameraden sind dabei, wir alle sind dabei – eine intime Familie, gleichzeitig Tausende von Meilen voneinander entfernt. Wie wundervoll!

Welchen Weg werden wir einschlagen? Wie sehen die neuen Richtlinien und Verhaltensregeln aus, die in eine neue Ethik münden, damit wir von dieser unbegreiflich schnellen und kraftvollen Welt der sich ständig verbessernden Mikro-Technologie profitieren können und nicht unter ihr leiden?

Abhängig von Maschinen

Heutzutage können wir die aktuellen Aktienkurse von einer Armbanduhr oder vom Handy ablesen, in einem Auto telefonieren, fernsehen und Videofilme ansehen. Wir können sogar Therapien via Satellit über große Entfernungen durchführen. Wir könnten dabei das absurde Ritual einführen, dass am Ende jeder Sitzung Therapeut und Patient den Monitor berühren, um sich voneinander zu verabschieden. Durch die Verbindung per Computer oder TV-Monitor können wir aber auch das Leben eines Patienten in einem kleinen weit entfernten Ort mit relativ geringen medizinischen und therapeutischen Ressourcen retten.

Ebenso kann es uns passieren, dass wir einen intensiv mit dem Computer vorbereiteten Vortrag verlieren, weil ein Computervirus, eine falsche Eingabe oder eine kurze elektrische Spannungsschwankung unsere Arbeit zunichte macht. Wir sind von unseren neuen Maschinen abhängig geworden und werden permanent von anderen mit diesen Maschinen, die wir selbst geschaffen haben, eingeengt. Wir sind ständig erreichbar und leben wie in einer permanenten technisch induzierten Notfallsituation. Unsere intimen Grenzen werden ständig überschritten; wir haben es möglich gemacht und wir lassen es zu.

Am 14. Mai dieses Jahres besuchte ich ein Baseballspiel der Colorado Rockies gegen eine Mannschaft aus San Francisco in Denver, Colorado, zwei Tage, nachdem wir den Universitätsabschluss meines Sohnes dort gefeiert hatten. Der riesige Monitor im Stadion wies die 40.000 Zuschauer an den entscheidenden Stellen des Spiels an, was sie sagen oder tun sollten. Da stand dann zu lesen: »Aufstehen und klatschen!«, »Lauter klatschen, noch lauter!«, »Ruft: Wir wollen einen Homerun!«, »Schreit: Wir wollen einen Superschlag!«, »Buuh, San Francisco!«. Zu meinem großen Erstaunen folgten fast alle Zuschauer den Anweisungen des Monitors, sie verhielten sich wie willenlose Schafe oder leicht beeinflussbare Kinder. Mir lief es eiskalt den Rücken herunter. Ich war gerade drei Tage zuvor aus Deutschland gekommen. Könnte ein Diktator sich diese Technologie zunutze machen und den Mensch befehlen, wie sie sich verhalten sollen? Das macht mir Angst.

Intimität und Gewalt

In diesem Staat Colorado an der Columbine High School richteten zwei männliche Teenager an Hitlers Geburtstag ohne das geringste Zögern ein Massaker unter ihren Mitschülern an, nachdem sie monatelang viele Stunden pro Tag Video-Gewaltspiele konsumiert hatten. Jede Kugel, die diese beiden jungen Männer abgefeuert hatten, repräsentierte eine ungeweinte Träne, die sie hätten weinen können, wenn sie über ihre tiefen Gefühle von Ablehnung gesprochen hätten, die sie innerhalb ihrer Peer-Gruppe, bei den Cheerleadern und den Spitzensportlern ihrer Schule erfahren hatten. Sie wurden von ihnen als »Spinner« bezeichnet und wollten es ihnen zurückzahlen. Mit der Parole »keine Gefangenen« nahmen sie einen »Heldentod« in Kauf.

Es muss eine gespaltene Intimität mit ideologischem Hintergrund zwischen den Schülerinnen und Schülern geherrscht haben: »Wir gegen die anderen!« Es muss sein, es gibt kein Zurück. Eine rationale Entscheidung, keine Gefühle. Keine Zukunft, nur die Gegenwart zählt. Wir wurden erniedrigt, die anderen müssen sterben.

In den USA erleben wir eine Zunahme von Intimität, die eine gefährliche Affäre mit Gewalt eingeht. Das beste Beispiel sind extreme Sportarten, wie z. B. das sogenannte American Wrestling. Während sich früher die »starken Männer« bei diesen Schaukämpfen gegenseitig verprügelten, werden heute Tische und Stühle, Hockey- und Golfschläger im Ring zu Hilfe genommen. Die Kämpfe werden blutiger und verkaufen sich noch besser. Königreiche der Gewalt. Kehren wir zurück in das Zeitalter der Gladiatoren, zurück zum Kampf um Leben und Tod? Jeder Amerikaner kann dieses grauenhafte Spektakel über seinen Kabelanschluss verfolgen, Tag und Nacht. Wir können dieses Verhalten sogar zu Hause mit unseren Geschwistern imitieren, oder uns gegen unsere Eltern zusammenrotten: die fröhliche »wir verprügeln uns gegenseitig«-Familie. Eine mit Gewalt eingefärbte Intimität.

Die abgetrennte Technologie-Generation

Irgendwo in dem großen Staat Georgia, in der Nähe von Atlanta sitzt ein 13-jähriges unschuldig aussehendes, irgendwie schüchternes Mädchen im Wartezimmer eines Virologen. Sie wartet dort zusammen mit ihrer Mutter, die sich trotz ihrer Arbeit in einer gut gehenden Anwaltskanzlei die Zeit genommen hat, um bei der Tochter zu sein, die scheinbar an einer einfachen vaginalen Infektion erkrankt ist. Der Arzt kommt zu ihnen, um seinen fast unglaublichen Befund mitzuteilen: Syphillis. Nachdem das Mädchen noch einmal untersucht und befragt wird, schildert sie eine Geschichte, die möglicherweise nur die Spitze eines Eisberges des 21. Jahrhunderts der weißen Mittelschicht und der oberen Mittelschicht in den USA darstellt.

Das junge Mädchen berichtet von sexuellen Kontakten zwischen den 13- bis 17-jährigen Jungen und Mädchen ihrer Nachbarschaft. In dem kleinen Ort hatte sich über mehrere Jahre eine Gruppe von über 200 Jugendlichen gebildet, die selbst zahllose Sexorgien organisierten. Sie besorgten sich aus dem Internet Porno-Darstellungen, benutzten die Pornofilme ihrer Eltern und probierten die Sexualpraktiken und -stellungen aus, die sie sahen. Sie trafen sich in den Häusern der Eltern, die entweder unterwegs oder bei der Arbeit waren oder sich auf Geschäftsreisen befanden. In jedem der Häuser gab es in fast jedem Raum einen Fernseher, mehrere Computer, Laptops, große TV-Bildschirme mit Videorecordern; die Familien besaßen oft zwei oder drei Autos. Gut ausgestattete Häuser – aber niemand war da, mit dem man hätte sprechen können.

Wenn die Eltern zu Hause waren, beschränkten sich die Gespräche auf zehn bis zwanzig Minuten pro Tag, auf einen jahrelangen oberflächlichen Kontakt zwischen Kindern und Eltern: »Wie geht's, was macht die Schule? Hast du deine Hausaufgaben gemacht? Lass uns schnell was essen und fernsehen. Ich habe noch Arbeit aus dem Büro mitgebracht.« Die amerikanische Mittelklasse hat sich von dieser Generation getrennt. Die Jugendlichen haben sich von ihren Eltern getrennt; sie sind alleingelassen, hungrig nach Anerkennung, Gespräch und Berührung. Es ist eine Illusion, zu denken, dass all diese technischen Spielzeuge, ein Anruf pro Tag und ein manikürter Rasen ein gutes Zuhause ausmachen.

Die innere Seele, das tägliche spirituelle Selbst, die Sehnsucht nach einer Intimität von Herz zu Herz ist zusammengebrochen, so wie in dem kleinen Ort in Georgia. Der Besitz von materiellen Gütern gibt uns die Illusion von

Gewissheit, dass wir es »geschafft« haben. Falsch! Unsere Jugendlichen sind einem enormen Risiko ausgesetzt, sie gehören zur abgetrennten Technologie-Generation. Was sie brauchen, sind Beziehungen zu richtigen Menschen in ihrer realen Umgebung in der Echtzeit.

Geld regiert die Welt

Die arbeitenden Erwachsenen in den USA sind von einer Furcht ergriffen. Sie müssen länger und länger, schwerer und schwerer arbeiten, um ihren Lebensunterhalt zu bestreiten. Das gesamte Spektrum der globalen Firmeninvestitionen wird durch ein Thema bestimmt: Gier.

Entlassungen, Fusionen, Verkleinerungen von Firmen durch Auslagerungen von Produktionsstätten geschehen im Namen der Effizienz. Für die Regierungen bedeutet dies vor allem Privatisierung: der Verkauf von öffentlichen Einrichtungen an private transnationale Unternehmen. Je mehr kleine weit verstreute Produktionsstätten in den USA schließen, desto mehr Möglichkeiten eröffnen sich den »Multis«, neue Dienstleistungen und Produkte in ihre Palette aufzunehmen und durch billigere Arbeitskräfte im Ausland ihre Kosten zu reduzieren. Das ist alles sehr gut für die Investoren, aber nicht so gut für die Welt der arbeitenden Familienmitglieder in den USA und ihre zerbrechlichen Beziehungen. Im 20. Jahrhundert – vor allem in der zweiten Hälfte – ging es um Wohlstand, die Menschen wurden zweitrangig. Haben wir das Motto »Zuerst der Mensch, dann das Geld« zu seinem Gegenteil verändert?

In den USA wird von einem neuen psychiatrischen Syndrom gesprochen, das zwei Psychologen aus San Francisco beschrieben haben: das »Sudden Wealth Syndrome« (SWS). Jedes Jahr gibt es 60.000 neue Millionäre. Die plötzlich reichen jungen Unternehmer, 19–27 Jahre alt, verdienen zwischen einer Million und fünf Millionen Dollar im Jahr und lachen voller Arroganz über ihre Eltern, die in 30 bis 40 Arbeitsjahren nie einen solchen Reichtum erzielen konnten. Diese jungen Computer-Zauberer haben die Eltern-Kind-Intimität in ihr Gegenteil verwandelt. »Kann ich für dich arbeiten, mein Sohn?«, sagt der Vater, »Mama ist deine Sekretärin und du bist der Chef.« Ein weiterer Wechsel erfolgt zwischen den Generationen: eine massive ökonomische Veränderung deutet sich dadurch an, dass sich die Generation der Babyboomer (45 bis 55 Jahre alt) aus dem Erwerbsleben zurückzieht. Verrückt? Ja – alles steht paradox auf dem Kopf. Willkommen im 21. Jahrhundert! Geld ist der Gott, Geld ist der König, nichts anderes zählt. Langsam hat sich ein kalter Materialismus entwickelt, der auch die Herzen erkalten lässt, eine Entwicklung ähnlich der Zeit zwischen 1919 und 1939.

Ist die Macht des Geldes, die Macht des Internets, die Macht des Computers wirklich wertvoller als eine zärtliche, liebevolle menschliche Beziehung? Was können wir tun? Ich frage Sie, liebe Kolleginnen und Kollegen. Sieht so unsere Zukunft aus? Ein gesundes Paar sitzt nebeneinander im Bett, beide schauen auf ihre Laptops. Sie schicken sich gegenseitig E-Mails, um sich nicht bei der Korrektur wichtiger Unterlagen zu stören. Ich weiß, das hört sich ziemlich absurd an, aber ... entschuldigen sie bitte, mein Handy klingelt.

> Seen enough
> we got dead-eyed
> dead drunk
> dead stupid
> cyberpunks
> fed-up killer geeks
> gigabyte meth freaks
> home alone
> in a world of their own
> up all night
> in the thick of the fight
> fantasy combat
> veteran psychos
> removed from reality
> by silicon diddes
>
> You got powerbook potentates
> pointedly obviate
> every opinion
> they have about everything
> even if
> they don't know shit
> stay in the limelight
> got your own website
> got all the answers
> ain't got a lick of sense
> practicing psychiatry
> without a licence
>
> Ain't you seen enough
> had enough of this
> I have had enough
> ain't bad enough for you yes
>
> Steven Stills, 1999

Auf dem Wege zu einer globalen Mitmenschlichkeit

Zur Einführung

Wolfgang Hantel-Quitmann und Peter Kastner

»Die Globalisierung tut nichts, es ist vielmehr der Mensch, der alles tut.«
Karl Marx

Ökonomische Wirklichkeit und politisch-ideologischer Mythos waren schon immer zwei Seiten der gleichen Medaille. So verfügen die 225 reichsten Menschen der Welt über ein Vermögen von insgesamt 2,1 Trillionen US-Dollar, was ungefähr dem Gesamteinkommen von 2,5 Milliarden der ärmsten Menschen der Erde entspricht (UN 1998). Gleichzeitig transportiert die moderne Wissenschaft den märchenhaften Mythos – durchaus im Sinne eines »es wird einmal« –, dass die Globalisierung bestimmte Rahmenbedingungen brauche, um ihre segensreiche Wirkung voll entfalten zu können. Ökonomisch ist damit die Entfaltung des freien Marktes gemeint – nach Meinung unseres Altbundeskanzlers Helmut Schmidt des »Raubtierkapitalismus« –; und bildungspolitisch brauchen wir die Umwandlung von Bildung in eine Wissensgesellschaft, die mit Hilfe der Informationstechnologie errichtet werden soll. Bei den auftretenden Risiken und Nebenwirkungen greifen wir zu faktischen und moralischen Beruhigungsmitteln. So verschreiben wir unseren Kindern beim Aufmerksamkeitsdefizit- und Hyperaktivitätssyndrom ADHS immer mehr Beruhigungsmittel; Ritalin ist das in Deutschland am meisten verabreichte Medikament bei Kindern, obwohl bislang immer noch niemand dessen Wirkungen und Nebenwirkungen genau kennt. Analog verordnen wir uns Erwachsenen einen Beruhigungscocktail Ethik, bevorzugt in der institutionellen Darreichungsform der verschiedenen Ethikräte. Zur Illustration ein Einzelbeispiel: in dem Sammelband »Ein Ethos für eine Welt« wird als Untertitel formuliert: »Globalisierung als ethische Herausforderung«. Nicht die Globalisierung wird von der Ethik herausgefordert, sondern umgekehrt wird eine Anpassung der Ethik an eine handhabbare globalisierte Form gefordert und geplant. Der Widerstand gegen die Globalisierung unter der Berufung auf eine ethische Werthaltung stammt denn auch eher aus der Sichtweise von nicht regierungsamtlichen Organisationen, in denen zwar Wissenschaftler mitarbeiten oder die Wissenschaft als Argumentationshilfe gebrauchen, die aber im Kern im Sinne einer Betroffenheitsargumentation politisch argumentieren. Die Stichworte Genua und Seattle mögen hier zur Illustration reichen. Sichtbar wird dabei vor allem die emotionale Wucht des Themas Globalisierung, wobei die polare Spaltung in Gut und Böse, die Verheißung und die Verzweiflung, das enthusiastische Befürworten und die Verteufelung eher als die unbewusste Anwendung magischer Praktiken, denn als rationaler Diskurs zu verstehen ist. Globalisierung ist offenbar kein rationaler Begriff, der Eindeutigkeit in klarer Abgegrenztheit zu anderen Beschreibungen ermöglicht, sondern ein mehrdeutiges Symbol, das unterschiedlichste Ebenen, sowohl inhaltlicher als auch struktureller Art betrifft. Ein wesentliches Charakteristikum der Diskussion ist, dass die Kennzeichnung der Globalisierung als ein Symbol nicht anerkannt wird. In der Diskussion wird stattdessen eine Wesenhaftigkeit unterstellt, die der »Globalisierung« zu einer Wirklichkeit verhelfen soll, die als Tatsache unbezweifelbar ist und selbst nicht mehr sinnvoll hinterfragt werden kann. Dabei wird der Wirkung dieser behaupteten Wirklichkeit die größtmögliche Konsequenz zugesprochen. So schreibt Hans Dietrich Genscher unter dem Titel »Globalisierung – Chance oder Gefahr?« (1997):

> »Nach dem Ende des Kalten Krieges sind wir nicht am Ende der Geschichte angelangt. Aber wir stehen am Beginn einer neuen Epoche, in deren Verlauf Freiheit und Demokratie sich Schritt für Schritt durchsetzen werden und deren ›leitende Tendenz‹ – um mit Leopold Ranke zu sprechen – die immer stärkere Globalisierung aller Lebensbereiche und Lebensbezüge sein wird.«

Globalisierung wird hier beschrieben als Prozess, der uns alle bzw. die Menschheit insgesamt ergreifen wird, der zwangsläufig bestimmte Inhalte transportiert und deren Auswirkungen einen neuen Menschen durch Umwandlung »alter« Lebensbereiche und Lebensbezüge schaffen wird. Die Gestaltungsfreiheit des Menschen innerhalb dieses zwangsläufigen Prozesses erscheint bestenfalls auf Spielräume beschränkt. Der Prozess der Globalisierung oder die mit der Globalisierung einhergehende Logik erscheinen als eine Art Naturgewalt, der sich der Mensch nur fügen kann. Man muss wohl erfolgreicher Politiker sein, um so selbstgewiss und selbstverständlich von so bedeutenden und schwerwiegenden Sachverhalten wie der conditio humana und deren epochalen Veränderungen reden zu können. Dieser Leichtigkeit der Rede über Globalisierung soll ein Wort von Jean Gebser zugesellt werden, der zwar noch nicht die Globalisierung kannte, aber sich 50 Jahre früher dem Thema der epochalen Veränderung als Aufgabe und nicht als Geschenk stellte.

»Was wir heute erleben, ist nicht etwa eine nur europäische Krise. Sie ist auch nicht eine bloße Krise der Moral, der Wirtschaft, der Ideologien, der Politik, der Religion. Sie herrscht nicht nur in Europa oder Amerika. Auch Russland und der ferne Osten sind ihr unterworfen. Sie ist eine Weltkrise und Menschheitskrise, wie sie bisher nur in Wendezeiten auftrat, die für das Leben der Erde und der jeweiligen Menschheit einschneidend und endgültig waren. Die Krise unserer Zeit und unserer Welt bereitet einen vollständigen Umwandlungsprozess vor, der vorerst noch autonom, einem Ereignis zuzueilen scheint, das von uns aus gesehen nur mit dem Ausdruck ›globale Katastrophe‹ umschrieben werden kann, das sich als Neukonstellation planetaren Ausmaßes darstellen muss. Und wir sollten uns in der gebotenen Nüchternheit durchaus darüber im Klaren sein, dass uns bis zu jenem Ereignis nur noch einige Jahrzehnte verbleiben. Diese Frist ist durch die Zunahme der technischen Möglichkeiten bestimmt, die in einem exakten Verhältnis zu der Abnahme des menschlichen Verantwortungsbewusstseins steht.«

Jean Gebser 1949

Ohne hier auf das Werk und die darin beschriebenen Lösungsmöglichkeiten der Wandlung des Menschen in seiner Grundstruktur einzugehen, wird doch deutlich, welche Erschütterungen unserer Weltsicht, unserer Selbstbeschreibung und der davon abhängigen Handlungsmöglichkeiten mit der Frage nach den Auswirkungen eines Prozesses verbunden sind, den wir Globalisierung aller Lebensbereiche nennen.

Der Titel dieses Buches »Die Globalisierung der Intimität. Die Zukunft intimer Beziehungen im Zeitalter der Globalisierung« verweist darauf, dass der Schwerpunkt unserer Überlegungen die Auswirkungen von Globalisierungsprozessen auf die intimen Beziehungen ist. Die Ausgangsüberlegung ist dabei die Annahme, dass gesellschaftliche Prozesse, insbesondere Veränderungen im wirtschaftlichen und technologischen Bereich in dieser Beschleunigung und Ausbreitung, wie sie unter dem Symbol der Globalisierung beschrieben werden, nicht ohne Auswirkungen auf die privaten Beziehungen der Menschen und ihr persönliches Erleben bleiben können. Intime Beziehungen werden dabei nicht als erotischsexuelle Beziehungsformen verstanden, sondern als Metapher für bedeutsame Beziehungen, die das Lebensgefühl der Menschen konstituieren und prägen. Die Auswirkungen auf die Familien, deren Formen und Inhalte, sind damit ein wesentlicher Schwerpunkt der Diskussionen. Auch wenn es keinen schlüssigen Beweis einer linearen Abhängigkeit zwischen Globalisierungseffekten und Veränderungen der Beziehungsformen oder des generativen Verhaltens geben kann, so sind doch die Koinzidenzien allgemein bekannt. Individualisierung, Mobilisierung, Optionalisierung sind Stichworte in dieser Diskussion. Dabei geht es offensichtlich um Bindungsformen ohne gemeinsamen sozialen Nahraum, eine starke Ausrichtung auf die Steigerung des eigenen Marktwertes, und eine Ausweitung der Wahlmöglichkeiten durch Loslösung von traditionellen Strukturen. Dies sind aber lediglich die äußerlich sichtbaren und statistisch belegbaren Veränderungen der intimen Beziehungen. Aus sozialpsychologischer Sicht ist die Frage nach den Veränderungen der inneren Strukturen und nach dem Wertewandel als Grundlage von Individualität und sozial bedeutsamen Beziehungen allerdings wichtiger. Dass diese Fragestellung und damit die These vom direkten Zusammenhang zwischen Wirtschaftsordnung und Persönlichkeitsentwicklung keine Modediskussion ist, zeigt unter anderem das Werk von Erich Fromm, der am zentralen Begriff der Entfremdung sein Konzept der Marketing-Orientierung schon in den 50er Jahren des soeben vergangenen Jahrhunderts erarbeitete. Anpassungsfähigkeit und Flexibilität, Unverbindlichkeit und Gleichgültigkeit, Freiheit als Bindungslosigkeit, Mobilität werden als Folgen und zugleich Voraussetzung einer erfolgreichen Teilnahme am modernen Leben geschildert. Zusammenfassend lässt sich nach Erich Fromm dieser Aspekt der Qualität von Beziehung unter den Bedingungen der globalisierten Wirtschaft darstellen:

> »Da der Marketing-Charakter weder zu sich selbst noch zu anderen eine tiefe Bindung hat, geht ihm nichts wirklich nahe, nicht, weil er so egoistisch ist, sondern weil seine Beziehung zu anderen und zu sich selbst so dünn ist. Das mag auch erklären, warum sich diese Menschen keine Sorgen über die Gefahren nuklearer und ökologischer Katastrophen machen ... Ihre Gleichgültigkeit ... ist eine Folge des Verlustes an emotionalen Bindungen, selbst jenen gegenüber, die ihnen am nächsten stehen. In Wirklichkeit steht dem Marketing-Charakter nichts nahe, nicht einmal er selbst.«
>
> Erich Fromm

In seinem Aufsatz »Die Revolution der Hoffnung. Für eine Humanisierung der Technik« (1968) beschreibt Erich Fromm zwei grundlegende Prinzipien, deren Gültigkeit heute noch evidenter ist als vor 33 Jahren.

»Das technologische System wird von zwei Prinzipien programmiert, welche die Arbeit und das Denken aller daran Beteiligten steuert. Das erste Prinzip ist die Maxime, dass etwas getan werden soll, weil es technisch möglich ist ... Wenn man sich erst einmal zu dem Prinzip bekennt ..., werden alle anderen Werte entthront und die technische Entwicklung allein wird zur Grundlage der Ethik. Das zweite Prinzip ist das Prinzip der maximalen Effizienz und der maximalen Produktion.«

Erich Fromm 1968

Nimmt man die Entwicklung der Informationstechnologie mit ihren Grundsätzen und Leittendenzen wie Virtualisierung – von der Betonung der Materialität hin zur Potenzialität – oder Beschleunigung und der damit verbundenen Aufhebung von Gebundenheit von Raum und Zeit hinzu, so wird eine grobe, in der Verdichtung aber wohl zutreffende Kennzeichnung der gegenwärtigen Lage beschrieben.

Die Arbeitskonferenz zum Thema »Die Zukunft intimer Beziehungen im Zeitalter der Globalisierung«, im Mai 2000 von den Herausgebern an der Hochschule für Angewandte Wissenschaften Hamburg (ehemals Fachhochschule) organisiert, war geprägt von einer unbewussten, später reflektierten Wellenbewegung. Auf Aussagen voller Optimismus und Hoffnung auf die schöne neue Welt, die die Globalisierung und deren technologische Grundlage für alle Lebensbereiche und eben auch für die Erweiterung und Nutzbarmachung im Bereich der intimen Beziehungen verspricht, folgten Aussagen und Betrachtungen voll Pessimismus und Skepsis gegen die Begeisterung für die Technik und deren bedenkenlose Nutzung. Eine Einigung, ob die Vermehrung des Möglichen mehr Nutzen oder Schaden bringen wird, wurde nicht erreicht, aber auch nicht angestrebt.

In einem Aufsatz von Marc Jongen in der *Zeit* vom 9.8.2001 mit dem Titel »Der Mensch ist sein eigenes Experiment« findet sich der Hinweis auf die Arbeit von G. Günther zum Thema »Maschine, Seele und Weltgeschichte«. Hier wird die Entstehung eines neuen Menschentyps konstatiert,

»dessen Mentalität sich in wesentlicher Hinsicht von der des alten, sogenannten hochkulturellen Typs unterscheidet. Während der vom Christentum und Humanismus geformte Alteuropäer jedem technisch-maschinellen Zugriff auf seine Subjektivität mit Sorge und Widerwillen begegnet (Günther spricht von Reproduktion vormals subjektiver Leistungen durch den Computer, aber wir dürfen die Genmanipulation demselben Phänomenkomplex zurechnen), kann dem neuen Menschentyp dieselbe technische Innovation gar nicht schnell genug gehen.«

Günther weiter:

»Die seelische Reaktion des ersten, konservativen Typs zeigt an, dass es sich um seelisch ausgebrannte Geschichtsträger handelt, deren eigentliche historische Existenz hinter ihnen liegt und die seit Ankunft der Maschine keine Zukunft mehr vor sich sehen. Die Ungeduld des anderen, wir wollen der Kürze halber sagen: des amerikanischen Typs – lässt vermuten, dass sich hier eine Geistigkeit zu äußern beginnt, die erst in der kommenden Ära des Menschen ihre volle Entfaltung erfahren wird.«

M. Jongen plädiert in diesem Aufsatz vehement dafür, das Paradigma des Subjekt-Seins zu verwerfen, das er als Unterworfensein gegenüber einem perfekten Objekt-Sein – sei es transzendental als Gott gedacht oder als eine gegebene objektive Menschlichkeit – interpretiert. An Stelle dieser Unordnung solle ein selbstbewusster Mensch treten, der sich mit Hilfe der Technologie selbst entwirft und neu erschafft. Ob man diese Haltung als unverantwortliche Hybris sieht, und sich damit als »Alt-Mensch« im Sinne Günthers bekennt, oder als Chance, hängt wohl davon ab, ob und wieweit man dem Verantwortungsgefühl des Menschen traut. Dass sich die konkreten Auswirkungen, wie immer die Wahl getroffen wird, für den einzelnen Menschen in seinen bedeutsamen, intimen Beziehungen widerspiegeln werden, lässt sich nicht bestreiten.

Last but not least möchten wir unseren Dank aussprechen, für die Unterstützung unseres Forschungsprojektes durch die Stiftungsfonds der Deutschen Bank, die Karl-H.-Ditze-Stiftung und das Amt für Jugend, Hamburg. Ohne diese Hilfe hätte das Forschungsprojekt nicht durchgeführt und dieses Buch nicht veröffentlicht werden können.

Hamburg im Februar 2002

Die Globalisierung der Intimität

Die Zukunft intimer Beziehungen im Zeitalter der Globalisierung

Wolfgang Hantel-Quitmann

»Man kann dem Irrsinn nur entrinnen, indem man ihm vorauseilt.«

Das neue Millennium mit seinem Zeitalter der Globalisierung bietet für jeden Charakter eine entsprechende Zukunftsvision. So betonen zögerliche Menschen eher die Gefahren der Globalisierung; abgeklärte Rationalisten zeichnen ein ausgewogenes Bild von deren Chancen und Risiken; für depressive Menschen erscheinen angesichts der nahenden Katastrophen eher Zweifel und Verharren angebracht; Optimisten dagegen – oder solche, die im Optimismus ihre latente Depression abwehren – betonen frohgemut die schier unbegrenzten Möglichkeiten zukünftiger Entwicklungen; zwanghafte Menschen sehen in den sich abzeichnenden Zukunftsentwicklungen vor allem die drohenden Gefahren für die herrschende Moral und Ordnung; und hysterische Menschen sehen einen Kick nach dem anderen auf sich zukommen, meist sogar ganz persönlich. Georges Devereux nannte dieses Phänomen das »Selbst-Modell« der Sozialforscher und er meinte damit die Neigung,

> »sein Selbst, seinen Körper, sein Verhalten und seine Art, Erfahrungen zu machen, für archetypisch oder zumindest prototypisch zu halten und sein Bild von der Außenwelt danach zu prägen und darauf zu beziehen.«
>
> Devereux 1984, S. 192, zit. nach Sieder 1998, S. 212

Geschichte und Gegenwart scheinen von der Wissenschaft noch halbwegs kontrollierbar, aber die Zukunft scheint einzig und allein dem persönlichen Konstruktivismus eines »Selbst-Modells« zum Opfer zu fallen. So hat jeder seine eigene Zukunftsversion und kann auch noch genügend Gründe für deren Wahrscheinlichkeit anführen.

Die Zukunft war für die Menschen schon immer ein reizvolles Thema. Dass es dem Menschen unmöglich sei, in die Zukunft zu sehen, kann seit Albert Einsteins Spezieller Relativitätstheorie als veraltete Ansicht und menschlicher Aberglaube gelten. Wir leben immer in

mehreren Zeiten zugleich, die Vergangenheit ist in der Gegenwart ebenso enthalten wie die Zukunft. Man muss sie nur erkennen können.

Das Tollhaus der Möglichkeiten

Nehmen wir das Beispiel der Familie. Was ist die Familie der Vergangenheit, was die Familie der Gegenwart und wie wird die globalisierte
Familie der Zukunft aussehen? Literaten sind bei der Beantwortung
solcher Fragen mutiger, als Wissenschaftler; sie können es auch sein, weil
sie sich nicht an empirische Ergebnisse und theoretische Standards zu
halten haben und ihrer Phantasie gänzlich freien Lauf lassen können. In
seinem Buch »Tollhaus der Möglichkeiten« – endlich einmal ein besse-
rer und treffenderer deutscher Titel als der amerikanische Originaltitel
»Turn of the Century« – beschreibt der New Yorker Publizist Kurt
Andersen ein Jahr im Leben einer modernen New Yorker Familie im 21.
Jahrhundert; eine globalisierte Familie des Turbokapitalismus mit High-
tech im Haushalt und geschäftiger Einsamkeit in den Beziehungen.

George ist Manager in der Medienbranche, seine Frau Lizzy ist
Leiterin einer Softwarefirma und die drei Kinder benehmen sich wie
kleine Erwachsene, erscheinen altklug, genial und wenig kindlich, und
der Leser schwankt in seiner Diagnose zwischen Hochbegabung und
Verhaltensstörung. Neil Postmans düstere Prognose vom »Verschwinden der Kindheit« (1999) scheint sich bei diesen Kindern bewahrheitet
zu haben. Beide Eltern sind hochmotiviert bei der Arbeit, wobei die
Grenzen zwischen Arbeitszeit und Freizeit weitgehend aufgelöst sind.
Die modernen Kommunikationstechnologien ermöglichen jederzeit
und überall Bildschirmkonferenzen, jedes Familienmitglied hat seine
eigenen Essenszeiten, während gemeinsame Arbeitsessen mit Kollegen
den Normalfall darstellen. George verdient 16.500 Dollar in der Woche
(!) und seine Frau noch ein wenig mehr, man nimmt auch schon mal das
Privatflugzeug, weiß seine Kinder durch die festangestellte Kinderfrau
versorgt und ist dennoch nicht vor ehelichen Krisen gefeit. Die Dichte der Sprache vermittelt das atemberaubende Tempo des Lebensstils
der Familie und man schwankt zwischen Mitleiden und Mitleid,
Gefühlen der menschlichen Betroffenheit und tiefer Oberflächlich-
keit. Auf Seite 162 erfahren wir ganz nebenbei, für welche Menschen

in den Zeiten der Postmoderne das Internet bzw. das World Wide Web überhaupt noch attraktiv sein wird:

>»Für einen Reporter, der möglichst schnell viele verschiedenartige Informationen benötigt, okay. Oder für einen Börsenhändler, der augenblicklich über aktuelle Preise und Tendenzen Bescheid wissen muss. Oder für einen Menschen, der Sklave einer Sekte oder einer pathologischen Störung oder eines Hobbys ist, oder für einen einsamen Loser, der auf herkömmliche Weise einfach keine Freunde findet. Oder für ein neugieriges Kind. Aber ansonsten, was ist denn so faszinierend am Web? Sofortiger Zugriff, zu jeder Tages- und Nachtzeit, auf zehn Millionen Werbeprospekte, Kataloge und die eigenartigsten Obsessionen von Fremden?«

Andersen 2001, S. 162

Lizzy macht Karriere, während George mit seiner Fernsehserie abgesetzt wird – und fortan plagt ihn eine diffuse, aber dafür umso mächtigere Eifersucht. Während George allein zu Hause sitzt – er ist mittlerweile arbeitslos, die Kinder sind mehr als beschäftigt durch vielerlei Freizeitaktivitäten und seine Frau ist mit vielen anderen Männern auf Geschäftsreise in Fernost, um neue Märkte zu erobern – bekommt George eines Tages zu allem Überfluss ein besonderes Leid nach Hause geschickt. Der Bote bringt ihm von einem anonymen Absender ein Video, das mit versteckter Kamera aufgenommen wurde. Auf dem Video sieht er, wie ein Mann masturbierend vor einem Bildschirm sitzt. Der Bildschirm zeigt einen virtuellen Porno, bei dem die künstliche Frau den Zuschauer nach seinen Wünschen fragt. Diese künstliche Pornodarstellerin ist Georges eigene Frau Lizzy. Sie ist es nicht wirklich, sondern nur als Computeranimation á la Lara Croft, aber sie hat die originalen Gesichtszüge, den Körper und die Stimme seiner Frau. Und der Mann, der sich seine Wünsche von dieser virtuellen Frau erfüllen lässt, ist ihr derzeitiger Chef, bei dem George schon immer Vermutungen hatte, ohne sie beweisen zu können. George sieht sich das Video wieder und wieder an und stürzt in tiefe, verwirrte Gefühle. Soll er nun eifersüchtig sein? Aber dann auf wen eigentlich? Wahrscheinlich weiß seine Frau gar nichts von dem Video und die Computersimulation ist das intelligente Werk eines Könners, der masturbierende Chef dagegen ist real. George ist sauer und aufgeregt und weiß nicht recht worüber, er leidet anscheinend an einer äußerst modernen Form der Eifersucht.

Diese moderne Eifersucht kann Menschen nicht nur zum Wahnsinn treiben, sondern auch zum Therapeuten. Schon in diesem Jahrtausend kam ein Paar zu mir in die Therapie, weil er eifersüchtig war auf ihren Internetpartner, mit dem sie viele gemeinsame Stunden im Chatroom verbrachte. Natürlich sei er nicht eifersüchtig auf den realen Menschen, denn den habe seine Frau ja noch gar nie gesehen, aber sie sitze in letzter Zeit viele Stunden vor dem Computer und sage bzw. schreibe ihm derart persönliche und intime Dinge, über die sie mit ihm noch nie gesprochen habe. Dies sei ein Vertrauensbruch für ihn und diese innere Nähe zu dem Internetpartner sei für ihn schlimmer, als wenn sie ihn persönlich kennen würde und mit ihm Sex habe. Sie wiederum sagte, sie könne sich mit diesem »sensiblen Mann« aus der sicheren Distanz des unpersönlichen Kontaktes heraus über intimste Dinge austauschen, die sie mit ihrem Mann sich nicht anzusprechen getraue. Wir einigten uns auf den Versuch, eine reale Kommunikation zwischen den realen Partnern anzustreben, wie sie im Internet zu dem anonymen Mann bereits bestehe. Nachdem wir die Hälfte der Arbeit geschafft hatten, meinten alle (!) es reiche, und wir erklärten die Paartherapie für beendet.

Ein anderes Paar hatte die gleiche Erfahrung gemacht, allerdings mit anderem Ausgang. Dort hatte die Frau ebenfalls einen virtuellen Lover – vielleicht eine postmoderne Variante weiblicher Untreue – und der Ehemann hatte es dann aber geschafft, ebenfalls Kontakt zu diesem Mann aufzunehmen. Er gab sich im Chatroom als Frau aus, begann eine intime Beziehung zu diesem gleichen Internetpartner seiner Frau und trieb es im Internetkontakt so weit, dass er mit ihm sexuelle Intimitäten austauschte. Dann hat er nach einiger Zeit seiner Frau triumphierend die ausgedruckte Korrespondenz mit diesem Mann gezeigt und ihr damit nachgewiesen, dass »der Kerl es mit jeder treibe«. Die Ehe war gerettet, die Eifersucht mit List besiegt. Wer hat hier mit wem eine intime Beziehung gehabt? Was ist wirkliche, private Intimität – falls es so etwas überhaupt gibt? Was ist veröffentlichte Intimität, was ist gespielte Intimität und was ist partielle Intimität? Und was ist demnach eine intime Beziehung?

Die Achillesferse der Intimität

Intime Beziehungen gibt es zwischen Lebenspartnern, Eltern und ihren Kindern, Geschwistern, Liebenden, Eheleuten, guten Freundinnen und Freunden und innerhalb von Cliquen Jugendlicher. Solche Beziehungen hat es immer gegeben und wird es wahrscheinlich so lange geben, wie Menschen existieren. Intimität scheint nicht nur ein universales Bedürfnis der Menschen nach Nähe, insbesondere Gefühlsnähe und Vertrautheit zu beinhalten, dies wäre die gewählte erwachsene Intimität. Schon als Neugeborene ist Intimität eine unserer ersten und wichtigsten Erfahrungen. Diese frühe Form der Intimität entsteht aus der tiefen Abhängigkeit, ist unfreiwillig und bedingungslos und manche Menschen suchen sie ihr ganzes Leben lang wieder.

Intime Beziehungen sind exklusive Beziehungen. Intime Beziehungen zwischen Partnern und zwischen Eltern und ihren Kindern, also Paarbeziehungen und Familienbeziehungen, sind in doppelter Weise exklusiv: zum einen schließen sie die besonderen Menschen wie Partner, Kinder oder Eltern ein, zum anderen schließen sie alle anderen Menschen zugleich aus. Diese doppelte Exklusivität macht intime Beziehungen so wertvoll und bedeutsam. Aber es kommt noch ein dritter Aspekte hinzu: die Öffnung des eigenen Selbst und die selbstgewählte Aufhebung der Grenzen des eigenen Selbst innerhalb solcher Beziehungen. Damit entsteht für die Intimpartner die Möglichkeit, vielleicht auch der Zwang, eine besondere Gefühlsnähe zuzulassen, die ebenso schön wie beängstigend sein kann und die sicherlich jeweils nur auf Zeit möglich ist. Schamgefühle entstehen an den Grenzen der Intimität sowohl bei demjenigen, der die Grenzen aufgibt, als auch bei demjenigen, der sie überschreitet. Wahrscheinlich ist die frühe Mutter-Kind-Beziehung die einzige intime Beziehung, in der keinerlei Schamgefühle vorhanden sind, zumindest nicht beim Kind. In der Paarbeziehung dagegen können Schamgefühle nie ganz überwunden werden, auch wenn es Ausdruck tiefster Intimität ist, keine Scham mehr voreinander zu empfinden; außerdem ist trotz aller Vertrautheit ein Rest an Schamgefühl und Fremdheit sicherlich Kennzeichen einer guten Partnerschaft. Damit sind Schamgefühle, Exklusivität, Nähe, Selbsteröffnung, Selbstentgrenzung, Beziehungsintensität und Beziehungsängste charakteristische Merkmale, Begleiterscheinungen und zugleich Voraussetzungen intimer Beziehungen.

Als Intimsphäre bezeichnet man dementsprechend einen persönlichen Raum der Privatheit, zu dem in allen Gesellschaften die Sexualität gehört, im modernen Verständnis aber auch das eigene Bett, die Wohnung und manchmal – besonders bei Männern – das Auto. Die Intimsphäre eines Menschen wird manchmal auch als »zweite Haut« bezeichnet.

Intime Beziehungen haben ihre Orte und Räume. Innerhalb eines solchen intimen Raumes sind besondere symbolische Handlungen sowohl Ausdruck von Intimität, als auch intimitätsstiftend. Zärtlichkeiten, besondere selbsteröffnende Gespräche, Sexualität, aber auch Scham, Zweifel und Angst füllen die Räume der Intimität. Und manchmal glauben die Menschen, dass sie Intimität herstellen können, indem sie intime Handlungen ausführen oder jemanden in die eigenen Räume der Intimität führen, ohne eine intime Beziehung zu diesem zu haben. Dann spielen sie Intimität oder sie handeln intim, aber die Beziehung ist es nicht. Alte und neue Beispiele sind Prostitution, Swinger Clubs, Cybersex, Talkshows, Telefonsex, One-Night-Stands oder »Big-Brother«-Shows. Gespielte Intimität hat mit wirklicher, gelebter Intimität innerhalb einer intimen Beziehung nichts zu tun und deshalb befriedigt sie auch nicht – oder bestenfalls kurzfristig. Die Virtualisierung von Beziehungen ist eine moderne Form der Mystifikation der Intimität, wie die Masken des venezianischen Karnevals.

Intime Beziehungen haben ihre Zeiten und die an sie gebundenen Rituale. Intimität bedeutet nicht nur eine Abstimmung der eigenen Lebensstile und Lebensrhythmen auf den anderen, sondern auch eine Koordination der Beziehungszeiten. Besonders deutlich wird dies in der Sorge für Kleinkinder, die ihre eigenen Zeiten haben, auf die sich die sorgenden Eltern einzustellen haben. Innerhalb sorgender und liebender Beziehungen gilt es, Tagesabläufe, Wochenrhythmen, Schlaf- und Wachzeiten, Arbeitszeiten und Freizeiten oder Urlaubs- und Ferienzeiten zu koordinieren. So entstehen Zeiten der Liebe und des Streits, Zeiten der Zurückgezogenheit und der Aktivität, Zeiten der Nähe und der Distanz, Zeiten der Stärke und Schwäche, Zeiten der Bindung und der Lösung. Diese intimen Beziehungszeiten werden mit wiederkehrenden Handlungen gefüllt und durch ihre Wiederholungen ritualisiert. In gewisser Weise sind intime Beziehungen damit ein Raum, in dem sich nur exklusive Menschen zu bestimmten Zeiten aufhalten dürfen. Und sofern dieser Schutz besteht, kann Intimität durch Selbsteröffnungen hergestellt werden.

Braucht der Mensch Intimität – oder wäre es nicht vielmehr sinnvoll und notwendig, sich und andere vor der »Tyrannei der Intimität« (Sennett 1999) zu schützen? Brauchen wir intime Beziehungen, um Intimität leben zu können? Brauchen wir Intimität innerhalb exklusiver Beziehungen als Bedingung des Humanen, sind intime Beziehungen konstitutiv für den Menschen bzw. das Menschliche? Sind die Liebe in Partnerschaften oder die Sorge in Eltern-Kind-Beziehungen auch anders lebbar als innerhalb solcherlei intimer Beziehungen? Ist Intimität etwas gleichbleibend Menschliches, quasi zeitlos, eine conditio humana? Ja und nein: Intime Beziehungen sind zum einen unabhängig und zeitlos, zum anderen abhängig von den sozialen Lebensbedingungen und der sie umgebenden Kultur – das ist die Achillesferse der Intimität. Obwohl wir es uns als Verliebte immer wieder wünschen, die Zeit anhalten zu können und allein ohne äußere Einflüsse die Zeit auf der berühmten Palmeninsel verbringen zu können, ist eine der schmerzlichsten Erfahrungen intimer Beziehungen ihre Abhängigkeit von den äußerlichen Lebensverhältnissen, den sie umgebenden gesellschaftlichen und kulturellen Lebensbedingungen. Und manchmal erscheint der ganze Sinn der Beziehung darin zu bestehen, gegen diese äußeren liebesfeindlichen Einflüsse anzukämpfen. Romeo und Julia sind damit die Protagonisten einer Liebesbeziehung, die die Liebe gegen jedwede soziale Schranken und Einschränkungen zu verteidigen suchte. Damals waren es die Herrschaftshäuser zweier verfeindeter Familien in Verona, heute sind die feindlichen Einflüsse nicht nur vielfältiger, sondern auch subtiler.

Intimität und die sie tragenden Beziehungen sind so schwer herstellbar und haltbar, weil sich heute eine einmal erreichte Exklusivität ständig gegen Alternativen wehren muss. Wenn die Bande der Tradition, der Religion oder der allgemeinen Moral nicht mehr wirken, dann wird ein Ausstieg zur permanenten Option; das meinen Soziologen, wenn sie von Optionalisierung der Beziehungen sprechen. Heute scheint nicht mehr die Wahl für einen Partner das schwierige zu sein, als vielmehr die beständige Abwehr aller möglichen alternativen Lebensformen. Die Exklusivität lässt sich anscheinend nur noch auf Zeit aufrecht erhalten, die Räume und Zeiten der Intimität werden eingeengt und von anderen besetzt, vorzugsweise von den Medien. Nähe und Intensität erscheint nicht nur unpersönlich, sondern sogar rein virtuell im Internet möglich. Und wenn all dies möglich ist, wozu dann noch die Lasten langjähriger Beziehungen zu Partnern und Kindern tragen? Denn intime Beziehungen sind nicht nur schön, angenehm, nah, nährend und liebevoll, sondern auch anstrengend, nervtötend, hässlich, bedrohlich und unfrei. Und da die westliche, postindustrielle Moderne scheinbar auch die Möglichkeiten dazu enthält, beginnt der moderne Mensch eine ebenso moderne Rechnung aufzumachen: Wie kann ich die angenehmen Seiten einer intimen Beziehung – wie Liebe, Sorge, Nähe, Erfüllung oder Glück – leben und zugleich die negativen Seiten – wie Streit, Alltag, Stress, Abhängigkeit, Zweifel oder Routine – vermeiden? Eine Möglichkeit scheint darin gesehen zu werden, die Dauer der Beziehung auf nicht mehr als durchschnittlich fünf bis sechs Jahre zu begrenzen. Eine andere Möglichkeit besteht darin, die Ansprüche an sich und andere zu minimieren. Eine dritte besteht darin, sich jederzeit für alternative Optionen offen zu halten. Die Umgehensweisen mit diesem Thema sind sicherlich geschlechtsspezifisch sehr unterschiedlich. Fast scheint es aber so, als ob diese Schutzmechanismen erst die Geister herbeirufen, die sie zu verhindern suchen. Wer Intimität mit beschränkter Haftung sucht, wer sich auf Intimität nur teilweise einlässt, wer sich während der Beziehung beständig für andere offen hält, wer eine Liebesbeziehung mit Reiserücktrittsversicherung eingehen möchte, wer selbst die Sorge für Kinder nicht als etwas Exklusives versteht, der lässt Intimität gar nicht erst zu, der verhindert sie, bevor sie entstanden ist.

Müssen wir also den Verlust wirklicher Intimität zugunsten gespielter, veröffentlichter oder partieller Intimität beklagen? Wird auch die Intimität zu einer Fast-Food-Angelegenheit? Sind die Intimitätskonzepte des 20. Jahrhunderts letzte Zuckungen einer verklärten Romantik des 19. Jahrhunderts, in dessen Mitte die glückliche Familie, die dauerhafte lebenslange Ehe, die ewige Liebe zwischen den Partnern und die liebevolle Sorge für die Kinder stand? Sind die teilweise drastischen Veränderungen in Ehe, Partnerschaft und Familie Anzeichen für deren sozialen Tod oder lediglich Hinweis auf Anpassungs- und Wandlungsprozesse, an deren Ende die partnerschaftliche Liebe und die familiäre Sorge für Kinder neue Formen erhalten?

Auf diese Fragen gibt es keine eindeutigen Antworten und es hat den Anschein, als ob die Antworten wiederum vom Persönlichkeitstypus des Autors abhängen. Ist es nun bedenklich, wenn die Hälfte aller Ehen in Scheidungen enden oder ist es erfreulich, dass die andere Hälfte stabil bleibt.

Immerhin wachsen noch 80 % aller Kinder in den Familien auf, in die sie hineingeboren werden und sie scheinen als Kinder wichtige Stabilisatoren der Liebesbeziehung ihrer Eltern zu sein. Geschieden werden vor allem kinderlose Paare, während andererseits gilt: je mehr Kinder, desto haltbarer bzw. dauerhafter die Ehe. Auf dem zweiten Kongress für Familienpsychologie im Februar 2001 entstand ein kleiner Disput zwischen zwei Fachleuten, ob die aktuelle Scheidungsquote in Großstädten von 50 % und mehr beunruhigend sei oder ob es nicht vielmehr eine besondere Leistung sei, dass immerhin die Hälfte aller Ehen nicht in Scheidung ende. Wir sehen, die »scientific community« ist auch in dieser Frage gespalten, und wenn dies schon für die Gegenwart gilt, dann noch um einiges mehr für die Zukunft.

Die Probleme der heutigen Familienbeziehungen

Eine unsystematische Auflistung der Tendenzen moderner Familienbeziehungen in Deutschland ergibt folgendes Bild:
• Rückgang der Geburtenzahlen, so dass die durchschnittliche Kinderzahl pro Frau in Deutschland bei derzeit 1,3 liegt, was im internationalen Vergleich eher niedrig ist
• Vermehrte Unzufriedenheit der Frauen mit Ehe und Partnerschaft
• Ansteigen der Scheidungszahlen, insbesondere bei kinderlosen Paaren
• Späteres Erstheiratsalter und Rückgang der Eheschließungen
• Zunahme der Singles und Alleinlebenden, mit einem Anteil an der Bevölkerung der Großstädte von mittlerweile 50 %, wobei mehr als die Hälfte davon – aufgrund der Altersentwicklung – allein lebende, ältere Frauen sind
• Zunahme der Sozialhilfeempfängerinnen unter den Alleinerziehenden und damit Begründung der neuen Kinderarmut
• Aufkommen alternativer Lebensgemeinschaften, wie Ein-Eltern, gleichgeschlechtliche Paare und Hausmänner
• Verschiebung und Verlängerung normaler Entwicklungsabschnitte; so scheint die Pubertät immer früher einzusetzen, während sich die Adoleszenz immer mehr verlängert
• Zunahme der Stieffamilien, die als kommende Normalfamilie erscheinen, allerdings immer noch mit einer niedrigeren »Erfolgsquote«, als die Erstfamilien

• Kinder als Sinnstiftung moderner Menschen, was zusammengefasst werden kann unter dem Stichwort: von der Elternzentriertheit der Kindheit zur Kindzentrierung der Eltern

Wie lassen sich diese Tendenzen interpretieren? Drei Positionen erscheinen heute dazu möglich, eine pessimistische, eine optimistische und eine realistische.

Die Sicht der Pessimisten

Aus der Sicht der Pessimisten, ergibt sich folgendes Bild: Die Ehe hat ihren Zauber verloren, die Menschen heiraten weniger und wenn überhaupt, dann erst viel später, berufliche Selbständigkeit und Karriere gehen vor. Meistens wird geheiratet, wenn beide sich ein Kind wünschen, aber in den meisten nördlichen Regionen Europas auch dann noch nicht. Der allseits beklagte Rückgang der Geburtenzahlen hat sicherlich viele Gründe. So meint der Berliner Mikrosoziologe und Familienforscher Hans Bertram: »Wer's erklären kann, sollte den Nobelpreis bekommen.« (Bertram 2001) Zum einen nimmt die biologisch bedingte Infertilität und Sterilität zu, d. h. die Fruchtbarkeit der Menschen ist keine selbstverständliche und natürliche Gabe mehr; zum anderen sind es psychosomatische Gründe. Hinter der psychogenen Sterilität und Infertilität, aber auch hinter der gewollten und ungewollten Kinderlosigkeit verbergen sich oftmals ungelöste Konflikte mit den eigenen Eltern. Eltern können oder wollen nicht Eltern werden, weil dies für sie zu konflikthaft und angstbesetzt ist. Zudem bedeuten Kinder heute eine kostspielige und dauerhafte Bindung und Sorgeverpflichtung. Früher waren die Kinder mit 14 Jahren im Beruf, heute studieren sie bis Mitte 20. Ehen können geschieden werden, Elternschaft besteht ein Leben lang. Darüber hinaus gibt es sicherlich auch sozial-politische und rechtliche Gründe, die eine Familiengründung erschweren. So resümiert der ehemalige Bundesverfassungsrichter und Familienrechtler Paul Kirchhof unter der Überschrift »Wer Kinder hat, ist angeschmiert«:

> »Die familienfeindliche Struktur der gegenwärtigen Berufs- und Wirtschaftsordnung hat ihren Grund in der Trennung von Arbeitsplatz und Familienwohnung sowie in der rechtlichen Herabstufung der Familientätigkeit zu einer wirtschaftlich unerheblichen Leistung.«
> *Die Zeit*, 11.1.2001, Nr. 9

Während der Ehe sind die modernen Partner vor allem um die gemeinsame Liebe und ihre jeweilige Autonomie besorgt und geben die Beziehung auch dann wieder auf, wenn beides bedroht oder verloren zu sein scheint. Insbesondere die Frauen lassen sich nicht mehr auf die Rolle der Hausfrau und Mutter reduzieren und sind mit den chronischen Überlastungen in Familie und Beruf unzufrieden. Nicht zuletzt auch aufgrund ihrer wirtschaftlichen Unabhängigkeit bestehen heute die Voraussetzungen dazu, dass sie sich von den Männern und Vätern ihrer Kinder trennen; Männer hingegen sind anscheinend zufriedener in ihren Ehen und würden sich seltener trennen (»Ich dachte meine Frau sei glücklich, bis ich sie fragte, wie es ihr geht«, A. Napier 1988). Nach einer Trennung gehen die Männer meist schnell wieder Beziehungen ein, während die Frauen abwarten und weniger bereit erscheinen, sich wieder ehelich zu binden, was sie aber nicht davon abhält, gemeinsam mit einem neuen Partner in einer sogenannten Fortsetzungsfamilie noch ein weiteres Kind zu bekommen.

Das ganze Spiel kann mehrfach wiederholt werden und heute regt sich kaum noch jemand darüber auf, obwohl es den Kindern dabei oftmals gar nicht gut geht. Den Erwachsenen scheint es besser zu gehen, während die Kinder als beziehungskonservative Wesen am Erhalt der Beziehungen orientiert sind. Stabilität, Konstanz und Kontinuität scheinen von Kindern favorisierte Beziehungswerte zu sein, während Erwachsene ihre individuelle Selbstverwirklichung, Autonomie und Liebe zwischen den Partnern an die erste Stelle setzen. Wer sich durchsetzen wird, scheint bereits entschieden zu sein. Der Kern der Krise der Familie scheint eine Krise partnerschaftlicher Beziehungen, im weitesten Sinne eine Krise der Liebesbeziehungen zu sein. Soweit kurzgefasst die Sicht der Pessimisten, kommen wir zu den Optimisten.

Die Sicht der Optimisten

Wir nähern uns mit Riesenschritten dem Paradies der menschlichen Beziehungen, so könnte man die Position der Optimisten zusammenfassen. Die Möglichkeiten, in partnerschaftlichen und familiären Beziehungen zu leben, d. h. die Optionen der Lebens- und Familienformen, erscheinen am Beginn des 21. Jahrhunderts nahezu unbegrenzt: neben der traditionellen Kleinfamilie mit Mutter, Vater und Kindern gibt es heute eine Vielzahl alternativer Familienformen, wie Ein-Eltern-Familien bzw. Alleinerziehende; Stieffamilien der unterschiedlichsten Art; heterosexuelle oder homosexuelle Partnerschaften mit eigenen oder angenommenen Kindern; Adoptivfamilien; Pflegefamilien; heterologe Inseminationsfamilien; Wohngemeinschaften mit Kindern oder Pendler-Familien, deren Eltern an verschiedenen Orten arbeiten und die sich daher nur zeitweise sehen. Von diesen alternativen Familienformen zu unterscheiden sind verschiedenste nicht-familiale Lebensformen, wie Alleinlebende, die man bei gewollter Kinderlosigkeit als Singles bezeichnet; kinderlose Paare, verheiratet oder nicht; Paarbeziehungen von erwachsenen Menschen, die ohne Kinder und zugleich getrennt leben, was man als »living apart together« bezeichnet; wiederverheiratete Paare nach einer Scheidung, aber ohne Kinder; nicht-exklusive Paarbeziehungen ohne Kinder; gleichgeschlechtliche schwule oder lesbische Partnerschaften ohne Kinder, zusammen lebend oder auch »living apart together« oder auch Wohngemeinschaften ohne Kinder. Die meisten dieser Lebensformen gab es zwar auch schon in früheren Zeiten, aber noch nie war es möglich – oder notwendig – mehrere dieser Beziehungsformen innerhalb einer Biografie zu erleben.

Sehen wir uns eine solche moderne Biografie einmal beispielhaft an. Heute kann ein Kind in eine Paarbeziehung hineingeboren werden, häufig gewünscht, aber nicht geplant und seine Eltern nehmen die Geburt des Kindes zum Anlass zu heiraten, so dass auf den Hochzeitsfotos – wie bei den meisten schwedischen Hochzeiten heute – die Kinder mit auf dem Bild sind. Das Kind wird nichtehelich geboren, wächst anschließend in der Kernfamilie auf, lebt nach der Trennung der Mutter vom Vater mit seiner alleinerziehenden Mutter, bekommt dann einen sozialen Vater, den die Kinder in manchen Stockholmer Vierteln »Plastikdaddy« nennen, freut sich bald über die Geburt seiner Halbschwester, lebt einige Zeit in einer wirklich glücklichen und für zwei Jahre konfliktarmen Stieffamilie, bis sich seine Mutter wieder vom Plastikdaddy trennt und nach zwei enthaltsamen Jahren einen neuen Mann gefunden hat, der aber nicht sein Vater sein will und mit dem seine Mutter das »living apart together« lebt. Dieser Junge verlässt früh sein Elternhaus, das eigentlich die meiste Zeit sein Mutterhaus war, um in einer Wohngemeinschaft mit gleichgesinnten Menschen alternative Lebensformen zu erproben, bekommt dann ein erstes Kind mit einer Frau, die nicht in der gleichen Wohnung lebt, zieht mit ihr kurzzeitig zusammen, dann trennen sich beide einvernehmlich und erklären dieses

Experiment für gescheitert auf hohem Niveau, dann lebt er mit einer interessanten Frau zusammen, die ein Kind von einem anderen Mann hat, für das er die Vaterrolle einnimmt und um das er sich – mit schlechtem Gewissen – mehr sorgt, als um sein eigenes, um sich dann wieder von der Frau zu trennen und nach Jahren des erholsamen und zugleich frustrierten Single-Daseins eine Beziehung zu einer ebenfalls alleinstehenden Frau aufzunehmen, mit der er – ganz wie seine Mutter früher – wieder ein »living apart together« praktiziert – eher unzufrieden, als überzeugt.

So oder ähnlich sieht die moderne Beziehungsbiografie aus, für die Elisabeth Beck-Gernsheim den Begriff der »Bastelbiografie« prägte. Diese möglicherweise Normalbiografie der nicht allzu fernen Zukunft wird nach Auskunft seines Protagonisten gesteuert von den Irrungen der Liebe, die jeweils verschiedene Formen annehmen kann und ist gemischt mit einer gehörigen Portion Autonomiewunsch, d. h. der manchmal abgrundtiefen Angst vor einer Abhängigkeit und gleichzeitig vor dem Verlust einer Beziehung. Der reife Lebensabend eines solchermaßen gestressten modernen Odysseus besteht vielleicht in der Erkenntnis, mit seiner stolzen Wahrung der Liebe und Autonomie genau das Gegenteil von dem erreicht zu haben, wonach er immer suchte und mit seiner Angst vor Beziehungsverlust, diese Verluste erst provoziert zu haben.

Zu den Optimisten in Bezug auf die Zukunft der Familie scheinen nach den Ergebnissen der 13. Shellstudie über die »Jugend 2000« (2000) auch die Jugendlichen in Deutschland zu gehören. So resümieren die Autoren:

> »In der Zusammenschau spricht wenig für die manchmal zu hörende Unterstellung, die Jugendlichen wüssten angesichts von fortdauernder Arbeitslosigkeit, von Flexibilisierung und Globalisierung sowie vom rasanten Wandel in allen Lebensbereichen nicht mehr aus noch ein. Eher im Gegenteil. Relativ zuversichtlich und überzeugt von der eigenen Leistungsfähigkeit versuchen sie mehrheitlich, aktiv ihre Lebensperspektive vorzubereiten.«
> Deutsche Shell, S. 13

Und zentrale Bedeutung haben in der Zukunftsplanung der Jugendlichen zwei Werte: die Arbeit und die Familie. Dies gilt für Jungen und Mädchen in Ost und West gleichermaßen. Kein Jammern über die Zukunft, keine Klagen an die Adresse der älteren Generation, keine Absage an die traditionellen Werte. »Vielmehr wird die Familie als Ressource, als emotionaler Rückhalt, als Ort von Verlässlichkeit, Treue, Häuslichkeit und Partnerschaft verstanden.« (Deutsche Shell, S. 14) Romantik scheint wieder hoch im Kurs zu sein, die modernen Jugendlichen heiraten wieder ganz in Weiß, Optimismus belebt die Konjunktur, Realismus scheint eine Angelegenheit für miesmachende Statistiker zu sein.

Die Sicht der Realisten

Was wären nun – nach der Sicht der Pessimisten und der Optimisten – die Aussagen der Realisten? Zwei Argumente werden hier vorzugsweise ins Feld geführt: erstens seien die Entwicklungen gar nicht so neu, wenn man eine größere Zeitperspektive anlege und zweitens müsse man die empirischen Daten genauer ansehen. So betont Robert Hettlage:

>»In einem längerfristigen Zeithorizont gesehen, ist Pluralität gar nicht neu. Nichteheliche Lebensgemeinschaften mit Kindern waren in der vorindustriellen Zeit regional sogar stärker verbreitet als heute. Pflege-, Stief- und Eineltern familien gab es zu allen Zeiten und Ledige zählte man in früheren Zeiten in beträchtlichem Ausmaß. Wenn man nicht die 50er und 60er Jahre des 20. Jahrhunderts (mit ihrer besonders starken Verbreitung von Zwei elternfamilien) zum Vergleichsmaßstab nimmt, sondern z. B. 100 Jahre zurückgeht, dann sind die Entwicklungen erstaunlich konstant.«
>
> Hettlage 2000, S. 86

Mittlerweile liegen wir heute bei den meisten statistischen Werten zur Familienentwicklung im Durchschnitt des 20. Jahrhunderts und lediglich die 1950er und 1960er Jahre waren eine Ausnahme.

Auch nach Auswertung aller verfügbaren empirischen Daten ergibt sich für die These der Pluralisierung der Familienformen ein klares Ergebnis:

>»Allein für die Altersgruppe der 25- bis 30-jährigen kann man wirklich von einer Pluralisierung der Lebensformen sprechen, denn hier sind die verschiedenen Stile (Bei-den-Eltern-leben, Single-Dasein, Unverheiratet-Zusammenleben, Verheiratet-Sein, Kinder-Haben) etwas gleich verteilt. Bei den Jüngeren dominiert ganz traditionell das Leben in der Herkunftsfamilie, bei den Erwachsenen ab 30 Jahren das Leben in der selbst gegründeten Familie.«
>
> Hettlage 2000, S. 89

Wir können festhalten, dass die Kernfamilie mit zwei verheirateten Eltern und ihren Kindern

>»weit überwiegend dominant bleibt. Sie macht 83 % aller Familienformen aus. In ihnen wachsen weiterhin 87,5 % (Westdeutschland) und 82 % (Ostdeutschland) der Kinder unter 18 Jahren auf.«
>
> Hettlage 2000, S. 90

Dieser Umstand erklärt sicherlich auch den oben angesprochenen Optimismus der heutigen Jugendlichen in Bezug auf die Zukunft der Familie und die mit ihr verbundenen Werte. Sie haben mehrheitlich in ihren Elternhäusern erfahren (!), dass die Familie trotz aller Streitereien und Querelen »ein Ort von Verlässlichkeit, Treue, Häuslichkeit und Partnerschaft« sein kann. Bleibt als nüchternes Fazit aus Sicht der Realisten lediglich festzustellen: Die Menschen heiraten später, die Familien werden immer kleiner und sie werden leichter wieder aufgelöst.

Aus psychologischer Sicht kommt noch ein weiteres Phänomen hinzu: die Menschen scheinen in ihren Familien weniger glücklich zu sein. Untersuchungen über eheliche Zufriedenheit zeichnen ein eher düsteres Bild, wobei das hohe Anfangsniveau kaum wieder erreicht wird, mal abgesehen von der Zeit unmittelbar nach der Geburt des ersten Kindes, den sogenannten »Babyflitterwochen«. Danach geht die Kurve ehelicher Zufriedenheit stetig bergab und lediglich die Paare nach dem 20. Ehejahr scheinen wieder zufriedener zu sein, aber möglicherweise ist das nur Ausdruck der Tatsache, dass sie endlich die Kinder aus dem Haus haben und das geringere Maß an Streit sie wieder glücklicher sein lässt.

Vielleicht sind aber auch nur die Erwartungen an Partnerschaft und Familie gestiegen, denn die Qualitätsanforderungen an die moderne Paarbeziehung sind im Alltag nicht einfach zu erfüllen, schon gar nicht auf Dauer oder in Konflikten und Krisen:

> »Reziprozität, wechselseitiges Geben und Nehmen, gegenseitiges Verständnis, Achtung des Anderen, Toleranz sowie Treue aus pragmatischen, nichtmoralischen Gründen sind heute die wesentlichen Kriterien einer guten Beziehung.«
>
> Ostner 1999, S. 33

Enttäuscht sind heute vor allem die Frauen mit Partnerschaft, Ehe und Familie, aber weniger, weil ihre romantischen Glücksvorstellungen nicht befriedigt werden, sondern weil sie nicht mehr bereit sind, sich ergeben in patriarchalen Beziehungen zu arrangieren. Darüber hinaus hat sich für die Frauen eine wesentliche Voraussetzung einer wirklichen Emanzipation bis heute nicht eingestellt: die Männer haben nicht mitgezogen, das partnerschaftliche Beziehungsmodell bleibt eine Illusion oder Ausnahme. Das Ergebnis einer stärkeren Beteiligung am Arbeitsmarkt ist die berühmte Doppelbelastung, die eigentlich eine Mehrfachbelastung darstellt. Dies scheint zumindest eine schlüssige Erklärung für den relativen Anstieg der Scheidungsquoten zu sein. Hans Bertram meint mittlerweile, dass die Männer nur noch gezwungen werden können, denn von allein bzw. aus Einsicht würden sie ihre privilegierten Plätze nicht räumen.

Pluralisierung – Optionalisierung – Individualisierung

Die oben skizzierte Debatte um die positive, negative oder realistische Interpretation der Entwicklungstendenzen moderner intimer Beziehungen wird in der deutschen Soziologie in den letzten Jahren unter den Stichworten Pluralisierung, Optionalisierung und Individualisierung geführt. Während die Pluralisierung eine Zerstückelung oder Bereicherung der Familienformen bedeutet, verhält es sich mit der Individualisierung komplizierter. Positiv gedacht bedeutet sie eine individuelle Wahl aus dem Reichtum der Möglichkeiten, negativ gesehen hat eben jeder auch die Qual der Wahl. Der moderne Beziehungsmensch kann nicht nur wählen oder wird gewählt, er muss auch selbst eine Auswahl treffen, ist aber dabei auch mit der Frage konfrontiert, nach welchen Kriterien er wählt. Gross spricht deshalb in diesem Zusammenhang vom »Supermarkt der Fehleinkäufe« (Gross 2000, zit. nach Hettlage 2000, S. 83). Der moderne Mensch muss entscheiden und auswählen, und letztlich seine Entscheidungen auch begründen können, zumindest vor sich selbst und seinem Partner. Er kann sich nicht nicht entscheiden. Individualisierung ist damit ein aktiver Entscheidungsprozess, der in der Welt pluraler Optionen Beliebigkeit in Eindeutigkeit umsetzen muss. Genau dies fällt heute vielen Menschen so schwer, weil das wählen können wichtiger erscheint, als nach bestimmten Kriterien eine Wahl zu treffen und dann auch anschließend die Verantwortung für diese Wahl mit allen Konsequenzen zu übernehmen. Ethisches Handeln erscheint als »mega-out«.

Wir müssen dem Irrsinn vorauseilen, um ihm zu entrinnen

Wenn alles möglich ist, dann ist Unverbindlichkeit die Folge, ethische Leitprinzipien bzw. eine moralische Basis der Beziehungen sind nicht erkennbar. Die einfachste Folge auf der Ebene unmittelbarer Beziehungen ist, dass Menschen zum Aushandeln gezwungen werden.

>»Da allgemeinverbindliche Vorstellungen und Regelungen zur Institution Ehe und Familie an Überzeugungskraft eingebüßt haben, konzentriert sich Partnerschaft heute auf einen andauernden Prozess des Aushandelns der jeweiligen Prinzipien des Zusammenlebens. Auf Dauer angelegte Orientierungen und Verhaltensprogramme werden nicht mehr so einfach hingenommen; vielmehr will man sich alle Wege offen halten und sich nur von Fall zu Fall – befristet und unter eigenen Rationalitätsüberlegungen – festlegen.«
>
> Hettlage 2000, S. 84

Dies bedeutet für das einzelne Paar den stets neuen Versuch und die stets neue Notwendigkeit, Positionen, Wünsche und Bedürfnisse auszuhandeln, wobei wir in der Paar- und Familientherapie eher Wert legen auf das Wie, als auf die jeweiligen Inhalte. Wenn die Menschen einen für sie passenden Weg gefunden haben, dieses Aushandeln gestalten zu können, dann haben sie damit Kompetenzen für ihren postmodernen Alltag.

Gesellschaftlich sind wir damit aber noch nicht entlassen. Wie bei allen strittigen Innovationen der neuesten Zeit – insbesondere der Robotechnik, der Nanotechnik und der Gentechnologie – haben wir nicht nur den privaten Zwang zum Aushandeln neuer Standards, sondern auch den gesamtgesellschaftlichen Zwang zum Aushandeln von Regeln und Grenzen auf der Basis einer allgemeingültigen und -akzeptierten Ethik. Ohne ethische Richtlinien scheinen wir den Errungenschaften der Neuzeit schutzlos ausgeliefert. Natürlich war das in der Vergangenheit nicht anders, (s. »Die Physiker« von Dürrenmatt), aber die Segnungen der Zukunft drohen die humanen Errungenschaften der Vergangenheit zu zerstören. Ich will dies am Beispiel der Kindheit kurz verdeutlichen.

>»Die Kindheit wurde im siebzehnten Jahrhundert erfunden. Seit dem achtzehnten Jahrhundert begann sie, die uns vertraute Form anzunehmen. Im zwanzigsten Jahrhundert setzte die Auflösung der Kindheit ein, und im einundzwanzigsten Jahrhundert könnte sie ganz verloren gehen – es sei denn, es besteht ein ernsthaftes Interesse daran, sie zu erhalten.«
>
> Postman 1999, S. 147

Die Erfindung der Kindheit bestand darin, diesen Lebensabschnitt der Menschen als einen besonders schützenswerten und förderungswürdigen zu erkennen. Vorher gab es nur die kleinen Kinder und die Erwachsenen. Wahrscheinlich ist die Entdeckung der Kindheit eine der größten Errungenschaften der modernen Zivilisation und wenn wir sie wieder verlieren, verlieren wir ein Stück Menschlichkeit. So entstanden Kinderbücher, Kinderkleidung, Kinderspiele, pädagogische Konzepte zur Förderung und Erziehung der Kinder, Theorien über die Kindesentwicklung und Gesetze zum Schutz der Kinder. Der Staat als gesamtgesellschaftlicher Vertreter trat als Beschützer der Kinder auf und verbot den Eltern, die Kinder zu töten oder zu misshandeln; heute kann in Deutschland den Eltern die Sorge für ihre Kinder entzogen werden, wenn sie diese misshandeln, sexuell missbrauchen oder vernachlässigen oder wenn sie ihre Kinder nicht ausreichend vor solchen Gefahren schützen können (§ 1666 BGB).

Neil Postman sieht die Kindheit bedroht, weil es unmöglich geworden ist, dass es für Kinder noch Geheimnisse gibt. Für ihn ist es

> »die Informationsrevolution, die es unmöglich macht, dass es für die Jugendlichen noch Geheimnisse gibt – sexuelle Geheimnisse, politische Geheimnisse, historische Geheimnisse, medizinische Geheimnisse –, kurzum, den ganzen Gehalt des Erwachsenenlebens, der doch mindestens in Teilen den Kindern verborgen bleiben muss, wenn es denn eine Kategorie des Lebens geben soll, die man Kindheit nennt.«
>
> Postman 1999, S. 157

Darunter zu leiden haben nicht nur die Kinder, sondern auch diejenigen Institutionen, die sich der Kindheit verschrieben haben: die Familie, die Schule und der Staat. Während der Staat weitgehend hilflos auf die schlimmsten Auswüchse reagiert, wie zum Beispiel den Umgang mit sexuellem Missbrauch und Kinderpornografie im Internet und die Eltern den alltäglichen Kampf mit den Erziehungsikonen Fernsehen, Handys, CDs führen, lässt sich am Beispiel der Schule das Verschwinden der Geheimnisse der Kindheit verdeutlichen. Die Lehrpläne können kaum noch Schritt halten mit den technischen und entwicklungsbedingten Veränderungen der Kinder und die Curricula erscheinen deshalb immer antiquiert, weil die Kinder nicht mehr neugierig sind. Lernen-Wollen hat etwas damit zu tun, die eigene Neugier auf das Leben befriedigen zu wollen, aber welches Kind ist heute noch neugierig auf irgendetwas in der Schule? Die Neugier wird mittlerweile woanders befriedigt, vor allem im Fernsehen und im Internet. Und wenn es dann noch die leidigen Hausaufgaben zu machen gibt, bitte schön, hier ist die passende Homepage:

Hausaufgaben.de. Insofern glaube ich, dass Neil Postman recht hat, wenn er das Verschwinden der Kindheit mit dem Verschwinden der Geheimnisse zusammen bringt. Aber wer soll die Kinder davon abhalten, sich im Internet zu bedienen, wer soll die Anbieter davon abhalten, sadistische Kinderpornografie ins Internet zu stellen, wer soll die Informations- und Unterhaltungsindustrie davon abhalten, die Kindheit zu vermarkten? Die Logik der Globalisierung bietet via Internet auch Kinder zum Kauf an. Tragen Sie bitte hier die gewünschte Hautfarbe, das Alter, die Augenfarbe, die Rasse etc. ein und wir schicken Ihnen per e@mail ein entsprechendes Angebot, alles anonym, versteht sich. Kindheit wird entzaubert und vermarktet, denn Kinder

> »sind Märkte, genauer gesagt Konsumenten, deren Bedarf an Produkten in etwa derselbe ist wie der von Erwachsenen. Im Typus von Spielzeug und anderen unterhaltenden Produkten, die zu kaufen Kinder und Erwachsene verlockt werden, mag es Unterschiede geben, aber die gibt es schließlich auch bei dem, was man, altersunabhängig, Reichen oder Armen verkaufen kann. Das Entscheidende ist, dass Kindheit, wenn man überhaupt noch davon sprechen kann, inzwischen zur ökonomischen Kategorie geworden ist.«
> Postman 1999, S. 158

Diese amoralische Logik der Globalisierung zwingt uns als Gesellschaft und als humane Kultur eine Diskussion um ethische Standards auf. Wir müssen uns mit der Logik der Globalisierung beschäftigen, weil wir nur damit die Möglichkeit haben, diese Logik zu verstehen, zu entmystifizieren und zu beherrschen. Insofern müssen wir dem Irrsinn vorauseilen, um ihm zu entrinnen.

Die Logik der Globalisierung und ihre Folgen

Die Logik der Globalisierung selbst kennt keine Moral, sondern nur Rentabilität, Verwertung, Wertschöpfung, Aktionskurse, Absatzmärkte usw. Globalisierung kennzeichnet sinngemäß nichts anderes als den Prozess der weltumspannenden wirtschaftlichen und politischen Interdependenzen, deren Intensivierung besonders in den letzten Jahrzehnten zu verzeichnen ist. Als Phänomen ist Globalisierung für die Fachleute der politischen Ökonomie daher altbekannt und kaum interessant; der Begriff wurde eher durch andere Disziplinen populär gemacht.

»Das Wort Globalisierung hat die Ökonomen nicht wirklich interessiert, weil für sie der Vorgang der Globalisierung seit zwei Jahrhunderten das tägliche Brot ist. So kam es, dass wir dieses neuerdings bestsellerträchtige Feld den Nicht-Ökonomen überlassen haben.«

Weizsäcker 1999, S. 5

Marken wie Coca-Cola und McDonald haben mit ihren Niederlassungen überall in der Welt – insbesondere aber in Moskau oder Peking – einen Kulturschock ausgelöst, der Globalisierung der Märkte und »McDonaldisierung« der Welt beinahe gleich setzte. Die Lehre daraus hieß: Profit kennt keine Grenzen, Absatzmärkte sind Absatzmärkte und Verkauf ist legitim, egal was und wo, solange es Abnehmer findet. Wahrscheinlich geschah dies zu Unrecht, denn zunächst muss man davon ausgehen, dass Konkurrenz nicht nur das Geschäft belebt, sondern für die Leistungskraft einer Volkswirtschaft nicht abträglich sein soll. Aber Globalisierung bekam einen anrüchigen, profitträchtigen und kulturlosen »Touch«, und so hat sich der ursprünglich ökonomische Inhalt des Begriffs Globalisierung in einen psychologischen gewandelt: seit einigen Jahren verbindet sich damit eher die Sorge vor den Nachteilen, Risiken und Gefahren solch weltweiter ökonomischer Prozesse. Mittlerweile ist Globalisierung ein »moralisch anrüchiger« Sammelbegriff für Technisierung, Virtualisierung, Modernisierung, Flexibilisierung, Medienrevolution, Mobilisierung, Amerikanisierung, Monopolisierung, Informationstechnologie etc. und verweist damit weit über polit-ökonomische Aspekte hinaus auf soziale und kulturelle Phänomene, die als Begleiterscheinungen der Globalisierung der Märkte erscheinen.

Diktat und Zwang sind weitere Stichworte im Zusammenhang mit der Globalisierung. Sie zwingt scheinbar Kapitalisten wie Arbeitnehmer unter das Diktat ihrer immanenten Gesetze und macht auch vor ganzen Staaten und Volkswirtschaften nicht mehr halt, nicht einmal mehr vor sich selbst. So hat die Globalisierung zu globalen Strukturveränderungen geführt, auf die wiederum reagiert werden muss. Was haben wir von der Zukunft der Globalisierung zu erwarten? Eines der häufigsten Stichworte in dieser Diskussion ist die Flexibilisierung.

Der neue Mensch: flexibel im Beruf und stabil im Privatleben

Richard Sennet erregte vor einigen Jahren erhebliches Aufsehen mit seinem Buch »Der flexible Mensch. Die Kultur des neuen Kapitalismus« (1998). Der englische Titel des Buches »The Corrosion of Character« bringt seinen Denkansatz noch pointierter zum Ausdruck. Der neue »Turbo«-Kapitalismus fordere nicht nur den allseits und allzeit verfügbaren, flexiblen Menschen, der sich den weltweit operierenden Bedingungen internationaler Konzerne anzupassen habe, diese Anpassungsprozesse führten auch langsam zu Korrosionserscheinungen seines menschlichen Charakters. Das Ergebnis sei nicht nur eine Instabilität im Privaten und Persönlichen, sondern darüber hinaus eine Orientierungs- und Ziellosigkeit, ein Dahintreiben (»drift«) eines in seinem Charakter verunsicherten und beschädigten Menschen. Und mit der Korrosion des Charakters sei eine Korrosion der Ethik verbunden, eine langsame Zersetzung der Werte. Dies mache den Menschen noch schutzloser und hilfloser, denn ohne ethische Werte könne er den Herausforderungen und geforderten Anpassungen noch weniger entgegensetzen.

Das Phänomen Globalisierung hat erhebliche Folgen für die soziale Lage und den Charakter des Menschen, die auch für die Psychologie bedeutsam sind.

> »Wie aber können langfristige Ziele verfolgt werden, wenn man im Rahmen einer ganz auf das Kurzfristige ausgerichteten Ökonomie lebt? Wie können Loyalitäten und Verpflichtungen in Institutionen aufrecht erhalten werden, die ständig zerbrechen oder immer wieder umstrukturiert werden? Wie bestimmen wir, was in uns von bleibendem Wert ist, wenn wir in einer ungeduldigen Gesellschaft leben, die sich nur auf den unmittelbaren Moment konzentriert? Dies sind die Fragen zum menschlichen Charakter, die der neue flexible Kapitalismus stellt.«
>
> Sennett 1998, S. 12

Und hinzufügen möchte ich noch die Frage: Wie kann eine ökonomisch geforderte Flexibilität und eine privat ebenso erforderliche, wie gewünschte Stabilität innerhalb einer Person gelebt werden? Psychologisch wäre dieser Spagat zwischen beruflicher Flexibilität und privater Stabilität nicht unbedingt schizoid, aber zumindest eine hohe Anforderung an die Spaltungsfähigkeit der Menschen. Denn:

41

»Auf die Familie übertragen bedeuten diese Werte einer flexiblen Gesellschaft: bleib in Bewegung, geh keine Bindungen ein und bring keine Opfer.«
Sennett 1998, S. 29

In der Psychologie gehen wir immer noch davon aus – und vielleicht
müssen wir uns irgendwann von dieser Vorstellung verabschieden – dass
ein Mindestmaß an Stabilität in den privaten Beziehungen unabdingbar
ist. Wesentlich ist diese Stabilität nicht so sehr für die Partner, obwohl
diese immer noch ihre privaten Glücksvorstellungen mit einer langjäh-
rigen, wenn auch nicht mehr lebenslangen Paarbeziehung verknüpfen.
Bedeutsamer erscheint die Stabilität immer noch für das Aufwachsen der
Kinder. Kinder brauchen für ihre geistige und psychische Reifung
konstante, verlässliche Beziehungen (Objektkonstanz); Persönlichkeit
oder Identität kann anscheinend nur in stabilen Beziehungen über Jahre
hinweg reifen. Aber vielleicht wird sich die Psychologie hier schon in
wenigen Jahren korrigieren müssen und zu der Erkenntnis gelangen,
dass frühe »flexible« Beziehungen eine hervorragende Sozialisationser-
fahrung für später erforderliche Flexibilitäten sein können. Schon heute
verfügen die Kinder teilweise über Fähigkeiten, die den Erwachsenen als
Untugenden erscheinen, insbesondere im Umgang mit den neuen
Medien. Ein neuer Umgang mit der Zeitökonomie erlaubt es ihnen,
Fernsehen, Musik, Gespräche und Computerbedienung spielerisch
miteinander zu verbinden und alles gleichzeitig zu hören, zu sehen und
zu bedienen. Diese neue Gleichzeitigkeit schützt vor Langeweile und gilt
als besonderes Zeichen einer medialen Virtuosität. Der Zugang zu den
Tempeln der Moderne, den Netzwerken, Datenbanken, Internets oder
Suchmaschinen, diesen virtuellen Welten erscheint erstrebenswerter als
viele reale Beziehungen. Zugang, »access« im Englischen, gilt als Zauber-
wort der globalisierten Zukunft.

Zugänge zu Netzwerken

Der aus dem 12. Jahrhundert stammende Begriff Markt (»Market«) kennzeichnet schon lange keinen geografisch lokalisierbaren Ort mehr; die
Märkte des modernen Kapitalismus waren schon virtuell und unsichtbar,
bevor die moderne Virtualität durch das Internet erfunden wurde. Die

Märkte der Zukunft sind die Netzwerke, und der Zugang zu ihnen wird begehrt und teuer werden.

> »Im kommenden Zeitalter treten Netzwerke an die Stelle der Märkte, und aus dem Streben nach Eigentum wird Streben nach Zugang, nach Zugriff auf das, was diese Netzwerke zu bieten haben.«
>
> Rifkin 2000, S. 10

Dies ist die zentrale These von Jeremy Rifkin, des Gründers und Vorsitzenden der »Foundation on Economic Trends« in Washington. Nicht mehr die Akkumulation von Eigentum werde der zentrale Motor für Entwicklung sein, sondern der Zugang zu Netzwerken, in denen Informationen, Wissen, Konzepte, Ideen, Vorstellungen zur Verfügung gestellt werden. Nicht mehr Raum, Material und Maschinen werden vermarktet, sondern Kultur, Freizeit, Information und Unterhaltung. Aber die Teilnahme an Netzwerken wird keine Option sein, sondern über Lebensqualität entscheiden: je mehr Zugänge, desto höher der Lebensstandard – und der wird wie zu erwarten teuer sein. Rifkin: »Wir werden weniger besitzen und mehr ausgeben.« Denn wir werden über Leasingverträge, Mietverträge, Partnerschaften, Mitgliedschaften etc. in kommerzielle Netzwerke eingebunden. Unsere Lebenszeit wird in Vertragslaufzeiten eingeteilt werden und wir werden auf diese Weise Mitglieder in unzähligen Netzwerken sein. Und der Wert des Menschen wird sich aus seinem »lifetime value« ermessen lassen, also der Zeitmenge, in der seine Wertschöpfung stattfinden kann, in der er lebensabschnittsweise und in seinen komsumtiven Einzelteilen vermarktet werden kann. Freiheit werden die Menschen verstehen als das Recht zur Teilnahme an Netzwerken und dabei steht nicht die Wahl im Vordergrund, sondern das Streben, vielleicht sogar der Zwang, an so vielen Netzwerken wie möglich teilzuhaben.

Und was heißt dies für die Menschen und die Menschlichkeit? In seinem neuesten Buch »The Age of Access« (»Das Zeitalter des Zugangs«, dt. »Access«) geht Jeremy Rifkin davon aus, dass dieses zukünftige Zeitalter einen »neuen Menschentyp« hervorbringen wird. Die jungen Menschen der »proteischen« Generation werden sich den »simulierten Welten« anpassen, in denen die »potenzielle Verfügbarkeit ein Lebensstil« sein werde.

> »Wir müssen uns eine Welt vorstellen, in der praktisch jede Aktivität außerhalb der Familie zum bezahlten Erlebnis wird, eine Welt, in der gegenseitige

Verpflichtungen und Erwartungen ... durch Vertragsbeziehungen ersetzt werden, durch Mitgliedschaften, Abonnements, Eintrittsgebühren, Vorauszahlungen und Beiträge ... Die Menschen des 21. Jahrhunderts werden sich vermutlich eher als Knoten in Netzwerken gemeinsamer Interessen verstehen denn als autonome Individuen ... Freiheit definieren sie als das Recht, in Netze gegenseitiger Beziehungen eingebunden zu sein.«

Rifkin 2000, S. 17–21

Die vernetzte Zukunft bringt den vernetzten Menschen.

Mit der Flexibilisierung und Mobilisierung, der Vernetzung, dem Verschwinden des traditionellen Eigentums, und der neuen Ökonomie der Zugänge sind im wesentlichen strukturelle Änderungen eingeleitet, und hätten wir genügend Zeit, könnten wir uns wahrscheinlich langsam an diese Strukturen anpassen bzw. sie so verändern, wie wir sie brauchen und leben können. Aber wir haben diese Zeit nicht. Denn die vielleicht wichtigste Änderung durch die Globalisierung ist die Einführung einer neuen Zeitkultur.

Auf dem Weg in eine neue Zeitkultur

Das Zeitalter der Globalisierung hat zu einer ungeheuren Beschleunigung aller Lebensabläufe geführt und wer dieses Diktat des Tempos nicht mithalten kann – wie Kinder, behinderte Menschen, alte und kranke Menschen, und vielleicht auch Partnerschaften und Familien – wird zum Verlierer. Michel Baeriswyl, der ein lesenswertes Buch mit dem Titel »Chillout. Wege in eine neue Zeitkultur« (2000) geschrieben hat, kommt zu einem Resümee, das stellenweise inhaltlich und von der Vehemenz der Sprache her sehr an die Marx'schen Frühschriften erinnert:

> »Die restlos flexibilisierte Zeit hat nichts mit Freiheit zu tun, sie ist nur das andere Extrem der total verplanten Zeit der Chronokratie. Beiden gemeinsam ist die Verwandlung aller Zeit und der Zeit aller in die verfügbare Zeit für die Verwertung des Kapitals, welche keine Rücksicht nimmt auf die gesundheitliche Funktion der Nachtruhe, die soziale Bedeutung des Feierabends und des freien Wochenendes, die Bedeutung von Arbeitszeit und Lebenszeit als Raum individueller Entwicklung und des gesellschaftlichen Lebens. Es ist die Ironie der Geschichte, dass dem ökonomisch motivierten neoliberalen Umbau aller Zeitverhältnisse als Erstes die traditionelle Familie zum Opfer fällt.«

Baeriswyl 2000, S. 50

Der Mensch der westlichen Industrienationen hat sich mittlerweile einem Diktat der Zeit unterworfen, das gegen seine natürliche Konstitution gerichtet ist. Das Tempo der technischen Prozesse und die Möglichkeiten und Grenzen des menschlichen Körpers scheinen vielerorts nicht mehr vereinbar. Dies betrifft sowohl die Extensivierung, also die Ausdehnung der Zeit, als auch ihre Intensivierung. Die moderne Non-Stop-Gesellschaft lebt im 24-Stunden-Takt.

> »Bloß noch 17 Prozent aller abhängig Beschäftigten in Deutschland arbeiteten im Jahr 1995 noch innerhalb der sogenannten Normalarbeitszeit. Nicht der Mensch, der entweder Schicht oder samstags oder Teilzeit oder befristet arbeitet, ist heute die Ausnahme, sondern der, der morgens um sieben aus dem Haus geht und abends nach einem Achtstundentag nach Hause kommt.«
> Baeriswyl 2000, S. 49

Was bislang als Ausnahme galt und auch so bleiben sollte, ist mittlerweile zur Regel geworden. Müdigkeit ist damit zu einem zentralen Problem der Nonstop-Gesellschaft geworden.

> »Nicht nur die Reaktorunfälle von Harrisburg und Tschernobyl, die Giftgaskatastrophe in Bhopal, das Chemieunglück in Schweizerhalle oder die Havarie des Riesentankers ›Exxon Valdez‹ ereigneten sich alle zwischen Mitternacht und vier Uhr morgens.«
> Baeriswyl 2000, S. 43

Global operierende Konzerne können nicht auf lokale Zeiten Rücksicht nehmen, Ruhezeiten sind Verlustzeiten, Wertschöpfung geschieht zu jeder Zeit und überall auf der Welt.

Dabei ist die Zeit nichts Objektives, Absolutes, außerhalb unserer Einflussmöglichkeiten liegendes. In unserem Denken sind wir immer noch sehr dem Newton'schen Zeitbegriff verhaftet, seine Definition der Zeit herrscht heute immer noch in den Köpfen der Menschen. Newton:

> »Die absolute, wahre, mathematische Zeit verfließt an sich und vermöge ihrer Natur gleichförmig und ohne Beziehung auf irgendeinen äußeren Gegenstand.«
> Isaac Newton 1687, zit. nach Baeriswyl 2000, S. 96

Aber spätestens seit Albert Einsteins Formulierung der Speziellen Relativitätstheorie wissen wir, dass es weder eine absolute Zeit noch einen absoluten Raum gibt. Keine Beobachtung ist unabhängig vom jeweiligen Standpunkt des Beobachters, es gibt keinen absoluten Ruhepunkt und keine absolute Gleichzeitigkeit. Vielmehr hat jedes System seine eigene Zeit, eine systemspezifische Eigenzeit. Damit gibt es nicht mehr die eine, absolute Zeit, sondern viele verschiedene Zeiten. Nach Stephen Hawking muss man unterscheiden zwischen einer thermodynamischen Zeit aller mikroskopischen Prozesse, einer kosmologischen Zeit aller universalen, makroskopischen Prozesse, einer biologischen Zeit aller evolutionären Lebensprozesse und einer psychologischen Zeit aller psychobiologischen Wahrnehmungsprozesse. Es gibt also vereinfacht gesagt physikalische, chemische, biologische, psychologische, soziale und andere Zeiten und jede dieser Systemzeiten hat ihre eigenen Ausprägungen, ihre spezifischen Eigenzeiten. Wer die Eigenzeiten eines Systems – eines einzelnen Menschen oder einer Familie – ignoriert und diese dem Diktat einer anderen Zeit – beispielsweise der beschleunigten Zeit global operierender Konzerne – unterwirft, fordert zunächst Anpassungsprozesse heraus und strapaziert die Elastizität des Systems bis zum Bruchpunkt.

Die Vorstellungen über die Zeit sind natürlich auch ein Produkt der jeweiligen Zeit; Zeit ist damit im Kern eine relative historische und kulturelle Größe. Das hört sich philosophisch an und beschäftigt als konfliktreiches Thema immer noch internationale Physiker-Kongresse, aber diese historische Relativität der Zeit hat praktische Konsequenzen. Zeit ist dann nicht etwas außerhalb unserer sozialen Welt Existierendes, ein unveränderbares Naturgesetz, sondern etwas menschlich Erfahrbares und Veränderbares. Zeit ist in der Welt, weil sich die Welt ändert – in der Veränderung der Welt ist Zeit enthalten. Sein und Zeit sind nicht zwei unabhängige Aspekte, wie Martin Heidegger schon als 27-jähriger Mensch philosophisch begründete, sondern menschliche Existenz ist nur denkbar in der Zeit. Dies lässt sich auch am Familienalltag verdeutlichen.

Familien haben ihre Zeiten: Tagesabläufe, Wochenpläne, Arbeits- und Freizeiten, Essenszeiten, Urlaubszeiten, Zeiten der Liebe und der Feste, der Geburtstage und Namenstage, Zeiten des Streits und/oder der gemeinsamen Unternehmungen. Hinter diesen Zeiten verbirgt sich eine familiäre Intimität besonderer Art. Will man eine Familie kennen lernen, wie wir es stets in der Familientherapie tun müssen, dann können wir uns auch diese Zeiten der Familie anschauen, einen ganz normalen Wochentag beispielsweise, und wir erfahren manchmal mehr über die Dynamik dieser Familie, als in langen Erläuterungen oder Erklärungen von Problemen. (Salvador Minuchin ging anfangs, als er mit den Familien anorektischer Mädchen zu arbeiten begann, zu den Familien nach Hause und aß gemeinsam mit ihnen.) Hinter den Zeiten der Familie verbergen sich die Rhythmen und Rituale, Regeln und Muster.

Vielleicht gibt es kein besseres Beispiel für den Einbruch der Globalisierung in die Intimsphäre einer Familie als die weitgehende Zerstörung der Zeiten der Familie. Die Mikrowelle hat es ermöglicht, dass jedes Familienmitglied zu unterschiedlichen Zeiten essen kann. Die identitätsstiftende Prozedur gemeinsamer Mahlzeiten hat sich weitgehend aufgelöst. Heute kann eine Familie froh sein, wenn sie noch einmal in der Woche am Sonntag zu einem gemeinsamen Essen zusammen kommt. Dabei ist nicht das Essen das wesentliche, nicht einmal die symbolische Bedeutung des Essens als nährende Gemeinschaft, sondern die Tatsache, dass bei diesen gemeinsamen Mahlzeiten Austausch stattfinden kann über das Alltägliche: die Sorgen und Nöte der Kinder in der Schule und mit Freunden und Freundinnen, die Finanzplanungen, gemeinsame Unternehmungen, die Koordination der Zeiten für die anstehenden Wochen, der Austausch über Probleme und Wünsche der einzelnen. Das gemeinsame Essen schaffte die Gelegenheit zur Kommunikation und die Abschaffung dieser Mahlzeiten erfordert neue Wege der Kommunikation, die geradezu erobert werden müssen.

Noch bedeutungsvoller weil schwerwiegender sind allerdings die Folgen der modernen Kommunikationstechnologien: Handy, Computer und Fernseher. Jedes Familienmitglied erscheint über das Handy jederzeit für jeden außerhalb der Familie erreichbar, nur nicht für die anderen Familienmenschen. Mehrere Computer und Fernseher sind heute schon nicht mehr die Ausnahme, sondern die Regel in deutschen Familien.

>»Über zweieinhalb Stunden täglich, mit einer Spannbreite von etwa einer halben bis über sechseinhalb Stunden, verbringt der durchschnittliche Mitteleuropäer vor dem Fernsehapparat. Auf ein Jahr hochgerechnet ergeben sich etwa 40 Tage Nonstop-Fernsehen. Legt man die durchschnittliche Lebenserwartung zugrunde, ist der männliche Durchschnittsbürger während 17,5 Jahren und die weibliche Durchschnittsbürgerin aufgrund der höheren Lebenserwartung gar 19 Lebensjahre mit der Rezeption von Massenmedien beschäftigt.«

Baeriswyl 2000, S. 35

Es erscheint wenig tröstlich, dass die Zeiten vor dem Fernseher immer weniger aktive, aufmerksame Konsumtionszeiten sind, sondern Fernsehen zunehmend eine von mehreren gleichzeitigen Beschäftigungen ist. Diese Gleichzeitigkeit ist meist geboren aus der Angst, etwas zu verpassen und unterliegt somit selbst wieder dem Diktat der Zeit, der modernen Chronokratie.

Noch ist der Fernseher vom Computer und vom Handy getrennt, aber nicht mehr lange. Bald wird es auch hier integrative und innovative Technologien geben, und ich wage nicht daran zu denken, wie hoch dann die Einschaltquoten sein werden. Wahrscheinlich wird eine solche Multimedia-Vernetzung dauernd in den Familien laufen. Schon heute schafft der Computer über den Internetanschluss die Möglichkeit, nachts um drei Uhr mit einem Japaner Schach zu spielen. Früher spielte man noch in der Familie Schach, Vater gegen Tochter oder Sohn, aber das Internet hat auch diese Intimität erschwert. Mittlerweile gibt es Gruppen von Jugendlichen, die sich in ihrer Freizeit – zeitunabhängig durch eine Internet-Flatrate – zu virtuellen Wettbewerben treffen. So spielt eine Hamburger Jugendgruppe im Strategiespiel »Counterstrike« eine Antiterroreinheit gegen eine Gruppe Jugendlicher aus Australien, und beide Gruppen sind gesponsert von Firmen, die Jugendlabels verkaufen: »Froot of the Loom« gegen »Southpole«.

Beinahe ein Nebeneffekt dieser Computerfähigkeiten heutiger Kinder und Jugendlicher ist eine kuriose Umkehrung des Generationsverhältnisses. Während früher die Kinder und Jugendlichen von den Erwachsenen lernten und sich ihr Wissen und ihre Erfahrung aneigneten, lernen heute die Erwachsenen von ihren Kindern wie man sich im World Wide Web bewegt, eine SMS schickt, Computerprobleme löst oder über das Handy die Verkehrsnachrichten erfährt. Die Erfahrung älterer Menschen, die man früher als Lebenserfahrung schätzte, ist in technologischen Zeiten bestenfalls veraltetes Wissen.

Und während die eine Hälfte der Technologie sich der Beschleunigung widmet, mit sekundengenauen Abrechnungen für Internet- oder Telefonzeiten, versucht die andere Hälfte die Zeit zu verlangsamen: Kühlschränke und Konserven vermindern die Verfallszeiten bei Lebensmitteln, und die Kosmetik- und Schönheitsindustrie versucht die menschlichen Verfallszeiten hinauszuzögern und zumindest optisch den Alterungsprozess, d. h. die Lebenszeit aufzuhalten. Manchmal geschieht beides am gleichen Produkt. So wird tiefgekühlte Pizza schnell in der Mikrowelle erhitzt: Zunächst zahlt man eine Technologie zur Verlangsamung, dann eine zur Beschleunigung, eine Paradoxie des modernen Alltags.

Die Kinder moderner, westlicher Familien verbringen ihren Alltag und vor allem ihre Freizeit mit der Bedienung unterschiedlichster Kommunikations- und Informationstechnologien, und zugleich wird der elterliche Arbeitsalltag durch ein modernes Time-Management diktiert. Schon beim Weg zur Arbeit beginnt der Kampf mit den Segnungen der Moderne: Das Durchschnittstempo eines Autofahrers in Madrid während der Rushhour beträgt angeblich nur noch 5 km/h; da wird Laufen mit einer Durchschnittsgeschwindigkeit von 4 km/h zu einer ernsthaften Alternative. Der Arbeitsalltag der Eltern wird nach der Devise »Time is Money« verbracht und abends trifft sich das gestresste Paar, um die Zeit mit Hilfe meditativer Techniken beim verzögerten Orgasmus zu verlängern.

Damit sind die wahrscheinlich wichtigsten Auswirkungen der Globalisierung auf die intimen Beziehungen der Menschen benannt: Erstens, eine Flexibilisierung beruflicher Zusammenhänge, die im Vergleich zur Stabilität der Nachkriegsjahrzehnte erheblich ist; zweitens, kommunikationstechnische Zugänge zu neuen Märkten und damit verbunden eine Medialisierung des familiären Alltags und drittens, eine allgemeine Beschleunigung der Lebensabläufe mit allen Auswirkungen auf eine neue Zeitkultur. Diese Phänomene und Prozesse können durchaus als global angesehen werden, aber sie führen zu ganz unterschiedlichen Veränderungen in den intimen Beziehungen, weil die historischen, kulturellen, sozialen und ökonomischen Ausgangsbedingungen sehr verschieden sind.

Die andere Seite der Globalisierung

Das durchschnittliche europäische Kind hat heute zwei Kinderzimmer und acht Großeltern, das durchschnittliche Kind eines Landes der Dritten Welt hat kein Kinderzimmer und eine weitverzweigte Verwandtschaft. Familienentwicklungen beschränken sich nicht auf die Zentren der Industriestaaten. Globalisierung erfordert auch, global zu denken und mit grundsätzlichen Aussagen über *die* Entwicklungen *der* Familie vorsichtig zu sein. Bei vielen Fachleuten herrscht aber immer noch eine eurozentristische Denkweise, die man durchaus als spätkolonialistisch bezeichnen kann. So basieren die Szenarien vieler Familientheoretiker über den »Tod der Familie« fast ausschließlich auf Untersuchungen von Familien europäischer und nordamerikanischer Großstädte. Schon in ländlichen Gebieten Europas und Nordamerikas sieht es oft anders aus, und erweitert man den Blick auf die Länder der sogenannten Dritten Welt ergeben sich gänzlich andere Perspektiven und Fragestellungen. Damit werden die Untersuchungsergebnisse eines Großteils der modernen Familienforschung nicht infrage gestellt, sondern in ihrer globalen Bedeutung relativiert.

1960 formulierte der Soziologe William Goode seine für das US-amerikanische Denken typische, unbescheidene Theorie, nach der bald alle Welt am amerikanischen Wesen genesen werde: die westliche, gattenzentrierte Familie werde sich bald auf der ganzen Welt durchsetzen. Sehen wir uns aus globaler Perspektive vier Beispiele zur Entwicklung der Familienbeziehungen an: Lateinamerika, Indien, Afrika und China. Die geringsten Unterschiede zu europäischen Kulturen und Familienbeziehungen scheint es in Lateinamerika zu geben und dies hat seine Gründe.

Der Abend des Patriarchats

Das Christentum, genauer gesagt der Katholizismus, prägt seit Beginn der »Conquista« vor mehr als 500 Jahren die ethischen Normen lateinamerikanischer Gesellschaften. Daher liegt der lateinamerikanische Subkontinent in geistig-religiöser Hinsicht sehr nah an Europa. Gegen Ende des 19. Jahrhunderts wurde in den meisten lateinamerikanischen Staaten die Zivilehe eingeführt. Aber trotz der katholischen Moral sind die ehelichen Bande eher brüchig, gibt es vor allem in der Unterschicht viele nichteheliche Geburten und alleinerziehende Mütter.

> »In Sao Paulo oder Rio de Janeiro wachsen inzwischen zwei Drittel der Kinder in einem Haushalt auf, der nur von der Mutter oder Großmutter geleitet wird. In Porto Allegre (Süd-Brasilien) ist es immerhin ein Viertel, und nur 10 % der Paare in dem dort untersuchten Elendsviertel sind verheiratet.«
> Potthast-Jutkeit 1997, S. 69

Aber nicht nur auf dem Lande, sondern auch in den Elendsvierteln der modernen Großstädte können die Frauen und Kinder auf ihre hilfrei-

chen Verwandten rechnen, die – anders als in Afrika – auch aus hilfrei-
chen Männern, Onkeln, Brüdern und Ersatzvätern bestehen. Ja, es
kommt sogar zu Adoptionen von Kindern, wobei alleinstehende oder
verheiratete Frauen andere Kinder zu den eigenen Kindern hinzu
adoptieren. Diese Form der christlichen Nächstenliebe, die »compad-
razgo«, ist zwar europäischen Ursprungs, hat sich aber nur in Lateinamerika so durchsetzen können. Das Ehe-Ideal ist dagegen eindeutig
europäisch geprägt. Favorisiert wird die auf einer Liebesbeziehung
basierende freie Partnerwahl und die Großfamilie hat dabei nur ein
Mitspracherecht. Insofern haben die lateinamerikanischen »telenove-
las« einen weitaus größeren Bezug zur Wirklichkeit intimer Beziehungen, als die indischen Kinofilme.

Wie in Europa ist das Modell der Kleinfamilie in der Ober- und Mittelschicht verbreitet, während alleinerziehende Frauen eher der Unterschicht
angehören. Aber das Bild des Patriarchen hat sich gewandelt, der alles
beherrschende Macho ist sowohl in der Gesellschaft, vor allem aber auch
in der Familie zu einem Mythos geworden. Dies ist besonders auf die
verbreitete Erwerbstätigkeit der Frauen zurückzuführen.

> »Dieses Spannungsverhältnis zwischen der nach außen hin bestimmenden
> Rolle des Mannes und seiner tatsächlichen Marginalisierung innerhalb der
> Familie entspricht einer langen Tradition. Die engen Beziehungen zwischen
> der Mutter und ihren Kindern, die der katholischen Tradition entstammende
> Verehrung der aufopfernden Mutterschaft sowie die starke Ausprägung der
> Geschlechterrollen haben zwar die Frauen lange Zeit weitgehend aus dem
> öffentlich-politischen Raum verbannt, ihnen jedoch innerhalb der Familie
> eine zentrale Rolle zugeschrieben.«
>
> Potthast-Jukeit 1997, S. 81

Der Mann hat seine vorherrschende Bedeutung als Patriarch der lateinamerikanischen Familie verloren. Die Mittelschicht favorisiert das Part-
nerschaftsmodell in der Ehe und die Unterschicht glaubt längst nicht
mehr daran. Aber anders, als die europäischen alleinerziehenden Frau-
en, die oftmals vereinzelt, verarmt und isoliert leben, und deren Kinder
zur Risikogruppe einer neuen Kinderarmut zählen, scheinen die lateinamerikanischen Frauen mit ihren Kindern von der erweiterten Familie
der Verwandten gestützt und aufgefangen zu werden. Die lateinamerikanischen Frauen haben damit eine – wenn auch zweifelhafte – Freiheit
erreicht, von der ihre indischen Schwestern nur träumen können.

Jenseits der Liebesheirat

Indien als bevölkerungsreichstes Land der Erde nach China ist ein Land extremer Widersprüche mit immensen kulturellen, sozialen und ökonomischen Widersprüchen, die sich auch auf die Familienbeziehungen auswirken. Tradition, Mythologie, Religion und Patriarchat haben immer noch eine große Bedeutung, und die familiären Normen werden nicht nur durch Riten und Feste immer wieder erneuert, sondern auch durch den indischen Film, der durch die Verbreitung des Fernsehens eine noch größere Bedeutung erlangt hat. Die Liebesszenen indischer Filme, die oft nur aus endlosen, sehnsüchtigen Blicken bestehen, suggerieren Liebesheiraten, die es in der Mehrzahl der Ehen nicht gibt. Das Universalmodell einer Ehe ist die Hindu-Ehe, die eher als religiöse Pflicht wahrgenommen wird. Geheiratet wird meistens immer noch innerhalb der gleichen Kaste, wobei der Mann den Wohnort der Familie bestimmt. Die Ehezeremonie ist stark ritualisiert und die wichtigste Funktion der Ehe ist heute immer noch, Söhne zu zeugen.

> »Söhne sind in der hinduistischen Gedankenwelt deshalb bevorzugt, weil nur sie berechtigt sind, die Begräbnis- und Totenrituale (›shradda‹) auszuführen. Nur wenn die Begräbnis- sowie die jährlichen Totenrituale ausgeführt werden, gilt die Versorgung der Ahnen mit Wasser und Nahrung (›pinda‹) gesichert und deren Verdammnis abgewandt.«
>
> Misra in: Mitterauer 1997, S. 129

Vorherrschend ist auch immer noch das »Kanyadan«, wonach der Brautvater seine Tochter noch als Jungfrau dem zukünftigen Ehemann schenkt. Das Brautalter ist mittlerweile per Gesetz mehrfach erhöht worden und liegt derzeit bei 18 Jahren für die Frauen, was aber häufig noch unterlaufen wird.

Zu einer Hindu-Familie gehören alle Verwandten, ob sie in einem Haus leben oder nicht. Kernfamilien nach westlichem Muster sind immer noch in der Minderheit.

> »Wird die Trennung aufgrund von Streit über knappe Ressourcen, Mangel an Privatleben, Eifersucht oder ähnlichem vollzogen, dann kommt es zur sukzessiven Bildung einer Kernfamilie. Ein neuer Herd wird gebaut, ein Haus wird geteilt ... Der Ausdruck für die Aufspaltung einer Familie lautet in Hindu ›ghar tut gaya‹ und bedeutet: ›Das Haus ist zerbrochen.‹«
>
> Misra, S. 130–131

Scheidung gilt in Indien immer noch als eine Schande, insbesondere für die Frau und ihre Familie. Daher sind die Scheidungsraten sehr gering und geschiedene oder verwitwete Frauen heiraten nicht wieder neu. Damit gibt es so gut wie keine Stieffamilien. Dennoch sind die Mitgiftmorde an über 5.000 Frauen jährlich und die unzähligen Straßenkinder der Großstädte ein Zeichen für die immensen Spannungen, denen die indische Familie ausgesetzt ist.

Nach westlichen Maßstäben müsste sich die große Mehrheit der indischen Eheleute sofort scheiden lassen, aber wahrscheinlich hätten sie dann auch nie geheiratet. Die freie Partnerwahl auf der Basis einer gegenseitigen Liebesbeziehung – diese Minimalvoraussetzung einer Ehe nach westlichen Standards – gibt es in Indien vorwiegend in Kinofilmen, in der Realität kaum. Moderne junge Inderinnen und Inder träumen davon, doch wenn sie solche Liebesheiraten eingehen, müssen sie immer noch schwerste Konflikte mit ihren Herkunftsfamilien in Kauf nehmen. Im Zweifelsfall stellen sie sich damit gegen alles, was heilig ist: Tradition, Religion, Ursprungsfamilie. Das gleiche scheint auch für afrikanische Familien zu gelten.

Eheliches Zusammenleben ist auf Dauer einfach zu schwierig
William Goodes These von der Vereinheitlichung der Familienformen in Richtung einer Kernfamilie (»nuclear family«) nach westlichem Muster hat sich auch in Afrika nicht bewahrheitet. Vielleicht kann man die Pluralisierung im Zuge der Modernisierung bzw. Diversifikation der Familienformen schon eher als eine universale Erscheinung des ausgehenden Millenniums bezeichnen. Ähnlich wie in Indien bleiben die Ehepartner zeitlebens Mitglieder ihrer Verwandtschaftsbeziehungen (»kinship ties«) mit vielen Rechten und noch mehr Pflichten. Mit den Eheleuten heiraten zwei erweiterte Familien, deren Interaktion und Zusammenwachsen niemals beendet wird; so jedenfalls ein Sprichwort der Igbo in Südost-Nigeria, das besagt: »Ada anusi nwanyi anusi« – »Die Eheschließung ist nie zu Ende«. (Grau u. a. 1997, S. 141) Auffällig ist auch die andere Stellung der Frauen in Familie und Gesellschaft im Alltag, beispielsweise in Ghana. Die Frauen sind traditionell die Hauptverantwortlichen für die Ernährung und die Versorgung der Familie, was ihnen oftmals eine wirtschaftliche Unabhängigkeit ermöglicht, die sich auf die Familienbeziehungen auswirkt. Oft leben Frauen mit ihren Kindern oder auch anderen Frauen und Kindern zusammen und eheliche Ko-Residenz ist nicht die Regel. Diese Selbständigkeit der

Frauen könnte fast ein zukunftsweisendes Modell für viele mitteleuro-
päische alleinerziehende Frauen darstellen. So

»gilt in manchen Gesellschaften das ständige Zusammenleben von Eheleuten
als zu schwierig, wie etwa bei den matrilinearen Akan, bei denen die Eheleute
es mitunter vorziehen, bei ihrer je eigenen matrilinearen Verwandtschaft zu
leben. Ehemänner besuchen ihre Ehefrauen, Ehefrauen senden ihren Männern
die Mahlzeiten, leben aber nicht miteinander. Manchmal leben sie nur in den
ersten Jahren ihrer Ehe zusammen, trennen sich aber, sobald sie Kinder haben.«

Grau u.a. 1997, S. 142

Auch die Folgen dieser matriarchalen Familienorganisation sind nach
europäischen Maßstäben modern. Die Söhne verlassen oftmals früh den
frauendominierten Haushalt, während die Töchter bei ihren Müttern
bleiben. Die weiblichen Beziehungen, getragen von Vertrauen, Beziehungskonstanz und Sorge, sind damit stabil, den Jungen dagegen fehlt
dies alles, insbesondere ein intaktes Beziehungsnetz.

Die Umbrüche in den Familienbeziehungen kann man oftmals am
besten in den Zentren der Länder der Dritten Welt studieren, die kenya-
nische Hauptstadt Nairobi ist hierfür ein gutes Beispiel. Von den mehr
als 2 Millionen Einwohnern Nairobis lebt die Hälfte ohne Arbeit und
Zukunftsperspektive in Slums, allein das Überleben ist schwer genug. Die
Oberschicht orientiert sich rein westlich, besteht sozusagen aus Freunden der Globalisierung und der Kernfamilie, gleiches gilt für die umfang-
reiche Mittelschicht. Die Armut zwingt allerdings den größten Teil der
Bevölkerung zu vielfältigen Familienformen.

»Bedingt durch extreme Armut, oft verstärkt durch Alkoholismus der
Männer, gehen Frauen mitunter keine längeren Bindungen zu Männern mehr
ein oder brechen die bestehenden ab. Frauen erziehen ihre Kinder oft allein
oder mit Hilfe von ihnen nahestehenden Menschen.«

Grau u.a. 1997, S. 160

Diese Frauen heiraten gar nicht erst, meist lassen sie sich von den Männern
besuchen. Von einem solchen Stadt-Ehemann (»town husband«) wird allerdings auch erwartet, dass er sich an den Kosten beteiligt und Geschenke
bringt. Diese Frauen der Städte bauen solidarische Netzwerke auf, wie sie
bislang nur in den ländlichen Gebieten existierten, aber der Preis dieser
modernen Freiheit ist auch hier nicht selten der Beziehungsabbruch zu
ihren Herkunftsfamilien.

Die neue Intimität im Wohnblock

Die Kernfamilie hat offenbar Konjunktur bei jungen chinesischen Familien in den Städten. Nachdem junge Paare auf Grund der extremen Wohnraumknappheit in China oftmals zuvor jahrelang bei den Eltern gelebt haben, bevor sie von der Arbeitseinheit eigenen Wohnraum zugeteilt bekommen, empfinden sie den Rückzug in die Privatheit der Wohnsilos als angenehm.

> »Auch die nachbarschaftlichen Beziehungen verdünnen und verflachen in der Hochhausumgebung, was aber vielfach als Zugewinn an Privatheit und Intimität gewertet wird.«
>
> Linck 1997, S. 117

Nach mitteleuropäischen Maßstäben werden Wohnblocks mit Einsamkeit, Isolation und sozialem Abstieg assoziiert, Chinesen sehen darin den ersehnten sozialen Aufstieg und den Rückzug in die familiäre Intimität. Dennoch ist dies kein bloßer Zuschreibungsprozess, sondern aus der sozialen Lage der Menschen heraus verstehbar.

1,5 Milliarden Chinesen und eine längst noch nicht erreichte Kontrolle der Bevölkerungsexplosion führen zu einer Enge und Dichte, die man im Alltag überall spüren kann. Schon früh morgens sind die Parks der Großstädte voll mit Hunderten von Menschen, die sich zur stillen Frühgymnastik treffen und tagsüber erinnern die Menschenmassen in den Straßen jeden Mitteleuropäer an Ausverkauf oder Großveranstaltungen. Peking und Tianjin wachsen langsam zu einer riesigen Metropole zusammen. Dem Gedränge in den Straßen der Städte entspricht der Kampf um Wohnraum und Arbeitsplätze. Seit der Liberalisierung des Arbeitsmarktes im Zuge der anhaltenden Reformen seit den 80er Jahren gibt es in China heute 60 bis 70 Millionen Wanderarbeiter, die es vom Land in die Städte zieht, denn der Lohn ist hier um ein Vielfaches höher.

Die staatliche Bevölkerungspolitik der Ein-Kind-Familie hat erhebliche Auswirkungen auf die chinesischen Familien. Die jungen Menschen werden angehalten, erst spät zu heiraten, Frauen möglichst nicht früher als mit 23 Jahren, Männer erst ab 25 Jahren, dann noch ein paar Jahre mit der Geburt ihres Kindes zu warten und sich möglichst danach sterilisieren zu lassen. Um dieses Ziel zu erreichen, gibt es eine Vielzahl von Anreizen und Sanktionen.

> »Materielle Anreize, wie Prämien, mehr Urlaub, garantierter Kindergartenplatz und sichere Einschulung sowie die Androhung von empfindlichen Strafen, wie Lohnabzug, Gebühren, Annulierung des Pachtvertrages, öffentliche

Beschämung, sollen die Bevölkerung zur aktiven Mitarbeit anhalten. Eine regelrechte Bevölkerungspolizei sorgt für Zwangsabtreibungen bei entdeckten illegalen Schwangerschaften.«

Linck 1997, S. 113

Während diese brachiale Bevölkerungspolitik in den städtischen Ballungszentren durchaus Erfolge vorweisen kann, nicht zuletzt auch aufgrund der Wohnraumenge und der oftmals großen Entfernung zwischen Wohnort und Arbeitsplatz, hat die durchschnittliche Familie auf dem Lande 2-3 Kinder. Ein Grund dafür ist, dass die Ehe in China kein Ort der Liebe, der Sinnerfüllung oder der Selbstverwirklichung ist, sondern zunächst einmal der Fortpflanzung dient. Außerdem sind Kinder immer noch eine Altersvorsorge, da es keine staatliche gibt.

Fortpflanzung bedeutet für die meisten Chinesen, dass sie sich einen Jungen als Stammhalter wünschen. Diese Realität hat aus europäischer Sicht barbarische Konsequenzen für Mädchen und Frauen. Mütter von Töchtern werden diskriminiert, zur Abtreibung gezwungen (nach Ultraschalldiagnose), misshandelt oder sogar in den Selbstmord getrieben, und nicht selten werden Mädchen nach der Geburt umgebracht. Staatliche Politik kann das nicht verhindern und fördert es manchmal sogar: »In der Mandschurei und anderen Provinzen ist z. B. ein zweites Kind erlaubt, wenn das erste ein Mädchen ist.« (Linck 1997, S. 114) Das aus unserer Sicht Bedenkliche daran ist, dass die Mehrheit der Bevölkerung kein Unrechtsbewusstsein dabei hat, im Gegenteil. Der einzelne Mensch zählt im Vergleich zur Gemeinschaft wenig und wenn es der Gemeinschaft dient, werden ihr einzelne Menschen geopfert. Für die Familien der Städte hat die Bevölkerungspolitik zu beinahe umgekehrten Folgen geführt: hier werden kleine Kaiser herangezüchtet. Nach dem 4-2-1-Syndrom – 4 Großeltern, 2 Eltern und 1 Kind – entstehen hier verwöhnte, verhätschelte und egozentrische Kinder, auf die alle Zukunftswünsche und -hoffnungen der Eltern projiziert werden. Fast muss man daher von mindestens zwei Familientypen in China sprechen: den ländlichen Familien mit ihren 2-3 Kindern innerhalb der wieder erstarkten Großfamilienbande und den eher vereinzelten städtischen Familien mit ihrer modernen Intimität im Wohnblock.

Der moderne Familienalltag wird mittlerweile auch schon von 2-3 Stunden Fernsehen pro Tag gesegnet, wobei in den ländlichen Gebieten die zunehmende Verbreitung des Fernsehens den Druck zur Alphabetisierung verringert hat. Im Fernsehen werden durch Programme und vor allem durch Werbung Konsumziele gesetzt, die für die Mehrheit der chinesischen Familien unerreichbar bleiben werden, auch wenn beide Eltern arbeiten. Denn schon seit vielen Jahren gibt es eine Quote von 90 % Erwerbstätigkeit bei den Frauen. Die notwendige Folge davon, dass die Hausarbeit und Kindererziehung partnerschaftlich aufgeteilt werden, hat sich allerdings auch hier nicht eingestellt, wodurch eine chronische Doppelbelastung der Frauen erreicht worden ist. So besteht die moderne Familie einer chinesischen Großstadt aus zwei arbeitenden Eltern, einem Kind, möglichst einem Jungen, der die Ganztagsschule besucht und danach noch Schularbeiten machen muss, um die Leistungserwartungen seiner Eltern zu erfüllen. Dies bedeutet nicht selten, dass die Kinder schon früh die Sprache der Globalisierung erlernen müssen, weil Englisch sprechen zu können, Wohlstand verspricht, vielleicht sogar einen Auslandsaufenthalt. Der Alltag ist hart, denn oft wird noch ein Nebenjob angenommen, damit Rücklagen fürs Alter vorhanden sind. Trennung und Scheidung gibt es in China so gut wie gar nicht, die Scheidungsquote liegt bei unter einem Prozent.

Wir sehen, Europa ist nicht die Welt und Intimität kann aus globaler Perspektive durchaus sehr unterschiedlich sein. Intime Beziehungen sind zwar existenziell bedeutsam, weil Menschen sich nur in ihnen und durch sie zu Menschen entwickeln können, aber sie können vielfältige Formen – und Farben – annehmen.

Die Sensibilität der Erdlöwen

130 Millionen Jahre haben die Dinosaurier die Erde bewohnt und beherrscht und bis heute weiß keiner genau, warum sie ausgestorben sind. Irgendwann muss es im Verlaufe der Erdgeschichte zu Veränderungen gekommen sein, an die sich die Dinosaurier nicht mehr anpassen konnten. Vielleicht hätten sie von einer anderen Tierart lernen können, die ihnen sogar ähnlich sieht. Es gibt nämlich eine Familie baum- und strauchbewohnender Echsen mit seitlich abgeplattetem Körper, einrollbarem Greifschwanz und zu Greifzangen umgewandelten Füßen, deren Kopf mit hornartigen Auswüchsen besetzt ist. Man bezeichnet sie als Erdlöwen, besser bekannt sind sie allerdings unter ihrem griechischen Namen: Chamäleons.

Sie leben heute innerhalb Europas nur noch in Südspanien, weltweit aber noch in Madagaskar, Afrika, Arabien, Kleinasien, Indien und Sri Lanka. Sie können ihre Augen unabhängig voneinander bewegen und zum Beutefang – meist Insekten – schleudern sie ihre lange Zunge hervor. Gerühmt und geschätzt aber werden sie wegen einer besonderen Eigenschaft: Sie können ihre Körperfarbe wechseln. Dabei wird dem Chamäleon als Motiv allerdings unterstellt, es wechsele seine Körperfarbe je nach Hintergrund, sozusagen als primitive Anpassungsstrategie an die jeweilige Farbe seiner Umgebung. Dies ist falsch und zu einfach gedacht. Zwar wechseln sie ihre Körperfarbe auch je nach Temperatur und Lichtverhältnissen, hauptsächlich aber aufgrund von Gefühlen. Angst, Ärger, Hunger oder Wohlbefinden, vielleicht auch Enttäuschung und sogar Liebe bringen das Chamäleon dazu, seine Körperfarbe zu wechseln.

Nun wird auch dem Homo sapiens und seinen Nachfahren nachgesagt, er sei besonders sensibel, und wechsele je nach starken Gefühls- und Gemütszuständen seine Farbe. Während aber das Chamäleon je nach Gefühlszustand zwischen grün, gelb, cremefarben oder auch dunkelbraun variieren kann, bleiben dem Menschen nur die Variationen, die er durch sein Blut hervorrufen kann, also zwischen dunkelrot und blass. Dies belegt nicht, dass Chamäleons sensibler sind als die Menschen, obwohl sich auch einige Forscher durchaus zu dieser Vorstellung hingezogen fühlen. Die Variationen der Gefühlszustände sind beim Menschen zwar in der Farbpalette begrenzter, als beim Chamäleon, dafür sind die Menschen aber variabler, aktiver und formenreicher in der Gestaltung ihres menschlichen Umfeldes, insbesondere ihrer intimen Beziehungen, in denen sie aufwachsen, sich fortpflanzen, sich lieben und sich selbst finden. Die Menschen haben ihre intimen Beziehungen nie ausschließlich nach ihren Gefühlen gestalten können, sondern waren dabei schon immer abhängig von ihrer jeweiligen Gemeinschaft, Kultur, Tradition, Religion und Wirtschaft. Sie haben ihre Gefühle in den jeweils möglichen Beziehungen gelebt - und haben nur deshalb als Menschen überlebt. Vielleicht zwingt das Zeitalter der Globalisierung den Menschen zu einer ungeheuren Vielfalt in den Formen und Farben seiner intimen Beziehungen, so dass selbst das Chamäleon seine grüne Freude an uns hätte. Oder wird das Chamäleon gelb bei Freude?

Literatur

Andersen, K. (2000): Tollhaus der Möglichkeiten. München (Karl Blessing).

Baeriswyl, M. (2000): Chillout. Wege in eine neue Zeitkultur. München (dtv).

Beck-Gernsheim, E. (1998): Was kommt nach der Familie? Einblicke in neue Lebensformen. München (Beck'sche Reihe).

Bertram, H. (2001): Wir müssen die Männer zwingen. Interview in: *Die Zeit*, 22.2.2001, Nr. 32.

Bien, W. (Hg.) (1996): Familie an der Schwelle zum neuen Jahrtausend. Wandel und Entwicklung familialer Lebensformen. Opladen (Leske & Budrich).

Burguiere, A., Klapisch-Zuber, C., Segalen, M. & Zonabend, F. (Hg.) (1998): Geschichte der Familie. Band 4: 20. Jahrhundert. Frankfurt a. M. (Campus).

Burguiere, A., Klapisch-Zuber, C., Segalen, M. & Zonabend, F. (1998): Wie weiter mit der Familie? In: Burguiere, A., Klapisch-Zuber, C., Segalen, M. & Zonabend, F. (Hg.) (1998): Geschichte der Familie. Band 4: 20. Jahrhundert. Frankfurt a. M. (Campus).

Chomsky, N. & Dietrich, H. (1995): Globalisierung im Cyberspace. Globale Gesellschaft. Märkte, Demokratie, Erziehung. Bad Honnef (Horlemann) .

Deutsche Shell (Hg.) (2000): Jugend 2000. Opladen (Leske & Budrich).

Die Zeit (2000): Schon der Neandertaler war postmodern. Wenn wir die Hände in den Schoß legen, sind wir verloren. Ein *Zeit*-Gespräch mit George Steiner über Kapitalismus und Kultur. In: *Die Zeit*, 3.8.2000, Nr. 35.

Gaunt, D. & Nyström, L. (1998): Das skandinavische Modell. In: Burguiere, A., Klapisch-Zuber, C., Segalen, M. & Zonabend, F. (Hg.) (1998): Geschichte der Familie. Band 4: 20. Jahrhundert. Frankfurt a. M. (Campus), S. 137.

Grau, I., Hanak, I. & Stacher, I. (1997): The marriage rite is never completed. Die Entwicklung in Afrika südlich der Sahara. In: Mitterauer & Ortmayr (Brandes & Apsel), S. 137.

Hareven, T. (1997): Blended families. Die Entwicklung in den USA. In: Mitterauer & Ortmayr (Brandes & Apsel), S. 53.

Hantel-Quitmann, Wolfgang (1996): Beziehungsweise Familie. Arbeits- und Lesebuch Familienpsychologie und Familientherapie. Band 1: Metamorphosen – Familienformen und Familienzyklen. Freiburg i. Br. (Lambertus).

Hantel-Quitmann, Wolfgang (1996): Beziehungsweise Familie. Arbeits- und Lesebuch Familienpsychologie und Familientherapie. Band 2: Grundlagen. Freiburg i. Br. (Lambertus).

Hantel-Quitmann, Wolfgang (1997): Beziehungsweise Familie. Arbeits- und Lesebuch Familienpsychologie und Familientherapie. Band 3: Gesundheit und Krankheit. Freiburg i. Br. (Lambertus).

Hantel-Quitmann, Wolfgang (1999): Beziehungsweise Familie. Arbeits- und Lesebuch Familienpsychologie und Familientherapie. Band 4: Familiengeschichten. Freiburg i. Br. (Lambertus).

Hettlage, R. (1998): Familienreport. Eine Lebensform im Umbruch. München (Beck).

Hettlage, R. (2000): Individualisierung, Pluralisierung, Postfamilialisierung. Dramatische oder dramatisierte Umbrüche im Modernisierungsprozess der Familie? In: Zeitschrift für Familienforschung, 1/2000, (Leske & Budrich) S. 72-97.

Joy, B. (2000): Warum die Zukunft uns nicht braucht. Die mächtigsten Technologien des 21. Jahrhunderts – Robotik, Gentechnik und Nanotechnologie – machen den Menschen zur gefährdeten Art. In: FAZ, 6.6.2000, 49.

Kastner, R. (2000): Familie ist da, wo Kinder sind … In: Hamburger Abendblatt, 16.7.2000, 3.

Kastner, R. (2000): Keine Lust auf Kinder? In: Hamburger Abendblatt, 29.4.2001, 3.

Kerblay, B. (1998): Sozialistische Familien. In: Burguiere, A., Klapisch-Zuber, C., Segalen, M. & Zonabend, F. (Hg.) (1998): Geschichte der Familie. Band 4: 20. Jahrhundert. Frankfurt a. M. (Campus), S. 91.

Kirchhof, P. (2001): Wer Kinder hat, ist angeschmiert. Die frauenfeindliche Gesellschaft zerstört die Voraussetzungen ihrer eigenen Existenz. In: *Die Zeit*, 11.1.2001, Nr. 9.

Leibel, J. (2001): Familienleben wie Gott in Frankreich. In: Hamburger Abendblatt, 14.6.2001, Nr. 3.

Linck, G. (1997): Unter dem Schatten der Ahnen. Die Entwicklung in China. In: Mitterauer & Ortmayr (Brandes & Apsel), S. 105 .

Lischka, K. (2001): Kleiner Bär als großer Bruder. Wie Spielzeug mittels Satellitennavigation und Mobiltelefon über Kinder wacht. In: *Die Zeit*, 23.5.2001, Nr. 39.

Misra, P. (1997): Das Mädchen ist schon in ihres Vaters Haus der Besitz von anderen. Die Entwicklung in Indien. In: Mitterauer & Ortmayr (Brandes & Apsel), S. 125.

Mitterauer, M. (1997): Das moderne Kind hat zwei Kinderzimmer und acht Großeltern. Die Entwicklung in Europa. In: Mitterauer & Ortmayr (Brandes & Apsel), S. 13.

Mitterauer, M. & Ortmayr, N. (Hg.) (1997): Familie im 20. Jahrhundert. Traditionen, Probleme, Perspektiven. Frankfurt a. M. (Brandes & Apsel).

Molitor, A. (2000): Heute hier, morgen fort. Wie Familien in Zeiten weltweiten Wirtschaftens mit dem Zwang zum Umzug umgehen. In: *Die Zeit*, 10.8.2000, Nr. 11.

Moss-Kanter, E. (2000): Global denken – lokal handeln – Weltklasse erreichen. Wien (Ueberreuter).

Oberhuber, N. (2001): Kühlschrank mit Hirn. Das vernetzte Haus soll den Menschen künftig das Leben erleichtern. In: *Die Zeit*, 21.6.2001, Nr. 24.

Opaschowski, H. (2001): Deutschland 2010. Wie wir morgen arbeiten und leben – Voraussagen der Wissenschaft zur Zukunft unserer Gesellschaft, Hamburg (BAT Freizeit Forschungsinstitut).

Ostner, I. (1999): Ehe und Familie – Konvention oder Sonderfall? In: Zeitschrift für Familienforschung, 1/1999 (Leske & Budrich), S. 32-51.

Postman, N. (1999): Das Verschwinden der Kindheit. Frankfurt a. M. (Fischer).

Postman, N. (2000): Die zweite Aufklärung. Vom 18. ins 21. Jahrhundert (Berlin).

Potthast-Jutkeit, B. (1997): Jetzt denk ich nicht ans Heiraten. Die Entwicklung in Lateinamerika. In: Mitterauer & Ortmayr (Brandes & Apsel), S. 65.

Rauchfleisch, U. (1997): Alternative Lebensformen. Eineltern, gleichgeschlechtliche Paare, Hausmänner. Göttingen (Vandenhoeck).

Rifkin, J. (2000): Access. Das Verschwinden des Eigentums. Frankfurt a. M. (Campus).

Schneewind, K. (1999): Familienpsychologie. Stuttgart (Kohlhammer).

Segalen, M. (1998): Die industrielle Revolution: Vom Proletarier zum Bürger. In: Burguiere, A., Klapisch-Zuber, C., Segalen, M. & Zonabend, F. (Hg.): Geschichte der Familie. Band 4: 20. Jahrhundert. Frankfurt a. M. (Campus), S. 13.

Segalen, M. & Zonabend, F. (1998): Familien in Frankreich, In: Burguiere, A., Klapisch-Zuber, C., Segalen, M. & Zonabend, F. (Hg.): Geschichte der Familie. Band 4: 20. Jahrhundert. Frankfurt a. M. (Campus), S. 169.

Sennett, R. (1998): Der flexible Mensch. Die Kultur des neuen Kapitalismus. Berlin (Berlin).

Sennett, R. (1999): Verfall und Ende des öffentlichen Lebens. Die Tyrannei der Intimität. Frankfurt a. M. (Fischer).

Sieder, R. (1998): Besitz und Begehren, Erbe und Elternglück. In: Burguiere, A., Klapisch-Zuber, C., Segalen, M. & Zonabend, F. (Hg.): Geschichte der Familie. Band 4: 20. Jahrhundert. Frankfurt a. M. (Campus), S. 211.

Varenne, H. (1998): Love and Liberty: Die moderne amerikanische Familie. In: Burguiere, A., Klapisch-Zuber, C., Segalen, M. & Zonabend, F. (Hg.): Geschichte der Familie. Band 4: 20. Jahrhundert. Frankfurt a. M. (Campus), S. 59.

Weizsäcker, C. C. von (1999): Logik der Globalisierung. Göttingen (Vandenhoeck & Ruprecht).

Willeke, S. (2000): Hoppla, jetzt kommt's Ich. Wie Lust und Zwang zur Selbstinszenierung die Gesellschaft verändern. In: *Die Zeit*, 3.8.2000, Nr. 11.

Globalisierung, Persönlichkeitsverfall und das Ende der Erziehung?

Bernd Ahrbeck

Einleitende Überlegungen

Ausgangspunkt des vorliegenden Bandes ist die Globalisierungsthese mit der Frage, inwieweit sich eine aus ökonomischen Gründen geforderte Flexibilität und Mobilität mit den psychologischen Bedürfnissen nach Intimität, Verlässlichkeit und Stabilität vereinbaren lässt. Kulturkritiker wie Christopher Lasch (1984) und Richard Sennett (1998) befürchten, dass hier grundlegende, wenn nicht sogar dramatische Veränderungen bevorstehen könnten.

Sennett beschreibt paradigmatisch die Lebensgeschichte ehemaliger IBM-Manager, die durch zahlreiche Brüche gekennzeichnet ist. Sehr häufig haben sie den Ort ihrer Tätigkeit verändern müssen. Neu angekommen, wurden sie nie danach gefragt, woher sie kamen, und auch nur selten, wohin sie demnächst gehen könnten. Der wiederholte berufliche Neubeginn paart sich mit schnell wechselnden sozialen Kontakten, die ebenso fragmentarisch bleiben wie die bisherigen Beziehungserfahrungen. Eine langfristige Lebensplanung wird dadurch unmöglich. Für die persönliche Entwicklung hält Sennett diese auf Kurzfristigkeit angelegte Lebensweise für fatal, auch wenn er einräumt, dass im Einzelfall Gewinn daraus gezogen werden kann. Was Sennett sorgt, ist der Verlust an intensiven sozialen Beziehungen, an Vertrauen und Bindung, die vor allem deshalb nicht mehr entstehen können, weil die dazu notwendige Zeit fehlt. Dieser Verlust führt dazu, dass der Lebenslauf zu einer Ansammlung schwer integrierbarer Einzelerfahrungen wird. Das vereinzelte Individuum ist nicht mehr in der Lage, »eine Lebensgeschichte zu erzählen«. Seine Identität wird brüchig. Sie bleibt für die eigene Person wie für andere unkenntlich. Vor diesem Hintergrund ist der marktgängige Buchtitel der deutschen Ausgabe irreführend. Sennett geht es nicht in erster Linie um den »Flexiblen Menschen«, sondern um das, was im amerikanischen Titel zum Ausdruck kommt, »The Corrosion of Character«.

Unklar bleibt zunächst, ob und inwieweit sich die von Sennett und anderen beschriebenen und für die USA zumindest in Teilen empirisch abgesicherten Gegebenheiten auf die hiesigen Verhältnisse übertragen lassen. Noch sehr viel stärker im Dunkeln liegen die möglichen psychologischen Folgen sowie die Konsequenzen, die sich daraus für ein pädagogisches Handeln ergeben könnten. Bisher existiert allenfalls ein Detailwissen. An die Stelle gesicherter wissenschaftlicher Erkenntnisse treten nicht selten Fantasien, die sich aus Zukunftsängsten und Irritationen speisen, vor allem in der Generation der heute Erziehenden. Es besteht also die Gefahr, dass die reale Lebenssituation von Kindern und Jugendlichen aus dem Blick gerät und über intrapsychische Prozesse Mutmaßungen mit Einsichten verwechselt werden. Auf der äußeren Ebene kann ein Rückgriff auf empirisches Datenmaterial klärend wirken. Benötigt werden vor allem Daten aus Vergangenheit und Gegenwart, die einen Vergleich des Früheren mit dem Heutigen ermöglichen. Dabei dürfte es eine Reihe von Überraschungen geben.

»Individualisierung« und die »Diversifizierung von Beziehungsformen« gelten seit einiger Zeit als besonders aktuelle Themen. Gross (1994) spricht von einer Multioptionsgesellschaft, Beck (1986) von der Risikogesellschaft. Beck geht es darum, das Spannungsfeld zwischen zwei Polen eines einschneidenden Individualisierungsschubes auszuleuchten. Auf der einen Seite stehen neue, vielfältig individuell gestaltbare Lebensmöglichkeiten, die zur persönlichen Entfaltung genutzt werden können. Andererseits findet sich die Gefahr des Scheiterns, die in einem Verlust traditioneller Gemeinschaftsbezüge besteht, und darin, dass der Einzelne kaum noch überschaubaren und steuerbaren administrativen und ökonomischen Vorgaben ausgeliefert ist. Eine freie, emanzipative Lebensgestaltung kann es dann nicht mehr geben.

An kritischen Stellungnahmen zu den Überlegungen Becks hat es nicht gefehlt. Honneth (1995, S. 24) merkt zum Beispiel an,

> »... dass Beck zu der paradoxen Zuspitzung seiner Zeitdiagnose nur gelangen kann, weil er in seinem Begriff der ›Individualisierung‹ vollkommen disparate Aspekte vorschnell zusammenzieht und auf einen nur fiktiven Nenner bringt ...«

Die Individualisierung sei eine viel zu grobe Kategorie, als dass sie auf unterschiedlichen Ebenen angesiedelte Phänomene befriedigend erklären könne. Dazu trage auch bei, dass soziologische und psychologische Kategorien nicht hinreichend voneinander differenziert würden. Strukturelle Veränderungen in der äußeren Lebensrealität, etwa erweiterte Entscheidungsspielräume, gerieten in der Folge viel zu umstandslos in die Nähe innerer Zustandsbeschreibungen, wie das Erleben einer zunehmenden Autonomie. Einer gewissenhaften empirischen Überprüfung halte die »Risikogesellschaft« auf Grund ihres Verallgemeinerungsgrades ebenso wenig stand wie vergleichbare Zeitdiagnosen.

> »So werden die weitmaschigen Überlegungen Becks zur Ausdifferenzierung von Lebenslagen an Tiefenschärfe häufig durch Spezialstudien auf eng umrissenem Feld übertroffen.«
>
> Honneth 1995, S. 26

Eine gängige Fehlannahme besteht darin, dass Kinder früher in stabileren Verhältnissen aufwuchsen als heute. »Im gesamten 20. Jahrhundert haben etwa 30 Prozent der Eltern den Verlust eines leiblichen Elternteils erlebt.« (Bertram 2001, S. 32) Nach den beiden Weltkriegen gab es eine Unzahl zerbrochener Familien, häufig mit einem Neubeginn unter gänzlich veränderten Konstellationen. Im Berlin der 30er Jahre wurden mehr Ehen geschieden als gegenwärtig. Und auch die vermeintliche Idylle der gemächlichen Schweiz mag trügen. Die Zahl der allein erziehenden Mütter war dort 1920 höher als sie es heute ist (Grieser 1998, S. 252). Die Reihe der Beispiele ließe sich beliebig fortsetzen. Für die gegenwärtige Situation berichtet Utzmann-Krombholz (1994, S. 37) auf Grund einer repräsentativen Studie, dass 90 % der 14- bis 24-jährigen bis zu ihrem 14. Lebensjahr durchgängig bei beiden Elternteilen aufgewachsen sind. Nach Nauck (1991) sind es 85,3 % aller Kinder und Jugendlichen unter 18 Jahren, deren Lebensverhältnisse dem sogenannten Normalitätsentwurf entsprechen. Sie leben mit den leiblichen, verheirateten Eltern in einer Hausgemeinschaft. Von einer »Pluralisierung und Individualisierung [kann deshalb] nur in einem sehr eingeschränkten Maße gesprochen werden« (Nauck 1991, S. 403). Bertram (2001, S. 32), ein empirischer Familienforscher, fasst den vorliegenden Erkenntnistand so zusammen:

> »Heute leben in Deutschland etwa 80 % der Kinder bei beiden leiblichen Eltern. Wir haben eine starke Refamiliarisierung erlebt. Die große Mehrheit der Kinder wächst in stabilen Familien auf.«

Statistisch gesehen werden gehäuft Ehen geschieden, die kinderlos geblieben sind. Ansonsten erfolgen Scheidungen oft erst dann, wenn die Kinder bereits relativ groß sind.

Als ebenfalls revisionsbedürftig erweist sich die Annahme, es hätte in früheren Zeiten stabile Arbeitswelten gegeben. Als Kennzeichen für ein traditionelles, stabiles Arbeitsleben gilt dabei die Bindung an einen erlernten Beruf, der möglichst ein Leben lang ausgeübt wird, sowie ein seltener Wechsel der Arbeitsstellen, verbunden mit geringer Mobilität. Bezogen auf die Industriegesellschaften erweist sich dieses Bild der Berufswelt als eine Fiktion. Historische Vergleiche zeigen nämlich, dass eine solche Stabilität nur in Ausnahmeperioden existiert hat. Ein wichtiges Beispiel sind die 50er und 60er Jahre in Westdeutschland. Sie werden immer wieder herangezogen, um eine Normalität der Arbeitswelt zu konstruieren, die durchgängig nie Realität war. Gehäuft diskontinuierliche berufliche Entwicklungen kennzeichnen etwa die 20er und 30er Jahre. Es bedurfte oft viel Zeit und unterschiedlicher Tätigkeiten, bis eine berufliche Etablierung gelang. So, wie es gegenwärtig in Teilbereichen der Gesellschaft der Fall ist und in Zukunft noch häufiger vorkommen mag.

Diese wenigen Angaben mögen hier genügen. Sie zeigen, dass die gegenwärtige Umbruchssituation in wichtigen Aspekten nicht so außergewöhnlich ist, wie oft behauptet wird. Massive Irritationen über die Zukunft hat es im vergangenen Jahrhundert immer wieder gegeben. Sie basierten nicht selten auf historischen Wandlungen, die sehr viel gravierender waren als es die heutigen Veränderungen sind. Eine wiederkehrende Sorge betrifft dabei die psychische und soziale Situation Heranwachsender. Alexander Mitscherlich berichtet zum Beispiel 1947 im ersten Heft der »Psyche« über Verwahrlosungserscheinungen von Jugendlichen. Er beschreibt und analysiert diverse Auflösungserscheinungen, unsicher gewordene Perspektiven und den Verlust an verbindenden und verbindlichen Werten. Was den Jugendlichen in der Folge vor allem fehle, sei ein innerer Halt. Vieles an Mitscherlich's Beschreibung klingt so, als sei sie für die heutige Zeit formuliert, auch wenn die Schrift in einer ganz anderen historischen Einbettung entstanden ist. Dies gilt auch für Überlegungen, die Hannah Arendt bereits 1958 formuliert hat – zu Zeiten als die Globalisierung in der heute diskutierten Form noch keine Rolle spielte. Sie beklagt, dass die Erziehungsbereitschaft der Erwachsenen immer mehr nachlasse. Eine Relativierung des Erziehungsauftrages gehe von der älteren Generation aus und ihrer Neigung, sich als schwierig erlebten Erziehungsaufgaben zu entziehen.

»Die Autorität ist von den Erwachsenen abgeschafft worden, und dies kann nur eines besagen, nämlich dass sich die Erwachsenen weigern, die Verantwortung für die Welt zu übernehmen, in welche sie die Kinder hineingeboren haben.«

zit. nach Savater 1998, S. 115

Dieser Satz kennzeichnet auch die gegenwärtige Situation in einem nicht unerheblichen Maße. Es muss also sehr genau differenziert werden zwischen wirklich Neuem, noch nicht Dagewesenem, und sich wiederholendem Altem, das allenfalls in einer zeittypischen Verkleidung erscheint.

Auf der phänomenologischen Ebene sind in den letzten Jahren in der Tat eine ganze Reihe gravierender Neuerungen eingetreten. Sie betreffen vor allem die Geschwindigkeit alltäglicher Lebensabläufe, das Tempo und die Differenziertheit technisch bedingter Kommunikationsprozesse und das Entstehen künstlich erzeugter Wirklichkeiten (»virtuelle Realitäten«). Zugleich ist das ökonomische Prinzip zu einem allumfassenden Leitbild gesellschaftlicher Entwicklung geworden. Marktwirtschaftliche Prinzipien dringen immer stärker in die unterschiedlichsten Lebensbereiche ein. Inwieweit sich diese Veränderungen mehr als nur oberflächlich auf zwischenmenschliche Beziehungen auswirken, die Welt der inneren Objekte und psychische Strukturbildungen verändern, ist die entscheidende, global kaum zu beantwortende Frage. Einige zeittypische Gefährdungselemente für die psychosoziale Entwicklung von Kindern und Jugendlichen lassen sich jedoch relativ genau bestimmen. Ich beschränke mich hier auf die Analyse eines einzelnen Aspektes, nämlich die zunehmende Zeitverknappung, die sich exemplarisch in einer ganzen Reihe von Computerspielen zeigt. Die Darstellung folgt zunächst Ahrbeck (1998).

Der Geschwindigkeitsrausch von Computerspielen

Als Beispiel dient im Folgenden »Rebel Assault II«, der Nachfolger eines der weltweit meistverkauften Computerspiele. In diesem Spiel geht es darum, angreifende Flugkörper von einem Flugzeug aus zu vernichten. Es beeindruckt, wie ähnliche Computerspiele auch, zunächst durch die

Geschwindigkeit, mit der Vorgaben erfolgen und Reaktionen erzwungen werden. Das Spiel ist so angelegt, dass es eingeengte, monotone Handlungsfolgen in immer höherer Geschwindigkeit erfordert. Hinzu kommt, und das macht seinen Reiz aus, dass plötzlich neue Situationen mit schockartiger Wirkung entstehen. Der Spieler wird in der Folge aus der tranceartigen Wirkung des Bekannten herausgerissen und sieht sich erregenden Anforderungen ausgesetzt. Das Gefangensein in der Monotonie des Spiels und die plötzlich eintretende Erregung stellen die psychisch entscheidenden Sensationen dar, die solche Spiele auszeichnen.

Die erfolgreiche Bewältigung dieser Spiele erfordert ein hohes Ausmaß an Konzentration und eine extreme Anspannung. Dazu gehört insbesondere die Fähigkeit, Außenreize auszublenden. Der Spieler begibt sich in die Computerwelt hinein, ist ganz auf das Gerät bezogen – und unterbricht alle sozialen Kontakte. Doch nicht nur das: Er muss auch so weit wie möglich frei sein von inneren Bewegungen, separiert von seinen inneren Objekten. Gefühle und Erinnerungen werden ebenso zu Störfaktoren wie körperbezogene Wahrnehmungen. Erfolgreich kann nur sein, wer eigene Emotionen wie Freude, Erwartungsdruck, Triumphgefühle gar nicht erst aufkommen lässt, sie zu unterdrücken oder zumindest weitgehend zu kontrollieren vermag. Für eigene, nicht zweckgerichtete Gedanken und Überlegungen darf es keine Zeit mehr geben. Gefordert sind zielgerichtete Denkformen, die sich in ihrer Wirksamkeit sofort überprüfen lassen. Unter dieser Bedingung können sich »Computerkinder« leicht konzentrieren. Es handelt sich um eine Konzentration, die auf Unmittelbares bezogen ist und keinen Aufschub duldet.

Aus dem Erfahrungsbereich der genannten Computerspiele fällt all das heraus, was Nachdenklichkeit und eine Konzentration auf das eigene Innenleben erfordert. Auch fehlt jede Art der Zukunftsgerichtetheit. Das eigene Erleben erscheint ausschließlich als selbst produziert, ohne dass ein Gegenüber benötigt wird. Verbunden damit sind Fantasien omnipotenter Kontrolle über die eigene Person und die Umwelt. Die fiktive Kommunikation ersetzt den narrativen Dialog, das Kontrollierbare und rasch Ausführbare die gelebte Beziehung. Häufig erscheint den Computerkindern deshalb jede Innenwendung sowie jede Form des Denkens als nutzlos, das sich nicht unmittelbar zweckrational verwenden lässt. Wenn eine solche Erlebensweise dominiert, wird es entsprechend risikoreich, sich auf gelebte Beziehungen einzulassen.

In diesen Computerspielen repräsentiert sich etwas, dass mitunter als extreme Verdichtung zeittypischen Erlebens angesehen wird: Monotonie und erregende Reizüberflutung, hektische Zeitknappheit und Schwinden der Zukunftsdimension, sofortige Erfolgserwartung und fehlender Bedürfnisaufschub, Dominanz des Zweckrationalen und Omnipotenzfantasien über die innere und äußere Welt.

Psychische Entwicklung und Zeitdimension

Psychische Entwicklungen brauchen Zeit: Oft sind es frühe Überforderungen, die dazu führen, dass nachhaltige Schädigungen entstehen – indem Entwicklungsschritte vorschnell durchschritten oder gar übersprungen werden müssen. Wie unverzichtbar Zeit für die Entfaltung psychischer Prozesse ist, wird im Folgenden beispielhaft anhand der Entwicklung des Ich-Ideals gezeigt. Die seelische Entwicklung beginnt nach Chasseguet-Smirgel (1987, S. 13f.) in einem spannungsfreien Zustand:

> »Die Zeit, in der das Kind selbst sein eigenes Ideal war, enthielt weder Unbefriedigtheit noch Begehren noch Verlust, und sie besteht in uns als das Engramm des perfekten und permanenten Glücks.«

Das Erleben narzisstischer Allmacht löst sich in der weiteren Entwicklung des Kindes in dem Maße auf, wie eine totale Bedürfnisbefriedigung unmöglich wird. Das Kind beginnt zu ahnen, dass die eigenen Möglichkeiten begrenzt sind, und es spürt die Abhängigkeit von anderen. Die Auflösung des ursprünglichen Zustandes narzisstischer Vollkommenheit stellt für Chasseguet-Smirgel eine existenzielle Notwendigkeit dar, die mit erheblichen psychischen Anstrengungen verbunden ist: Sie kann in kurzer Zeit nicht geleistet werden. Das Kind braucht Zeit, um sich mit seinen neu entstandenen, stark ambivalenten Wünschen auseinander zu setzen. Einerseits sehnt es sich mit großer Kraft in den ursprünglichen Zustand zurück, andererseits fürchtet es ihn ebenso massiv. Denn neben einer idealisierten Mutter-Imago, die eine umfassende Befriedigung verschafft, steht das Bild einer archaisch omnipotenten Mutter, die mit mächtigen Destruktionskräften ausgestattet ist und über das Kind beliebig verfügen kann.

Aber auch wenn diese Aufgabe bewältigt ist, besteht eine der wichtigsten menschlichen Antriebskräfte weiterhin darin, den verloren gegangenen Zustand der Vollkommenheit wiederherzustellen. Dieser Wunsch durchzieht die gesamte Lebensspanne und eröffnet dem Kind wesentliche Entwicklungsperspektiven, die ohne das Erleben eines solchen Mangels unmöglich wären. Die Hoffnung, den ersehnten Zustand über das Ich-Ideal doch noch zu erreichen, lässt ein Kind vieles an Bedürfniseinschränkungen und Frustration aushalten, durch die es sonst überfordert wäre. Die Weiterentwicklung der Ich-Funktionen sowie die Ausdifferenzierung der inneren Objektwelt resultieren unter anderem aus dieser Antriebskraft.

Was passieren kann, wenn die für Entwicklungsprozesse benötigte Zeit aus inneren und äußeren Gründen nicht zur Verfügung steht, soll aus psychoanalytischer Perspektive anhand zweier Beispiele illustriert werden: den Perversionsentwicklungen sowie der mangelnden Fähigkeit zur psychischen Repräsentation des Erlebens, die Kristeva (1994) als »neues Leiden der Seele« bezeichnet.

Perversionsbildungen interessieren hier nicht in erster Linie als sexuelle Abweichungen, sondern als ein bestimmter Modus der Beziehungsgestaltung. Chasseguet-Smirgel (1987, S. 184) sieht in ihm einen zeittypischen Versuch, »die schmerzliche Grenze zu beseitigen, die die *Realität* dem Wunsch des Menschen nach unendlicher Expansion gesetzt hat«. Dieser Versuch entsteht mit dem Ziel, die Einsicht in Geschlechts- und Generationenunterschiede zu vermeiden. Ein solches Kind fantasiert bzw. erlebt sich als adäquater Partner seiner Mutter, ersehnt eine Bedürfnisbefriedigung ohne zeitlichen Aufschub. Dabei hat es nicht das Gefühl, den Platz des Vaters besetzen zu müssen. Er hat ihn, seinem Erleben nach, schon immer innegehabt. Das bedeutet, dass psychisch kein Dritter existiert. Deshalb besteht für das Kind auch keine Notwendigkeit, sich mit ihm zu identifizieren, in der Hoffnung, dass es später einmal seinen Platz einnehmen könnte.

Wenn die Existenz unterschiedlicher Generationen aus der psychischen Realität ferngehalten wird, entsteht keine innere Differenzierung zwischen nahen und fernen Entwicklungszielen, Erreichbarem und noch nicht Erreichbarem, Gegenwärtigem und Zukünftigem. Das Kind bildet keine inneren Repräsentanzen aus, die es ihm ermöglichen, zwischen jung oder alt, erwachsen oder nicht-erwachsen zu unterscheiden. Jede

Form der Bedürfnisbefriedigung erscheint sofort möglich, ohne einen als quälend erlebten Aufschub. Eine Beschäftigung mit dem eigenen Innenleben unterbleibt auf Grund einer fehlenden Zeit- und Zukunftsperspektive. In der Zukunft gibt es für ein solches Kind nichts zu gewinnen. Das Gefühl, dass die eigene Entwicklung Zeit braucht, stellt sich deshalb auch gar nicht erst ein. Letztlich führt die »Aufhebung des Geschlechts- und Generationsunterschiedes zur Abschaffung des Gedankens der Evolution, der Entwicklung, der Reifung, kurz – des Prozesses«, resümiert Chasseguet-Smirgel (1987, S. 185) in diesem Zusammenhang.

Die neuen Leiden der Seele: Aus einer anderen Perspektive nähert sich Kristeva (1994) den psychischen Folgen, die sich im Extremfall aus Modernisierungsprozessen ergeben können. Sie nimmt dabei unmittelbar Bezug auf die gesteigerte Geschwindigkeit der Lebensprozesse. Unter dem Stichwort der »neuen Leiden der Seele« postuliert Kristeva (1994, S. 14) eine neue, zeittypische Patientengruppe, die sich dadurch auszeichnet, dass sie »weder die nötige Zeit noch den nötigen Raum (hatte), um sich eine Seele zu bilden«. Sie beschreibt, wie diese Menschen ohne sexuelle und moralische Identität um sich selbst kreisen, ohne dass es ihnen möglich ist, einen Zugang zu ihrem inneren Erleben zu finden. Ihr Unbehagen und Leiden können sie nicht artikulieren. Stattdessen stellen sich diffuse Befindlichkeitsstörungen und körperliche Symptome ein, die schnell neurochemisch bekämpft werden.

Die Übersättigung mit medialen Einflüssen spielt dabei eine entscheidende Rolle. Ein schneller Wechsel medialer Reizquellen zielt darauf ab, einen hohen Erregungszustand herzustellen und aufrecht zu erhalten. Vor allem die Überflutung mit Bildern führt zu einer fortwährenden Erregung, hinter der das eigene Unbehagen verschwindet. Die Bilderwelt nimmt Ängste und Begierden auf und ersetzt in weiten Bereichen das reale Leben. Zwischen Realität und Simulation der Realität kann kaum noch unterschieden werden, Fantasie und Realität mischen sich.

Auch Lasch (1984) hält das beschriebene Phänomen für folgenschwer. Denn es schwindet zunehmend die Möglichkeit, sich mit der inneren und äußeren Realität auseinander zu setzen. Nur schwerlich gelingt es, das eigene Erleben und seine Bedeutung in Worte zu fassen. Persönlich Bedeutungsvolles, Unwichtiges und Schädliches können kaum mehr differenziert werden. Das psychische Leben ist blockiert und stirbt im schlimmsten Fall ab. Einen ähnlichen Gedanken hat Günther Anders bereits vor einiger Zeit formuliert. In der »Antiquiertheit des Menschen« (1980) entwirft er anhand der Beobachtung japanischer Spielhöllenbesucher die Hypothese einer »Dingpsychologie«, die eines Tages eine subjektorientierte Humanpsychologie ersetzen könnte.

Entwicklungsgefährdung oder Persönlichkeitsverfall?

Damit ist ein zeittypisches Segment von Gefährdungen für die psychosoziale Entwicklung von Kindern und Jugendlichen in sehr allgemeiner Form beschrieben. Die gesellschaftliche Tendenz zur Zeitverknappung wird für die allermeisten Heranwachsenden nicht folgenlos bleiben. Sie prägt das Alltagsleben: Insofern stellt sie eine wichtige Rahmenbedingung des kindlichen Erlebens und Handelns dar, die im Einzelfall mehr oder weniger bedeutungsvoll sein kann. Offen bleibt allerdings, wie sie sich auf durchschnittliche Entwicklungsverläufe auswirkt und wie gravierend und nachhaltig diese Auswirkungen sind oder sein werden. Vor allem stellt sich die Frage, für welche Personengruppen sich massive Konsequenzen ergeben und für wen dies nicht der Fall ist.

In der soeben skizzierten Dramatik dürfte nur eine sehr begrenzte Anzahl von Kindern und Jugendlichen betroffen sein. Vieles spricht dafür, dass die beschriebenen Phänomene Ausdruck einer aufgeheizten inneren Notlage sind. »Perversionsbildungen als psychischer Modus« und das »Absterben des inneren Erlebens« stellen in ihrem Kern pathologische Phänomene dar. Eine extrem verengte äußere Lebenssituation, etwa eine suchtartige Bindung an Computerspiele, ist folglich der Ausdruck eines verzweifelten Rettungsversuches, der aus einer schwerwiegenden inneren Problematik befreien soll. Die dramatische innere Situation entsteht nicht dadurch, dass es Computer gibt oder Computerspiele, die zu einem rauschhaften Erleben verführen. Vielmehr wird ein Geschwindigkeitsrausch in einer bestimmten Realität gesucht, weil er inneren Notwendigkeiten entspricht. Entsprechendes mag auch dann gelten, wenn eine extreme Zeitverknappung zum ausschließlich lebensdominierenden Thema gemacht wird, wie Reiche (1990, S. 185) in einer Falldarstellung zeigt. Die nicht vorhandene Zeit dient hier als Schutz vor Objekterfahrungen, die als überfordernd erlebt und deshalb vermieden werden müssen.

Analog zu diesen Überlegungen stellt sich die Bedeutung von Suchtmitteln dar. Voigtel (2001) resümiert den aktuellen Erkenntnisstand und betont den funktionellen Charakter von Suchtmitteln. Sie gewinnen ihren Stellenwert im Suchtgeschehen letztlich erst dadurch, dass sie auf bestimmte psychische Dispositionen treffen. Entscheidend ist die suchthafte Bindung an ein »unbelebtes Objekt«, das nicht stofflicher Natur sein muss. Nicht die Droge produziert die Sucht, sondern eine psychisch verankerte Struktur führt zum süchtigen Drogengebrauch. Dazu nur ein Beispiel: Erstaunlicherweise haben über 80 % der in die USA zurückgekehrten heroinabhängigen Vietnamsoldaten den süchtigen Konsum eingestellt, viele von ihnen ohne professionelle Hilfe. Dies spricht nicht für die Harmlosigkeit von Suchtmitteln und schon gar nicht für eine generelle Freigabe illegaler Drogen, fordert aber die Erkenntnis heraus, dass auch hier äußeren Vorgaben nicht die oft behauptete entscheidende Bedeutung zukommt.

Seelische Erkrankungen und psychische Besonderheiten haben sich von je her zeittypische Ausdrucksformen gesucht. Die Hysterien der Jahrhundertwende sind das historisch berühmteste Beispiel. Triebimpulse trafen auf eine viktorianische Moral, mussten deshalb abgewehrt werden, und haben doch in der Symptomatik eine verstellte Ausdrucksform gefunden. Zwangserkrankungen galten zu Beginn des Jahrhunderts als typische Folge von Trieb-Abwehrprozessen, die sich vor allen um verbotene aggressive Bedürfnisse zentrierten. Ungern gesehene psychotische Erkrankungen traten in der ehemaligen Sowjetunion zurück. Häufig überließen sie ihren Platz den als unverdächtig geltenden Psychosomatosen. Narzisstische Erkrankungen hingegen passen gut in die heutige Zeit: Ihre symptomatischen Äußerungen korrespondieren mit einem weit verbreiteten sozialen Habitus, hinter dem sich die innere Not gut tarnen lässt. In Zukunft werden neue Ausdrucksformen seelischer Erkrankungen und Beeinträchtigungen entstehen, darunter auch solche, die eine technologisch geprägte »Informations- und Kommunikationsgesellschaft« für sich zu nutzen wissen.

Gleichwohl ist dabei zu beachten, dass die psychischen Konflikte, die den genannten Erkrankungen zu Grunde liegen, in ihrem Kern fortbestehen. Auch existieren die in früheren Zeiten dominierenden Krankheitsbilder weiterhin, obgleich sich die gesellschaftlichen Rahmenbedingungen grundlegend gewandelt haben. Sie sind gar nicht so selten geworden, wie häufig angenommen wird, fristen aber eher ein Schattendasein und werden weniger beachtet. Auch heute gibt es zum Beispiel noch Hysterien und Zwangserkrankungen in erheblicher Zahl (vgl. Remschmidt 2000).

Die Annahme eines direkten Zusammenhanges zwischen gesellschaftlichen Rahmenbedingungen und psychischen Folgen erscheint auf den ersten Blick überzeugend. Imposante Veränderungen der Außenwelt finden demnach einen ähnlich gravierenden Niederschlag in den Personen selbst. Die ständige mediale Präsenz von Gewalt und Kriminalität lässt sich, dieser Logik folgend, leicht mit einer inneren Brutalisierung in Beziehung bringen. Eine Zeitverkappung in der äußeren Realität führt zu einer fehlenden inneren Zeit, die für eine Strukturbildung dringend benötigt wird. Ebenso nahe liegend ist es, aus der öffentlich inszenierten Relativierung, wenn nicht Auflösung von Werten auf eine innere Wertunsicherheit oder gar einen Werteverfall zu schließen. Aus einer schamlosen äußeren Welt, wie in den nachmittäglichen Talkshows zu beobachten, resultiert entsprechend ein individueller Verlust an Schamgefühlen.

Übersehen wird dabei allerdings, dass eine solche Gleichsetzung allenfalls durch den verführerischen Charme einfacher Lösungen besticht. Denn äußere Realitäten setzen sich nicht ungebrochen in innere Strukturen um. Das Verhältnis beider ist sehr viel verschlungener, als der erste Blick verrät. Die innere Erlebenswelt konstituiert sich auf Grund höchst individueller, oft auch kreativer Verarbeitungsprozesse. Nicht selten nehmen innere Repräsentanzen und Strukturen Formen an, die der von außen beobachtbaren Realität kaum entsprechen. Innere und äußere Realität gehören ganz unterschiedlich gearteten Kategorien an, die direkte Ableitungen verbieten. Deshalb ist auch Vorsicht geboten, wenn sich kultur- und gesellschaftskritische Theorien umstandslos klinisch-psychoanalytischer Erkenntnisse bedienen. Besonders auffällig ist dies bei Lasch (1982, 1984), einem bereits erwähnten Historiker, der sich mit kulturtheoretischen Arbeiten einen Namen gemacht hat. Er setzt gesellschaftsbezogene, kulturkritische Theoreme weitgehend mit dem gleich, was er im Inneren der Person verankert sieht. Mit der kulturellen Definition »Zeitalter des Narzissmus« korrespondiert dann nahezu bruchlos ein gesellschaftlich dominierendes Charakterbild, das sich an die klinische Diagnose der »narzisstischen Persönlichkeit« anlehnt. Vereinfacht formuliert: Wenn sich die Kultur narzisstisch gibt, ist es der Einzelne in seinem tiefsten inneren Erleben auch. Oder um ein anderes Beispiel zu nennen: Eine zunehmend schwerer überschaubare Alltagswelt, mit neuen und ängstigenden Herausforderungen, soll dazu führen, dass nur noch eine Rettung in ein »minimales Selbst« übrig bleibt.

Die Individuen sind aber zeitspezifischen Einflüssen nicht schutzlos ausgeliefert, heutzutage ebenso wenig wie in früheren Zeiten. Dafür sprechen eine ganze Reihe von Überlegungen, die Reiche (1991) im Einzelnen ausführt. Sozialepidemiologisch bemerkenswert ist in diesem Zusammenhang unter anderem, dass wenig für ein generelles Ansteigen seelischer Erkrankungen spricht. Auch gibt es bei kritischer Betrachtung kaum überzeugende Argumente dafür, dass sich die Sozialisationsbedingungen von Kindern und Jugendlichen über die Jahrzehnte kontinuierlich verschlechtern. Man denke nur an die eingangs erwähnte Darstellung Mitscherlichs. Ebenso wenig lässt sich begründet annehmen, dass die frühe Mutter-Kind-Beziehung als Grundlage persönlicher Entwicklung immer brüchiger und weniger tragfähig wird.

Wichtige kulturtheoretische Schriften legen dies allerdings nahe. Sie beschreiben fortwährende Verfallserscheinungen, im Kulturellen ebenso wie im individuellen Seelenleben. In den »Studien über Autorität und Familie« des Frankfurter Instituts für Sozialforschung wird eine zunehmende Ich-Schwächung beklagt, die die Autoren auf das Vordringen außerfamiliärer Sozialisationseinflüsse zurückführen. Riesman (1958) sieht einen Übergang von der innen- zur außengeleiteten Persönlichkeit; Marcuse (1967) beschreibt den »eindimensionalen Menschen« und eine zunehmende »repressive Entsublimierung«; Lasch (1982, 1984) spricht zunächst von einem »Zeitalter des Narzissmus«, dann von einem Menschen, der sich auf ein »minimales Selbst« reduzieren muss; und Sennetts Thema ist, als letztes Element dieser Reihe, »The Corrosion of Character« (wörtlich übersetzt: das Zerfressen-, Verätzt-Werden der Persönlichkeit).

Wie gedankenreich und gehaltvoll diese Schriften im Einzelnen auch sein mögen, Zweifel an der Gültigkeit eines allgemeinen Verfalls- und Regressionstheorems sind angebracht. Bereits ein Blick auf das vergangene Jahrhundert gibt dazu Anlass: Es sind die vermeintlich gesunderen und stabileren Charaktere früherer Zeiten gewesen, die zu unglaublichen Vernichtungstaten in der Lage waren. Im Hinblick auf Marcuses These eines sich zunehmend verringernden Sublimierungsniveaus schreibt Reiche (1991, S. 1058) zu Recht:

»Jedenfalls ist in der Kriegsbegeisterung der Deutschen am Vorabend des ersten Weltkriegs kaum weniger repressive Entsublimierung wirksam als in den Vorabendprogrammen der Fernsehwelt von 1991. Ob in der sexualisierten Atmosphäre moderner Einkaufs- und Tourismuszentren mehr Eindimensionalität herrscht als in den Branntweinhallen und auf den Sonntagsspaziergängen vergangener Epochen, ist eine schwierige Frage. Wahrscheinlich ist die ganze Frage falsch gestellt. Und ob in den rituellen Aufmärschen gestauter Autokolonnen mehr bewusstlose aggressive Gewalt gebunden ist als in den gebeugten Fußmärschen ausgemergelter Proletarier von ihren elenden Behausungen zu ihren elenden Fabrikarbeitsplätzen, ist eine Frage, die ich nicht entscheiden möchte.«

Doch zurück zur Situation der Heranwachsenden. Die Entwicklung der allermeisten Kinder und Jugendlichen dürfte auf Grund der dargestellten Gefährdung allein weder sonderlich Besorgnis erregend und schon gar nicht pathologisch verlaufen (Hoelscher 1994, Gross 1995, Petzold 2000). Eine extreme Zeitverknappung, beispielhaft an einem Computerspiel dargestellt, trifft die meisten Heranwachsenden höchstens in einzelnen, zeitlich begrenzten Segmenten ihres Lebens. Gefährlich wird sie erst dann, wenn sie nicht periodenhaft bleibt, sondern das Seelenleben über längere Zeiträume weitgehend oder fast durchgängig dominiert. Das wird nur dann der Fall sein, wenn auf Grund einer zugespitzten inneren Situation fast permanent ein solcher Erlebniszustand hergestellt werden muss.

Die Auswirkungen einer allgemeinen Zeitverknappung, die das Alltagsleben durchzieht, lassen sich als isoliert bleibender Faktor kaum abschätzen. Die entscheidende Frage ist, in welche Beziehungserfahrungen sie sich einbettet und mit welchen Bedeutungen sie von den Beteiligten versehen wird. Aus psychoanalytischer Sicht erfährt das Kind die entscheidenden Prägungen nach wie vor im Elternhaus, in den ersten Lebensjahren. Eine erneute, wenngleich überraschende Bestätigung dafür findet sich in der neurophysiologischen Forschung (Roth 2000). Auch wenn sich ein veränderter Umgang mit Zeit bis in die früheste Kindheit hinein auswirken mag: Bei aller Zeitverknappung gibt es wenig Grund zu der Annahme, dass sich Mütter heute generell schlechter auf die Bedürfnisse ihrer Kinder einlassen und für sie sorgen können als zu früheren Zeiten. Und wie gezeigt wurde, ist es auch wenig wahrscheinlich, dass sich grundlegende Sozialisationsvoraussetzungen immer weiter verschlechtern. Die Vorstellung, früher habe es ideale und intakte Familien gegeben, dürfte nicht unwesentlich eine Verschiebung gegenwärtig unbefriedigter Wünsche nach Sicherheit und Geborgenheit auf die Vergangenheit sein. In diesem Zusammenhang spricht Reiche (1991, S. 1054) von einem »Ursprungsmythos von der intakten Neurose in einer intakten Familie in einer intakten Kultur«.

Das Ende der Erziehung?

Von neuen Zeiten hingegen geht die These vom »Ende der Erziehung« aus, die beispielsweise Giesecke (1993) vertritt. Begründet wird sie unter anderem mit Folgen, die sich aus der Globalisierung ergeben. Zu ungesicherten und wechselnden Arbeitsverhältnissen mit verstärkten Mobilitätsanforderungen gesellten sich demnach veränderte, vor allem flüchtigere und brüchigere Beziehungserfahrungen. Ebenso unüberschaubar seien die Formen und Folgen technologisierter Kommunikation sowie die Bedeutung, die künstlich erzeugte Wirklichkeiten zukünftig haben würden. Hinzu komme ein schneller Wechsel von Werten, nicht selten ein Verfall des ehemals sicher Geglaubten. Auf Grund all dieser Faktoren sei eine gesicherte Zukunftsplanung nicht mehr möglich. Die ältere Generation verfüge weder über ein ausreichendes Wissen noch über tragende Leitideen, die für die Nachwachsenden von wirklicher Bedeutung sein könnten. Vorgegebene Erziehungsziele existierten deshalb nur noch in einem sehr begrenzten Maße.

Je länger ich mich mit einem so begründeten »Ende der Erziehung« beschäftige, desto weniger vermag ich mich mit dieser These anzufreunden. Unbestreitbar ist seit längerem eine große Unsicherheit in das Erziehungsgeschehen eingetreten. Sie speist sich aus ganz unterschiedlichen Quellen, entspringt teils separierten historischen, ideengeschichtlichen und pädagogischen Entwicklungslinien. Zu einem nicht unwesentlichen Teil korreliert sie nur locker mit den beschriebenen Globalisierungsfolgen.

Die Selbstverständlichkeit herkömmlicher Erziehungsziele ist – um einen wichtigen Meilenstein zu nennen – bereits nach 1968 in Frage gestellt worden. Infolge der Krise, die damals zwischen den Generationen ausbrach, hat der Erziehungsbegriff in seiner bisherigen Form an Eindeutigkeit verloren. Die Jüngeren wollten nicht mehr so erziehen, wie sie es an sich erfahren hatten. Und vor allem selbst nicht so sein, wie sie die Eltern erlebten. Dadurch wandelte sich das Verhältnis der Generationen zueinander grundlegend. Differenzen relativierten sich, Generationsschranken sollten mitunter sogar nivelliert werden. Für die Erziehung folgte daraus, dass die Kinder sehr viel mehr als früher aus sich selbst heraus entwickeln und weniger den Vorgaben der Erwachsenen folgen sollten. Angestrebt wurde eine partnerschaftliche Erziehung mit dem Ziel, die beklagten Repressionen der Vergangenheit zu vermeiden. Erst viel später zeigte sich, dass diese Entwicklung eine gravierende Kehrseite hatte. Sie führte, wie ich an anderer Stelle ausgeführt habe, zu einem viel zu weitgehenden Rückzug der Erwachsenengeneration aus der Erziehungsverantwortung. Auf der Beziehungsebene dominierte die Vermeidung von Konflikten zu Gunsten der Wunschvorstellung, Kinder müssten in ihrer Entwicklung nur wohlwollend begleitet werden (Ahrbeck 1998).

Die hier nur kurz und sehr grob umrissene Reserviertheit gegenüber einem Erziehungsauftrag, der die Generationen differiert, reicht bis in die heutige Zeit. Sie hat sich mit einer bemerkenswerten Hartnäckigkeit erhalten. Und mit ihr die Tendenz, Konflikten im Erziehungsgeschehen aus dem Weg zu gehen. Allein die Begründung für eine solche Konflikt- und Beziehungsvermeidung hat sich gewandelt: Zunächst galt die Befreiung von Vätern bzw. Eltern als Ziel, die sich durch ihr Handeln vor oder ihr Nichtstun nach 1945 schuldig gemacht haben, etwa dadurch, dass sie unfähig waren zu trauern, also die Vergangenheit nicht bewältigen konnten (Mitscherlich-Nielsen 1992, Moser 1992). Inzwischen werden andere Argumente angeführt, die das gleiche Ergebnis zeitigen. Es sind nun unsicher gewordene Lebensperspektiven, sich wandelnde Beziehungsformen und die unüberschaubaren technologischen Neuerungen der Globalisierung, die vermeintlich dazu führen müssen, dass sich die Erwachsenengeneration in Erziehungsfragen reserviert verhält. Auf Grund des schnellen historischen Wandels wisse man nicht mehr, was man Kindern und Jugendlichen mit auf den Weg geben könne – so der häufig zu hörende Tenor.

Zur Illustration das folgende, wenngleich extreme Beispiel: In der Hamburger Jugendpolitik gelten Kinder und Jugendliche auch in extrem zugespitzten Krisen und Grenzsituationen als »Experten ihres Lebens«. Sie werden mit sehr weit reichenden Freiheitsrechten ausgestattet, verbunden mit der Gewissheit, dass sie auch in schwierigsten Lebenslagen den richtigen Weg für sich selbst wüssten. Deshalb hält man sie auch für autonom genug, darüber zu entscheiden, ob sie Beziehungsangebote und Erziehungsmaßnahmen annehmen oder ablehnen (Köttgen 1998, Bittscheidt 1998). Letztlich, zugespitzt formuliert, bedürfen sie keiner Erziehung mehr, allenfalls kundenorientierter Serviceleistungen. Was als Kampf gegen autoritäre Strukturen begann, ist unter veränderten Vorzeichen erhalten geblieben: nunmehr als eine Mischung zwischen Protest gegen längst vergangene autoritäre Zeiten und einer Relativierung, wenn nicht gar Aufgabe des Erziehungsanspruches, der sich aus der vermeintlichen Unüberschaubarkeit gegenwärtiger Verhältnisse herleitet. Beziehungsverweigerung und Konfliktvermeidung bestimmen nach wie vor das Geschehen. Rationalisiert werden sie dadurch, dass Freiräume und Eigenverantwortlichkeiten von Kindern und Jugendlichen nicht eingeschränkt werden dürfen. Vor allem nicht in Zeiten, die keine klaren Zukunftsperspektiven mehr zulassen (vgl. Bürgerschaft der Freien und Hansestadt Hamburg 2000, S. 221–239; Arbeitsgemeinschaft Kinder- und Jugendschutzbund Hamburg 2000).

Eine »konfliktvermeidende Pädagogik« hat das Erziehungsgeschehen, zumindest in der Vergangenheit, in weiten Bereichen bestimmt. Sie begann bereits zu Zeiten, als Erziehende und Heranwachsende noch relativ wenig oder gar nicht mit den heute für wichtig erachteten Globalisierungsfolgen in Berührung kamen. Kinder verfügten damals weder über die heute gängigen neuen Medien und Kommunikationsmittel noch hatten sie an virtuellen Welten teil, und einer extremen Zeitknappheit waren sie ebenfalls nicht ausgesetzt. Bemerkenswert ist in diesem Zusammenhang auch, dass gegenwärtig die massivsten Gewaltphänomene in den neuen Bundesländern auftreten. Dort, wo die Jugendlichen in ihrer Kindheit von den genannten Globalisierungseinflüssen weitestgehend abgeschottet waren.

Die vielstimmig beklagte Erziehungsmisere – Gaschke (2001) spricht von einer Erziehungskatastrophe – ist in ihrem Kern keine Folge der Globalisierung. Dafür sprechen eine ganze Reihe von Gründen. Globalisierungsfolgen stellen allenfalls Rahmenbedingungen für das Erziehungsgeschehen dar. Zu einem Teil sind ihre Auswirkungen noch unbekannt. Dort, wo genauere Kenntnisse vorliegen, ergeben sich häufig unspezifische Effekte. So erweist sich zum Beispiel der Gebrauch von Computern sowie der Einsatz von Computerspielen nur für ganz bestimmte Personengruppen als gefährlich (vgl. Petzold 2000). Andere, mit der Globalisierung in Zusammenhang gebrachte Folgen halten einer kritischen Betrachtung nicht stand, wie die eingangs dargelegten familiären und beruflichen Basisdaten belegen. Diesen eher nüchternen Befunden stehen erhebliche Irritationen und weit reichende Ängste gegenüber, die das Globalisierungsthema begleiten, mitunter aber auch sehnsuchtsvolle Träume nach einer besseren Welt. Untergangsfantasien auf der einen Seite und die Glorifizierung neuer Möglichkeiten andererseits stellen dabei extreme Ausformungen dar. Als Leitlinie für pädagogisches Handeln sind sie ein denkbar schlechter Ratgeber.

Wie auch immer die konstatierte Erziehungsreserviertheit bzw. »Erziehungsvergessenheit« (Schwarte) entstanden sein mag: Erforderlich ist eine Perspektive, die sich auf die Kernaufgaben der Erziehung besinnt, auf das, was Erziehung auch heute noch zu leisten vermag. Hierin liegt der entscheidende Hebel, der dafür sorgen kann, dass die schwierige Situation vieler Heranwachsender verbessert wird. Denn trotz des schnellen historischen, kulturellen und technischen Wandels bestehen Erziehungsnotwendigkeiten unverändert fort. Sie entsprechen zum einen dem Reproduktionsinteresse der Gesellschaft, das von der älteren Generation vertreten wird. Und auch die nachwachsende Generationen kann, um ihrer selbst willen, nicht auf Erziehung verzichten. Damit sich Kinder und Jugendliche gut entwickeln können, brauchen sie Eltern, Lehrer und Erzieher, die ihnen von einer reifen Position aus den Weg ins Erwachsenenleben weisen. »Um moralisch und intellektuell zu wachsen, bedarf es des intellektuellen Widerparts« (Rehfus 1997, S. 125).

Wenig einsichtig ist allerdings, warum es ein pädagogisches wirkungsvolles Gegenüber in Zeiten der Globalisierung nicht mehr geben könnte oder sollte. Deshalb plädiert Savater (1998) für eine Stärkung des Erziehungsgedankens, gerade unter den gegenwärtigen Bedingungen. Er beschreibt eindrucksvoll, was Kindern entgeht, welche Potenziale verkümmern, wenn ihnen die Möglichkeiten der Erziehung verwehrt werden. Ein Hineinwachsen in die Welt der Erwachsenen wird erst dadurch möglich, dass den Kindern die Erwachsenenwelt als etwas bisher Fremdes, Unerreichtes erscheint und als etwas Wertvolles gegenübergestellt wird. Vehement wendet sich Savater (1998, S. 144 f.) gegen eine »… postmoderne Relativierung des Konzepts der *Wahrheit* …«, da sie den Erziehungsgedanken relativiert oder gar aufhebt.

»Es gibt keine Erziehung, wenn es keine Wahrheit zu vermitteln gibt, wenn alles mehr oder weniger wahr ist, wenn jeder seine eigene gleichermaßen respektable Wahrheit besitzt und man unter so vielen verschiedenen Wahrheiten keine rationale Wahl mehr treffen kann.«

Allein der Umstand, dass Wahrheiten relativ und wandelbar sind, vermag den Verzicht auf einen Wahrheitsbegriff nicht zu begründen.

Für eine Rückbesinnung auf die Erziehungsdimension spricht auch, dass die Entwicklungsproblematik vieler Kinder und Jugendlicher bei weitem nicht so im Dunkeln liegt, wie mitunter behauptet wird. Die nur unzureichend entwickelten inneren Strukturen vieler problembeladener Heranwachsender und die inneren Konflikte, in die sie geraten, lassen sich mit den gängigen strukturtheoretischen und psychodynamischen Kategorien hinreichend gut beschreiben. Insofern gibt es keine »neuen Kinder«, die die Erwachsenen vor gänzlich neue Erziehungsaufgaben« stellen. Für die große Mehrzahl auch der schwierigen Kinder und Jugendlichen kann auf Grund des gegenwärtigen Erkenntnisstandes geklärt werden, welche Erziehungs- und Beziehungserfahrungen sie benötigen, damit sie in ihrer Entwicklung vorankommen (vgl. z. B. Heinemann, Rauchfleisch & Grüttner 1995).

Der wesentliche Punkt ist die Gestaltung der Beziehung der Erwachsenengeneration zu den Nachwachsenden – im Elternhaus, in der Schule, in der sozialen Arbeit. Einer stärkeren Generationendifferenzierung kommt dabei eine zentrale Bedeutung zu. Entscheidend wird sein, ob es zukünftig gelingt, bisher verleugnete Grenzen zwischen den Generationen (wieder) herzustellen, mit Erziehenden, die mit zukunftstauglichen Kenntnissen und Werten ausgestattet sind, und Kindern, die davon profitieren können und müssen. Vor diesem Hintergrund gewinnen die sich ändernden äußeren Rahmenbedingungen ein verändertes Gewicht. Die Folgen der Globalisierung wie Zeitverknappung oder mediale Reizüberflutung wirken nicht als isolierte Einflussgrößen, die unkontrollierbar geworden und dem Erziehungsprozess entzogen sind. Bedeutsam werden sie erst im Rahmen je spezifischer Erziehungs- und Beziehungskonstellationen. Auch dafür gibt es zum Beispiel in den referierten Ergebnissen zum Gebrauch von Computern und berauschenden Computerspielen ausreichend Hinweise.

Mit Odo Marquard (1998) gehe ich davon aus, dass ein grundlegendes menschliches Bedürfnis nach Kontinuität existiert – als Gegengewicht zu unüberschaubar gewordenen Verhältnissen und irritierenden Innovationen. Das Kontinuitätsstreben dient zielgerichtet dazu, vor psychischen Überlastungen zu schützen, die sich aus einem Übermaß an Ungeklärtem und Neuem ergeben. Es steigt umso stärker an, je schneller sich die historischen, kulturellen und technischen Gegebenheiten wandeln. Kulturell schlägt sich dieses Bedürfnis in einer sogenannten Kontinuitätskultur nieder, die für die individuelle und kollektive Weiterentwicklung unerlässlich ist.

>»Denn in der Innovationswelt, die eine Diskontinuitätswelt ist, brauchen die Menschen – als Kompensation – die Kontinuitätskultur: das Festhalten und Bewahren.«
>
> Marquard 1998, S. 35

In diesem Sinne lässt sich verstehen, warum in der nachwachsenden Generation – neben der Faszination für das Neue – auch ein ausgeprägtes Bedürfnis nach Kontinuierlichem besteht. Bindung, Verlässlichkeit und Sicherheit, als Ausdruck des Vertrauten, nehmen in ihrer Wunschwelt einen hohen Stellenwert ein. Sie werden in der Lebensrealität nicht nur gesucht, sondern auch gefunden bzw. hergestellt (vgl. z. B. Schmidt 2000, Schulte-Markwort u. a. in diesem Band).

Zukünftig dürfte auch der Erziehung wieder ein höherer Stellenwert zugewiesen werden. Dafür gibt es einige gewichtige Anzeichen, vor allem bei der jüngeren Generation. Sie nimmt in der allgemeinen Tendenz einen Erziehungsauftrag selbstverständlicher und unbeschwerter an als die Generation zuvor. Eine besondere Rolle spielt dabei, dass das Erziehen als weniger schuldbelastet erlebt wird. Macht und Zwang, die mit dem Erziehungsgeschehen untrennbar verquickt sind, haben zumindest einen Teil ihres früheren Schreckens verloren. Es kann deshalb wieder stärker anerkannt werden, dass Kinder Erziehung brauchen. Sehr deutlich lässt sich dies bei Studierenden der Erziehungswissenschaft und Lehramtsanwärtern beobachten. Zu einer sentimentalen Rückbesinnung auf längst vergangene Zeiten kommt es dabei allerdings nicht. Dem entspricht ein Wandel in der Theoriebildung. Neben mütterlich versorgenden geraten väterlich differenzierende Funktionen verstärkt in den Blick.

>»Das Konzept ›Vater‹ ... (erlebt) nach einer Periode, in der die Mutter-Kind-Beziehung im Zentrum der psychoanalytischen Theorie und Praxis stand, eine Renaissance. In jüngster Zeit tritt der Vater in manchen psychologischen und pädagogischen Theorien als ein wiederentdeckter oder wiederzubele-

bender Hoffnungsträger in Erscheinung, dessen theoretische Rehabilitierung und pädagogisch-therapeutische Aktivierung neue Perspektiven in individueller wie gesellschaftlicher Hinsicht eröffnen soll.«

Grieser 1998, S. 7

Triangulierung und Ödipalität sind zu zentralen Themen der Psychoanalyse geworden – und damit auch die Frage nach der Generationendifferenzierung, die eine entscheidende Voraussetzung dafür ist, dass erzogen werden kann (Brech, Bell & Marahrens-Schürg 1999; Ahrbeck & Körner 2000). Die Globalisierung wird in Zukunft zu weit weniger Irritationen führen, als gegenwärtig noch vermutet wird.

Literatur

Ahrbeck, B. (1998): Konflikt und Vermeidung. Neuwied (Luchterhand).
Ahrbeck, B. & Körner, J. (2000): Der vergessene Dritte. Ödipale Konflikte in Erziehung und Therapie. Neuwied (Luchterhand).
Arbeitsgemeinschaft Kinder- und Jugendschutzbund Hamburg e.V. (2000): Immer auf die Kleinen. Eine Broschüre für Eltern zum Thema Jugend und Gewalt. Hamburg.
Anders, G. (1980): Die Antiquiertheit des Menschen. München (Beck).
Bertram, H. (2001): »Wir müssen die Männer zwingen«. In: *Die Zeit*, 22.2.2001, S. 32.
Beck, U. (1986): Risikogesellschaft. Auf dem Weg in eine andere Moderne. Frankfurt a. M. (Suhrkamp).
Bittscheidt, D. (1998): Repression statt Perspektiven. Über die ordnungspolitische Zurichtung der Jugendhilfe. In: Köttgen, Ch. (Hg.): Wenn alle Stricke reißen. Bonn (Psychiatrie-Verlag), S. 25–39.
Brech, E., Bell, K. & Marahrens-Schürg, C. (Hg.) (1999): Weiblicher und männlicher Ödipuskomplex. Göttingen (Vandenhoeck & Ruprecht).
Bürgerschaft der Freien und Hansestadt Hamburg (2000): Bericht der Enquete-Kommission »Jugendkriminalität und ihre gesellschaftlichen Ursachen«. Drucksache 16/4000. 16. Wahlperiode. Hamburg.
Chasseguet-Smirgel, J. (1987): Das Ich-Ideal. Psychoanalytischer Essay über die »Krankheit der Idealität«. Frankfurt a. M. (Suhrkamp).
Gaschke, S. (2001): Erziehungskatastrophe. Stuttgart/München (DVA).
Giesecke, H. (1993): Das Ende der Erziehung. Stuttgart (Klett-Cotta).
Grieser, J. (1998): Der fantasierte Vater. Zur Entstehung und Funktion des Vaterbildes beim Jungen. Tübingen (Ed. Diskord).
Gross, P. (1994): Die Multioptionsgesellschaft. Frankfurt a. M. (Suhrkamp).
Gross, W. (1995): Was ist das Süchtige an der Sucht? Geesthacht (Neuland).
Heinemann, E., Rauchfleisch, U. & Grüttner, T. (1995): Gewalttätige Kinder. Frankfurt a. M. (Fischer).
Hoelscher, G. (1994): Kinder und Computer. Berlin (Springer).
Honneth, A. (1995): Desintegration. Bruchstücke einer soziologischen Zeitdiagnose. Frankfurt a. M. (Fischer).
Köttgen, C. (Hg.) (1998): Wenn alle Stricke reißen. Bonn (Psychiatrie-Verlag).
Kristeva, J. (1994): Die neuen Leiden der Seele. Hamburg (Junius).
Lasch, C. (1982): Zeitalter des Narzissmus. München (dtv).
Lasch, C. (1984): The minimal self. Psychic survival in troubled times. New York (Norton).
Marcuse, H. (1967): Der eindimensionale Mensch. Neuwied, Berlin (Luchterhand).
Marquard, O. (1998): Untergangserwartungen, Außerordentlichkeitsbedarf und Kontinuitätskultur. In: Rohde-Dachser, C. (Hg.): Verknüpfungen. Göttingen (Vandenhoeck & Ruprecht), S. 23–36.
Mitscherlich, A. (1947): Aktuelle Probleme der Verwahrlosung. In: Psyche 1, Heft 1, S. 103–118.

Mitscherlich-Nielsen, A. (1992): Die (Un-) Fähigkeit zu trauern in Ost- und Westdeutschland. Was Trauerarbeit heißen könnte. In: Psyche 46, Heft 5, S. 406–418.

Moser, T. (1992): Die Unfähigkeit zu trauern: Hält die Diagnose einer Überprüfung stand? In: Psyche 46, Heft 5, S. 389–405.

Nauck, B. (1991): Familien- und Betreuungssituationen im Lebenslauf von Kindern. In: Bertram, H. (Hg.): Die Familie in Westdeutschland. Stabilität und Wandel familialer Lebensformen. Opladen (Leske & Budrich), S. 389–428.

Petzold, M. (2000): Die Multimedia-Familie. Opladen (Leske & Budrich).

Rehfus, W. D. (1997): Bildungsnot. Stuttgart (Klett-Cotta).

Reiche, R. (1990): Geschlechterspannung. Frankfurt a. M. (Fischer).

Reiche, R. (1991): Haben frühe Störungen zugenommen? In: Psyche 45, S. 1045–1066.

Riesman, D. (1958): Die einsame Masse. Eine Untersuchung der Wandlungen des amerikanischen Charakters. Hamburg (Rowohlt).

Remschmidt, H. (Hg.) (2000): Kinder- und Jugendpsychiatrie. Stuttgart (Thieme).

Roth, G. (2000): Geist ohne Gehirn? Hirnforschung und das Selbstverständnis des Menschen. In: Forschung und Lehre 7, Heft 5, S. 249–251.

Savater, F. (1998): Darum Erziehung. Frankfurt a. M., New York (Campus)

Schmidt, G. (Hg.) (2000): Kinder der sexuellen Revolution. Gießen (Psychosozial-Verlag).

Sennett, R. (1998): Der flexible Mensch. Die Kultur des neuen Kapitalismus. Berlin (Berlin-Verlag).

Voigtel, R. (2001): Rausch und Unglück. Die psychische und gesellschaftliche Bedeutung der Sucht. Freiburg (Lambertus).

Utzmann-Krombholz, H. (1994): Rechtsextremismus und Gewalt. Affinität und Resistenzen von Mädchen und jungen Frauen. Studie im Auftrag des Ministeriums für die Gleichstellung von Mann und Frau des Landes Nordrhein-Westfalen.

Freundschaft und Globalisierung

Ann Elisabeth Auhagen

Wie sieht die Zukunft von Freundschaft im Zeitalter der Globalisierung aus? Wird es Freundschaft weiter geben? Wird sich Freundschaft verändern – teilweise oder grundsätzlich? Oder werden andere neue Beziehungsformen entstehen?

Diese Fragen zum jetzigen Zeitpunkt erschöpfend beantworten zu können, hieße, prophetische Fähigkeiten zu besitzen. Dennoch lassen sich hierzu fundierte Überlegungen anstellen. Und diese können in – vorläufigen – Antworten resultieren. Es sind die Ziele dieses Kapitels, die Beziehung von Freundschaft und Globalisierung auf der Basis von theoretischen und empirischen Ansätzen zu reflektieren, daraus Zukünftiges in Bezug auf Freundschaften sowie Visionen und Vorschläge für das Erleben und Verhalten im Zeitalter der Globalisierung abzuleiten. Dies geschieht in folgenden Schritten: Zunächst wird ein theoretischer Rahmen für die Diskussion von Freundschaft und Globalisierung vorgeschlagen. Danach werden Explikationen der wichtigsten Konzepte gegeben. Es folgen die Darstellung und Diskussion aktueller Fachliteratur. Dann wird gefragt, ob überhaupt, und wenn, in welcher Weise sich die Globalisierung auf das Erleben und Verhalten in Freundschaften und darüber hinaus auswirkt oder auswirken könnte. In einer Synthese werden Anregungen und Vorschläge für das Leben im Rahmen der Globalisierung gegeben.

Ein theoretischer Bezugsrahmen und die Explikation wichtiger Konzepte: Freundschaft, Globalisierung, Intimität und Kommunikation

Freundschaft und Globalisierung: ein Rahmenkonzept

Antworten auf die Frage »Wie geht es weiter mit der Freundschaft im Zeitalter der Globalisierung?« erfordern Vorstellungen davon, was die wichtigsten Konzepte hierbei sind und was sie bedeuten. Es ist aber unmöglich, alle Variablen zu berücksichtigen, die seit über zwei Jahrzehnten empirischer Forschung zur Freundschaft untersucht wurden (einen Überblick geben Auhagen 1993, 1996, Blieszner & Adams 1992,

Fehr 1996). Die Globalisierung ihrerseits dürfte ebenfalls viele Variablen, Varianten und Spielarten beherbergen. Hier kommt hinzu, dass diese derzeit noch weniger bekannt und systematisiert sind als diejenigen der Freundschaft. Es wird also ein theoretischer Bezugsrahmen benötigt, ein Rahmenkonzept, mit dem es einerseits möglich ist, die relevanten Themenbereiche zu erfassen, um die Beziehung von Freundschaft und Globalisierung zu diskutieren. Andererseits muss ein Bezugsrahmen auch auf eine Vereinfachung abzielen. Hier wird ein Rahmenkonzept angeboten, dessen Säulen vier Schlüsselbegriffe bilden, die untereinander in Beziehung gesetzt werden: Freundschaft, Intimität, Globalisierung und Kommunikation. Zunächst wird das Rahmenkonzept als ganzes kurz skizziert, dann werden die vier Begriffe Freundschaft, Intimität, Globalisierung und Kommunikation weiter erläutert.

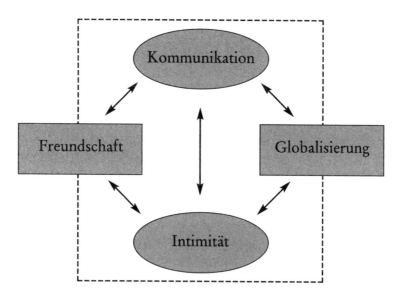

Rahmenkonzept Freundschaft und Globalisierung. Durchgezogene Linien bedeuten direkte Einflüsse, gestrichelte indirekte

Freundschaft und Globalisierung bilden in diesem theoretischen Bezugsrahmen zwei Pole. Sie sind aber nicht als Gegensatz zu verstehen. Diese Pole – so wird hier angenommen – stehen untereinander in einer mittelbaren Verbindung. Da diese beiden Konzepte sehr umfassend und auch nicht immer klar umrissen sind, ist es sinnvoll, weitere Bindeglieder zwischen Freundschaft und Globalisierung zu benennen, die direkter auf konkretes Erleben und Verhalten von Menschen bezogen sind. Als die zwei wichtigsten Bindeglieder zwischen Freundschaft und Globalisierung werden hier Intimität und Kommunikation vorgeschlagen. Intimität wird deshalb verwendet, weil dieses Konzept zu den wichtigsten Funktionen von Freundschaft gehört. Freundschaftsfunktionen können verstanden werden als intraindividuelle sowie interindividuelle Faktoren, die Sinn und Zweck von Freundschaften repräsentieren. In der Fachliteratur werden immer wieder verschiedene Funktionen von Freundschaft diskutiert (Fehr 1996). In einer systematischen Auswertung dieser Fachliteratur hat die Autorin gemeinsam mit Sammet die zehn wichtigsten Funktionen von Freundschaft herausgearbeitet (freiwillige Aktivitäten, Stützung des Selbstbewusstseins, Einzigartigkeit, Einfluss, wahrgenommene Gemeinsamkeiten, soziale Unterstützung, Intimität, Stimulationswert, Erhaltung der Freundschaft und Verantwortung). Sie wurden empirisch in Bezug auf verschiedene Freundschaftstypen untersucht (Sammet o. J.). Intimität hatte hierbei eine fundamentale Bedeutung. Noch fundamentaler ist das Konzept der Kommunikation im menschlichen Miteinander. Kommunikation wird hier als zweites Bindeglied zwischen Freundschaft und Globalisierung gewählt, weil Kommunikation nicht nur ein wesentlicher Aspekt in Freundschaften ist, sondern weil Kommunikation vor allem auch im Zusammenhang mit Globalisierung von essenzieller Bedeutung ist und sich auch auf sie auswirkt (siehe unten).

Während Freundschaft und Globalisierung über Intimität und Kommunikation in einer mittelbaren Verbindung stehen, sollten – so wird weiter angenommen – Intimität und Kommunikation in einer unmittelbaren Verbindung stehen, die wechselseitige Einflüsse einschließt. Dabei kann Kommunikation direkt auf Intimität einwirken, ebenso wie Intimität auf Kommunikation. Zum Beispiel verwenden Menschen unterschiedliche Strategien je nachdem, ob sie eine Freundschaft aufbauen oder aber sie weniger eng gestalten wollen (Miell & Duck 1986). Oder: In der Entwicklungsphase von Freundschaften steigt durch die Kommunikation die Intimität in den Beziehungen (Altman & Taylor 1973, Hays 1985). Auch die angenommene mittelbare Verbindung von Freundschaft und Globalisierung lässt wechselseitige Einflüsse zu:

Freundschaft kann die Globalisierung über Intimität und Kommunikation mittelbar beeinflussen ebenso wie die Globalisierung Freundschaft mittelbar beeinflussen kann. Beispiele hierfür wären, dass durch das Schließen von Freundschaften über den ganzen Erdball die Globalisierung vorangetrieben wird, oder dass es durch die Globalisierung immer üblicher wird, Freundschaften mit Menschen außerhalb des Wohnortes oder Heimatlandes zu führen. Freundschaft und Globalisierung können jeweils unmittelbar mit Intimität und Kommunikation zusammenhängen, weil sowohl das Erleben und Verhalten im Rahmen von Freundschaft als auch das Erleben und Verhalten im Rahmen von Globalisierung Beiträge zu Kommunikation und Intimität leisten. So hängt zum Beispiel der Freundschaftstyp – langfristig, mittelfristig oder kurzfristig – mit dem Kommunikationsverhalten und dem Grad der Intimität in Freundschaften zusammen (Litwak & Szelenyi 1969, Sammet, o. J.). Auch die Mediennutzung, die im Rahmen der Globalisierung möglich ist, kann Intimität steigern oder vermindern und das Kommunikationsverhalten beeinflussen (Kraut u. a. 1998).

Es wird also ein theoretisches Rahmenkonzept vorgeschlagen, das ein Hilfsmittel darstellt, um die Beziehung von Freundschaft und Globalisierung zu diskutieren. Es handelt sich dabei um ein Gedankenmodell, das die vier Konzepte Freundschaft, Globalisierung, Intimität und Kommunikation und hypothetische Beziehungen zwischen ihnen umfasst. Diese vier Konzepte erscheinen auf der Basis der einschlägigen Fachliteratur besonders relevant.

Was bedeuten Freundschaft, Globalisierung, Intimität und Kommunikation?
Freundschaft. Die moderne Freundschaftsforschung startete Ende der 70er Jahre etwa gleichzeitig mit dem Beginn einer speziellen Forschungsrichtung über zwischenmenschliche Beziehungen. Diese sogenannte Personal-Relationship-Forschung hat sich zur Aufgabe gemacht, in einem interdisziplinären Rahmen soziale Beziehungen in ihrer Vielfalt zu erforschen (z. B. Asendorpf & Banse 2000, Auhagen & Salisch 1993, 1996, Duck 1988, Hinde 1979, 1997). In diesem Rahmen wurde eine Reihe von grundlegenden Arbeiten über Erwachsenenfreundschaften publiziert, die sich dieser Beziehung konzeptionell und empirisch widmen (z. B. Auhagen 1991, Blieszner & Adams 1992, Fehr 1996, Hays 1988, Lambertz 1999, Nötzoldt-Linden 1994, Wright 1984). Daneben bilden Arbeiten zu Kinder- und Adoleszentenfreundschaften ein eigenes Forschungsgebiet (z. B. Kauke & Auhagen 1996,

Kolip 1993, Krappmann & Oswald 1995, Selman 1984, Salisch 1991, 1996).
Die theoretischen und empirischen Arbeiten über Freundschaft verfolgen
viele unterschiedliche Fragen und besitzen verschiedene Schwerpunkte
(zusammenfassend Fehr 1996, für eine interdisziplinäre Diskussion über
Freundschaft siehe »Ethik und Sozialwissenschaften. Streitforum für Erwägungskultur« 1997). Manche Autorinnen und Autoren bieten Explikationen zum Begriff der Freundschaft an, andere nicht. Hier wird die Explikation von Auhagen (1991, 1993) verwendet, die Freundschaft als Spezialfall
von zwischenmenschlichen Beziehungen ansieht.

»Freundschaft ist eine dyadische, persönliche und informelle Sozialbeziehung. Die beiden daran beteiligten Menschen werden als Freundinnen oder
Freunde bezeichnet. Die Existenz der Freundschaft beruht auf Gegenseitigkeit. Die Freundschaft besitzt für jede(n) der Freundinnen/Freunde einen
Wert, welcher unterschiedlich starkes Gewicht haben und aus verschiedenen
inhaltlichen Elementen zusammengesetzt sein kann. Freundschaft wird
zudem durch folgende weitere essenzielle Kriterien charakterisiert: Freiwil-
ligkeit – bezüglich der Wahl, der Gestaltung und des Fortbestandes der Beziehung; zeitliche Ausdehnung – Freundschaft beinhaltet einen Vergangenheits-
und einen Zukunftsaspekt; positiver Charakter – unabdingbarer Bestandteil
von Freundschaft ist das subjektive Erleben des Positiven; keine offene Sexualität – das heißt kein Geschlechtsverkehr und keine geschlechtsverkehrähn-
lichen Praktiken.«

Diese Explikation zielt darauf ab, Freundschaft als eine Beziehungs-
kategorie, das heißt eine spezifische Form sozialen Miteinanders, zu
bestimmen. Freundschaft wird hier durch eine Kombination von abstrakten Kriterien charakterisiert. Andere Sozialbeziehungen können ebenfalls
einen Teil dieser Eigenschaften oder weitere darüber hinaus besitzen. Die
Explikation verzichtet darauf, Freundschaft über bestimmte Inhalte zu
definieren, wie zum Beispiel Vertrauen oder soziale Unterstützung. Dies
geschieht zum einen, weil kaum auseinandergehalten werden kann, was
Ursachen und was Folgen von Freundschaft sind. Zum anderen können
Freundschaften von den Beteiligten frei gestaltet werden – was für die
eine Freundschaft gilt, muss für die andere nicht richtig sein. Die Explikation beansprucht keine universelle Gültigkeit. Sie ist nicht unabhängig
von der Kultur oder der Epoche.

Zwei Aspekte der Explikation sind im Zusammenhang mit der
Diskussion von Globalisierung und Freundschaft von besonderer Relevanz: Freundschaft als persönliche Beziehung und Freundschaft als

Zweierbeziehung. Freundschaft als persönliche Beziehung beinhaltet, dass sich Freunde persönlich kennen – von Angesicht zu Angesicht (»face-to-face«). Es heißt auch, dass Freundinnen und Freunde ganz besonders als die individuellen Menschen, die sie sind, wahrgenommen und behandelt werden, und nicht bevorzugt als Träger von Rollen, wie dies zum Beispiel in sozialen Beziehungen im Arbeitsleben der Fall ist (Gaska & Frey 1996, Neuberger 1993). Wright (1984) nennt die Tendenz, sich gegenseitig in Freundschaften weitgehend auf die ganz persönlichen Seiten zu beziehen, den Person-qua-Person-Faktor. Aufgrund theoretischer und empirischer Studien hält dieser Forscher den Person-qua-Person-Faktor für ein unveräußerliches Kriterium von Freundschaft. Freundschaft als Zweierbeziehung soll die Existenz von Freundschaftsgruppen nicht ausschließen. Eine Gruppe von Freunden soll eine Gruppe von Menschen sein, in der zwischen jeder möglichen Dyade eine Freundschaft im explizierten Sinn besteht. Ein allgemein wichtiges Merkmal von Freundschaften ist ihre Vielfalt. Es gibt keine besonderen Vorgaben für diese Beziehungen, sondern einen großen Freiraum zu deren Gestaltung. Freundschaft kann bezeichnet werden als ein gutes Miteinander.

Globalisierung. Der Begriff der Globalisierung besitzt derzeit noch nicht das wissenschaftliche Fundament in der Psychologie, das der Begriff der Freundschaft schon hat. Das Konzept ist aus der Wirtschaft bekannt und ist vielschichtig und viel diskutiert (Ferguson 2001, Hofstede 1997, Martin & Schumann 1996/2000, Minc 1998, Weizäcker 1999/2000). Ganz allgemein gesprochen meint man damit den Zusammenschluss und die Zusammenarbeit von Organisationen auf wirtschaftlicher Ebene. Die Mechanismen der Globalisierung scheinen jedoch vielfältig zu sein. Entscheidend trägt jedoch die Entwicklung der neuen Medien zur Globalisierung bei durch neue Technologien, die eine schnellere und bessere Erreichbarkeit von Menschen untereinander sowie die Möglichkeiten von Kommunikation allgemein fördern. Der Wert der Globalisierung in der Wirtschaft ist keineswegs unumstritten. Ob sie auf Dauer positive Folgen haben wird, ist unbestimmt.

Die Globalisierung wird nicht von Organisationen, sondern von Menschen vorangetrieben. Somit ist es sinnvoll, den Begriff der Globalisierung auf zwischenmenschliche Beziehungen anzuwenden. Dies ist bislang allerdings kaum geschehen. Was könnte Globalisierung im Hinblick auf zwischenmenschliche Beziehungen überhaupt bedeuten? Folgende Explikation wird hier vorgeschlagen:

Zwischenmenschliche Globalisierung bedeutet die Möglichkeit des Über-brückens von Entfernungen und die Möglichkeit des stärkeren zeitlichen und im abstrakten Sinne räumlichen Zusammenrückens von Menschen mit Hilfe von Technik. Diese Möglichkeiten beziehen sich auf vielfältige Situationen und Technologien. Dazu gehören zum Beispiel Verkehrsmittel wie Flugzeuge oder Züge. Ebenfalls dazu zu zählen sind Medien und insbesondere digital gesteuerte neue Medien wie zum Beispiel der Computer oder der Mobilfunk, die alternative Kommunikationsarten und Kommunikations-wege bieten wie etwa virtuelle Begegnungen im Internet oder Botschaften, die über den gesamten Erdball sofort versendbar oder abrufbar sind.

Ebenso wie die Globalisierung auf wirtschaftlicher Ebene nicht unumstritten ist, wird auch die Globalisierung im zwischenmenschlichen Bereich kritisch diskutiert. Die Diskussion bezieht sich vornehmlich auf die neuen Medien. Dabei hat sich die »scientific community« in zwei Lager gespalten, die alternative Visionen in Bezug auf die neuen Medien und deren Auswirkungen auf zwischenmenschliche Beziehungen haben: Die eine Vision kann als »Beziehungsverlust« bezeichnet werden, die andere als »Beziehungsbefreiung« (»relationship lost«, »relationship libe-rated and found«, Parks & Floyd 1996, S. 81, Übersetzung Auhagen). Diejenigen Wissenschaftler, die den Standpunkt des Beziehungsverlustes teilen, argumentieren, dass im Cyberspace nur die Illusion von interper-sonalen Beziehungen vermittelt würde und diese Beziehungen häufig oberflächlich, unrealistisch, unpersönlich und feindselig seien. Diejenigen Wissenschaftler, die den Standpunkt der Beziehungsbefreiung innehaben, argumentieren, dass der Computer soziale Beziehungen befreie, indem er von physischen Zwängen wie Wohnorten und damit verbundenen sozi-alen Normen löse und dadurch kreative Möglichkeiten für die Auswahl und Gestaltung von Beziehungen biete. Ein Ende oder gar ein allgemein akzeptiertes Ergebnis dieser relativ jungen Diskussion ist noch nicht abzusehen. Derzeit liegen bereits einige Studien vor, die versuchen, die Fragen empirisch zu klären. Über sie wird weiter unten berichtet.

Intimität. Das Konzept der Intimität ist – wie das der Freundschaft – ein Thema der Personal-Relationship-Forschung (siehe oben). Dabei beschäftigte die Forschenden immer wieder die Frage: Was ist Intimität?

Im Gegensatz zur deutschen Alltagssprache, die Intimität oft mit körperlicher Intimität gleichsetzt, verwendet die vorwiegend englischsprachige
Forschung über zwischenmenschliche Beziehungen Intimität (»intimacy«) in einer umfassenderen Bedeutung. Dies hat sich ebenfalls in der
deutschen Wissenschaftssprache eingebürgert. Die Frage, was unter Intimität zu verstehen sei, wird dadurch allerdings nicht einfacher. Dies liegt
unter anderem daran, dass Intimität ein sehr komplexes Konzept zu sein
scheint, das mehrere Komponenten in sich vereinigt. Die beiden wichtigsten davon sind Selbstenthüllung (auch Selbstöffnung, »self-disclosure«) und Nähe (»closeness«). Unter Selbstenthüllung wird verstanden,
dass Menschen einem oder mehreren anderen Menschen Dinge über sich
selbst offenbaren (zusammenfassend Hinde 1997). Nähe im zwischenmenschlichen Bereich bezeichnet meist die subjektiv wahrgenommene
Nähe, die zu einem oder mehreren Menschen empfunden wird (Fischer
1982). Skalen, die das Konzept der Intimität empirisch zu erfassen suchen,
beinhalten meist beide Komponenten, wenn auch jeweils mit unterschiedlicher Gewichtung (für eine zusammenfassende Diskussion zum
Terminus Intimität siehe Hinde 1993, 1997 sowie Reis & Shaver 1988).
Ein bekannt gewordener, wenn auch nicht unumstrittener Versuch, Intimität zu definieren, stammt von Hinde (1979, 1993). Hinde setzt Intimität
dabei gleich mit der Bereitschaft zweier Beziehungspartner, sich selbst zu
enthüllen: »... das Ausmaß der wechselseitigen Bereitschaft der Partner
zur Selbstenthüllung auf erlebnismäßiger, emotionaler und/oder physischer Ebene« (Hinde 1993, S. 22). Diese Explikation wurde jedoch als
nicht umfassend genug kritisiert (Hinde 1997).

Den Hauptdiskussionspunkten um das Konzept der Intimität soll
hier Rechnung getragen werden, und es wird folgende Bedeutung
vorgeschlagen:

*Intimität bezeichnet einen erlebten Zustand im zwischenmenschlichen
Miteinander, der die Wahrnehmung von Verbundenheit, Vertrautheit
und Nähe auf kognitiver, emotionaler und verhaltensbezogener Ebene
einschließt. Kommunikative Verhaltensweisen, die im Zusammenhang
mit Selbstöffnung stehen, können als Ursache, als Begleitumstände sowie
als Folge von Intimität angesehen werden.*

Das Ausmaß von Intimität – wer wann wie viel intimes Verhalten
zeigt oder Intimität empfindet – hängt von einer Reihe von Faktoren ab,
deren einzelne Einflüsse sowie Wechselwirkungen keineswegs voll-

ständig erforscht sind. So spielen zum einen individuelle persönliche Merkmale hierbei eine Rolle, wie Familienstand oder Geschlecht (Tschann 1988). Zum anderen ist Intimität ein interpersonales Konzept, das einen bestimmten Aspekt des Miteinanders von Menschen bezeichnet. Reis und Shaver (1988) entwerfen auf der Basis einer Analyse von Fachliteratur ein Modell von Intimität, das diese als zwischenmenschlichen Prozess sieht: Intimität wird als eine Transaktion verstanden, die den Motiven, Zielen und Bedürfnissen der Interaktionspartner folgt und versucht, ihnen zu entsprechen.

Schließlich richten sich auch empfundene Intimität und intimes Verhalten nach der jeweiligen Situation. Altman und Taylor (1973) haben ein Modell für die Entwicklung zwischenmenschlicher Beziehungen aufgestellt, dessen zentrale Variable Intimität ist. Das Modell nimmt – vereinfachend – an, dass mit zunehmendem Einander-kennen-Lernen die Intimität in Beziehungen ansteigt. Hays (1984, 1985) hat die Richtigkeit dieses Modells für Freundschaften empirisch gezeigt. Allerdings gibt es zwischenmenschliche Beziehungen, für die dies nicht unbedingt zutrifft. Dazu zählen berufliche Rollenbeziehungen wie etwa Arzt-Patienten-Beziehungen, in denen das Verhaltensrepertoire durch bestimmte Rollenfunktionen und Rollenerwartungen in gewisser Weise vorgegeben ist (Gaska & Frey 1993, 1996). Außerdem wird das Phänomen beschrieben, dass es manchmal einfacher ist, sich Fremden gegenüber zu öffnen, gerade weil diese Fremde sind und bleiben und nicht am eigenen Leben teilhaben (Melbeck 1993). In jedem Falle ist Intimität – so wird in der Fachliteratur betont – ein Grundbedürfnis von Menschen (Hinde 1993). Dies kann zum Beispiel abgeleitet werden von der Situation des Säuglings, der auf die intensive Liebe und Pflege seiner Eltern angewiesen ist (Shaver, Hazan & Bradshaw 1988).

Kommunikation. Kommunikation ist Senden und Empfangen von Information (für zusammenfassende Darstellungen zu Kommunikation und Interaktion siehe Auhagen 2001a, 2001b, Graumann 1972). Damit ein Kommunikationsvorgang stattfinden kann, bedarf es sechs unabdingbarer Komponenten:

»1.) je einen Sender und Empfänger, 2.) eine Nachricht (Information), 3.) ein gemeinsames Zeichensystem, das sowohl Sender als auch Empfänger verschlüsseln (enkodieren) und entschlüsseln (dekodieren) können, 4.) auf Seiten von Sender und Empfänger die Möglichkeiten und Fähigkeiten der

Enkodierung und Dekodierung, 5.) einen Kanal, auf dem die Nachricht
weitergegeben werden kann, 6.) einen Kontext, in dem Kommunikation
stattfindet.«

Auhagen 2001b, S. 362

Alle diese Bestandteile von Kommunikation können variieren und
miteinander unterschiedliche Kombinationen bei Kommunikationsvorgängen bilden.

Für die Diskussion von Kommunikation im Rahmen von Freundschaft und Globalisierung sind von den vielen Spezifizierungen, die
Kommunikationsvorgänge beinhalten können, einige von besonderer
Bedeutung. Erstens kann Kommunikation auf mehreren Kanälen
vonstatten gehen. Dies ist zum Beispiel der Fall bei einer persönlichen
Begegnung zweier Menschen: Es findet auf optischen (Sehen), akusti-
schen (Hören) und taktilen (Berühren) Wegen Austausch von Information statt. Zweitens muss Kommunikation nicht immer zweiseitig sein,
sondern kann auch einseitig erfolgen im Gegensatz zu sozialer Interaktion, die immer ein Wechselspiel zwischen zwei Menschen beinhaltet
(Auhagen 2001a). Es lässt sich also senden, ohne dass der ursprüngliche
Sender wiederum zum Empfänger wird. Drittens wird unterschieden
zwischen verbaler Kommunikation (sprachliche Äußerungen), paraver-
baler Kommunikation (lautmalerische Äußerungen, die nicht der Sprache angehören wie Räuspern) und nonverbaler Kommunikation (körperliche Äußerungen wie Mimik und Gestik).

Freundschaft im Zeitalter der Globalisierung: Offene Fragen und erste Antworten

Wie sieht die Zukunft von Freundschaft im Zeitalter der Globalisierung
aus? Diese Frage lässt sich in Einzelfragen aufteilen, die nun gestellt und
auf der Basis der aktuellen Fachliteratur diskutiert werden – soweit
diese überhaupt vorliegt. Dies geschieht unter besonderer Berücksichtigung von Intimität und Kommunikation, der im theoretischen
Bezugsrahmen als relevant erachteten Konzepte. Auf zwei Aspekte soll
vor dieser Diskussion aufmerksam gemacht werden. Erstens muss
betont werden, dass die im Moment verfügbare empirische Fachliteratur sich auf die Aspekte von computervermittelter Kommunikation

durch das World Wide Web (www, Internet wird hier synonym verwendet) beschränkt (siehe Batinic 2000, Döring 1999), auch wenn in diesem Aufsatz eine eher umfassende Bedeutung von Globalisierung bezogen auf den zwischenmenschlichen Bereich vorgeschlagen wird (siehe oben). Das Web ist aber wohl derzeit der wichtigste Aspekt der Globalisierung im zwischenmenschlichen Bereich. Zweitens lässt sich nicht vermeiden, dass die sozialen Beziehungen, die in den angeführten Studien untersucht wurden, nicht unbedingt mit Freundschaft im engeren Sinne, wie sie oben definiert wurde, gleichgesetzt werden können, sondern auch andere Sichtweisen von Freundschaften oder der Freundschaft ähnliche Sozialbeziehungen beschreiben.

Was geschieht mit bereits bestehenden Freundschaften?

Das Internet ist in der zwischenmenschlichen Globalisierung deswegen besonders wichtig, weil es als Plattform ermöglicht, Beziehungen zwischen einander bislang unbekannten Menschen aufzubauen, die sich räumlich nicht nahe zu sein brauchen (siehe unten). Dies war bisher auch eingeschränkt möglich, beispielsweise durch Telefon oder Briefkontakt und ähnliches. Doch bietet das Web mit seinen verschiedenen Kommunikationsmöglichkeiten ganz andere Voraussetzungen für das Entstehen sozialer Beziehungen. So können zum Beispiel Menschen auf dem gesamten Erdball zeitgleich oder zeitversetzt miteinander diskutieren (Döring 1999). Andere technische Hilfsmittel, die die zwischenmenschliche Globalisierung fördern, wie (mobile) Telefone mit verschiedenen kommunikativen Funktionen, Fax, elektronische Post (E-Mail) oder moderne Verkehrsmittel, tragen meist nicht zum Entstehen von Freundschaften bei, sondern stellen Möglichkeiten zur Kommunikation in bereits bestehenden Freundschaften dar (Gergen 2000).

Nun wurde und wird nicht jede Freundschaft über das Web initiiert. Im Gegenteil ist es derzeit eher wahrscheinlich, dass der überwiegende Teil an Freundschaften – wie auch immer – auf konventionelle Art geschlossen wurde und wird. Lassen sich bei diesen konventionell geschlossenen und bereits bestehenden Freundschaften überhaupt Gesichtspunkte der Globalisierung erkennen? Daten liegen der Autorin hierzu nicht vor. Eine eigene Studie mit Hilfe der dafür neu entwickelten Erhebungsmethode des Doppeltagebuchs (Auhagen 1987, 1991), die das Kontaktverhalten zwischen Freundschafts- und Geschwisterpaaren im Alltag untersuchte, berücksichtigte Ende der 80er Jahre das kommunikative Verhalten über neue Medien noch nicht. Die Methode des Doppeltagebuchs, die die beiden Partner einer Freundschaft jeweils unabhängig voneinander ein Tagebuch über ihre Freundschaftsbeziehung führen lässt, sowie auch andere Tagebuchverfahren eignen sich aber gut, um etwas über den Einsatz neuer Medien im Rahmen bestehender Freundschaften zu erfahren. Interessante Fragen sind: Werden neue Medien in bestehenden Freundschaften als Kommunikationsmittel eingesetzt? Wenn ja, in welchem Ausmaß? Sind Art und Häufigkeit des Einsatzes unterschiedlich in Abhängigkeit von individuellen Merkmalen der Freundinnen und Freunde, wie Alter, Geschlecht, Familien- oder Bildungstand? Sind Art und Häufigkeit des Einsatzes unterschiedlich in Abhängigkeit von Merkmalen der jeweiligen Freundschaftsbeziehung, wie etwa Nähe des Wohnortes der Freundinnen und Freunde oder Länge der Freundschaft? Schließlich – was sind die Konsequenzen und Auswirkungen auf das Erleben in Freundschaften? Trägt der Einsatz neuer Medien zu mehr Freiheit bei oder zu mehr Kontrolle? Bedeutet er mehr, gleich viel oder weniger wahrgenommene Intimität? Über diese und weitere Fragen lassen sich derzeit nur Vermutungen anstellen. Sie zu stellen und, wenn möglich, auch empirisch zu beantworten, ist ein wichtiger Schritt im Rahmen der Diskussion über Freundschaft und Globalisierung.

Wer schließt, auf welche Weise, mit welchen Konsequenzen Freundschaften im Internet?

Eine essenzielle Frage bei der Diskussion um Freundschaft und Globalisierung ist die Frage, ob und wie Freundschaften im Internet geschlossen werden, welche Qualitäten sie besitzen und wie sie verlaufen. Hierzu gibt es empirische Forschung. So fanden Knox, Daniels, Sturdivant und Zusman (2001) durch Befragung heraus, das Collegestudenten in den USA das Internet häufig zum Gründen von Freundschaften benutzen. Parks und Floyd (1996) untersuchten das Schließen und Führen von Freundschaften innerhalb des Internet. Dafür befragten sie 176 Mitglieder per Zufall ausgewählter Internet-Diskussionsgruppen (Newsgroups, Döring 1999). Der typische Befragte war 32 Jahre alt, eher männlich als weiblich, eher alleinstehend als verheiratet. Als erstes Resultat ihrer Studie vermelden Parks und Floyd (1996): Es ist üblich, zwischenmenschliche Beziehungen im Internet aufzubauen. 60,7 % der Befragten gaben an, eine Bekanntschaft, Freundschaft oder eine andere Form der zwischenmenschlichen Beziehung als Folge ihrer Teilnahme an der Newsgroup neu gebildet zu haben. Davon waren 55,1 % gegengeschlechtliche Beziehungen und 7,9 % romantische Beziehungen. Indirekt kann daraus geschlossen werden, dass es sich bei der überwiegenden Anzahl von gebildeten Sozialbeziehungen um Freundschaften oder freundschaftsähnliche Beziehungen handelte. Die Teilnehmerinnen und Teilnehmer der Studie berichteten über regelmäßigen, meist ein bis vier Mal pro Woche stattfindenden Online- Kontakt (Kontakt über das Internet, außerhalb des Internets heißt offline) innerhalb der durchschnittlich ein Jahr bestehenden Beziehungen. Frauen bildeten signifikant öfter eine zwischenmenschliche Beziehung über das Internet als Männer. Der beste Prädiktor für das Schließen einer Bekanntschaft oder Freundschaft waren die Dauer und Häufigkeit, mit der die Befragten an den Newsgroups teilnahmen. Allerdings wechselten Beziehungen, die ursprünglich im Web geschlossen worden waren, zu einem Teil in andere Settings. 98 % der Befragten verwendeten später auch E-Mail, um mit ihrer Online-Beziehungspartnerin oder ihrem Online-Beziehungspartner zu kommunizieren. Ungefähr jeweils ein Drittel benutzte dann auch Telefon oder konventionelle postalische Kommunikationswege. Ein weiteres Drittel schließlich hatte später auch persönlichen Kontakt von Angesicht zu Angesicht mit dem Freund oder der Freundin aus dem Internet.

In ihrer Studie untersuchten Parks und Floyd (1996) auch die wichtige Frage, wie gut sich zwischenmenschliche Beziehungen im Hinblick auf relevante Beziehungsqualitäten, vor allem Komponenten der Intimität, entwickeln. Sie setzten hierfür einen Fragebogen ein, der mit jeweils mehreren Items folgende aus der Fachliteratur relevante Variablen erfasste: Interdependenz, Vielfältigkeit und Tiefe der Beziehung, Austausch von gemeinsamen Kodes, gegenseitiges Verstehen, Engagement für die Beziehung und das Teilen eines gemeinsamen sozialen Netzwerkes mit der Online-Beziehungspartnerin oder dem Online-Beziehungspartner. Wenn – so die Autoren – die Vision des Beziehungsverlustes (siehe oben) stimmte, so durften auf den gemessenen Skalen keine hohen Werte für die Beziehungen erscheinen. Viele Beziehungen wurden jedoch als relativ entwickelt beschrieben. Die Werte auf den Skalen bewegten sich meist um den Skalenmittelwert. Dies wird von den Autoren leicht optimistisch gewertet, was die Qualität der untersuchten Beziehungen angeht.

Allerdings ist ein Manko der Untersuchung von Parks und Floyd (1996), dass sie keinen Vergleich zwischen online und offline geschlossenen Freundschaften zulässt. Deshalb lässt sich nicht beurteilen, ob sich online und offline geschlossene Freundschaften in ihrer Qualität unterscheiden, ob zum Beispiel online geschlossene Freundschaften als intimer, weniger oder gleich intim wahrgenommen werden. Diese Schwäche machte der Erstautor in einer Folgeuntersuchung wett (Parks & Roberts 1998). Hier wurden 235 Teilnehmerinnen und Teilnehmer von Multi-User-Dungeons (MUD) befragt. Die MUDs unterscheiden sich dadurch von Newsgruppen, dass zeitgleich kommuniziert werden kann (Döring 1999). Die Kommunikation ist also insgesamt direkter und flexibler. Wieder mussten die Befragten ihre online geschlossenen Beziehungen in Bezug auf die oben genannten Beziehungsqualitäten einschätzen. Dieses Mal sollten sie jedoch eine vergleichbare Beziehung aus dem realen Leben heranziehen und diese auf den gleichen Variablen beurteilen. Vergleichbar meint dabei zum Beispiel, dass für eine Freundschaft eine andere Freundschaft, für eine Bekanntschaft eine andere Bekanntschaft herangezogen wurde. Wie die Resultate zeigen, war Freundschaft überhaupt die am häufigsten geschlossene soziale Beziehung: 66,9 % fielen in die Kategorien »Freund« oder »enger Freund«, davon 40,6 % in »enger Freund«. Insgesamt 83,6 % der Befragten berichteten über eine Sozialbeziehung mit dem anderen Geschlecht. Von den Freundschaften und engen Freundschaften waren 74 % sowie 90 % gegengeschlechtlich. Im Gegensatz zu der Vorgängeruntersuchung (siehe oben) schlossen beide Geschlechter gleich viele Beziehungen über das Internet, Frauen also nicht mehr als Männer. Der Vergleich zwischen der Internetbeziehung und einer realen Beziehung erfolgte wiederum auf den bereits genannten Variablen zur Beziehungsentwicklung Interdependenz, Vielfältigkeit und Tiefe der Beziehung, Austausch von gemeinsamen Kodes, gegenseitiges Verstehen, Engagement für die Beziehung und das Teilen eines gemeinsamen sozialen Netzwerkes mit der Online-Beziehungspartnerin oder dem Online-Beziehungspartner. Hier zeigte sich, dass durchgängig die Offline-Beziehungen als intensiver und höher entwickelt beurteilt wurden. Ein zusätzlicher Vergleich mit den Beziehungen aus der Vorgängeruntersuchung, die in Newsgroups gegründet worden waren, ergab, dass diese in Bezug auf die interessierenden Variablen am niedrigsten gewertet wurden. Insgesamt waren also die Offline-Beziehungen am intimsten, danach kamen die Online-Beziehungen aus den MUDs (Multi User Domain) mit der Möglichkeit zur zeitgleichen Kommunikation und dann die Online-Beziehungen aus den Newsgroups mit der weniger flexiblen Kommunikation. Allerdings blieben in der Studie von Parks und Roberts (1998) wie in der Studie von Parks und Floyd (1996) viele über das Internet geschlossene Beziehungen nicht nur bei dieser Form der Kommunikation. 37 % der Befragten trafen ihre Beziehungspartnerin oder ihren Beziehungspartner persönlich, 80 % benutzten E-Mail, 66,8 % Telefon, 54,5 % Briefe und Karten und 40,5 % tauschten Fotos über E-Mail aus. Von den Freunden trafen sich 22,8 % von Angesicht zu Angesicht, von den engen Freunden 35,2 %. Internetfreunde bauten damit ihre Beziehung seltener zu einer Face-to-Face-Beziehung aus als romantische Partner, die dies in 57,9 % der Fälle taten.

Sind es bestimmte Menschen, die dazu neigen, Freundschaften über den Computer zu schließen?
In der Diskussion um die intensive Nutzung von Computern und von computervermittelter Kommunikation wurde und wird immer wieder die Frage gestellt, ob es Menschen mit bestimmten Merkmalen sind, die sich den Angeboten von Computern stärker zuwenden als andere. Bei Kindern und Jugendlichen werden sogar zum Teil Verhaltensweisen beobachtet, die darauf hindeuten, dass jene zu Computern »freundschaftliche Beziehungen« aufbauen, »elektronische Freundschaften« schließen (Griffiths 1997). Angebote der Spielzeugindustrie scheinen diese Entwicklung zu fördern, in dem sie digitalisierte Quasi-Gefährten für Kinder anbieten. Das »Tamagotchi«, das ähnlich einem Tier gepflegt werden muss, weil es sonst »stirbt«, ist ein Beispiel hierfür. Auch ist die Tendenz beobachtbar, auf Computer zu reagieren, als wären es andere Menschen. Dies fanden Scheibe und Erwin (1978) heraus, die spontane Äußerungen von Adoleszenten bei Computerspielen aufnahmen. Die analysierten Verbalisationen beinhalteten in den meisten Fällen Personalpronomen. Diese wurde von den Autoren als Indikatoren für eine Personifizierung von Computern gewertet. Ein weiteres Beispiel für Freundschaften, die »elektronisch« genannt werden können, ist die Beschäftigung von Kindern und Jugendlichen mit Spielautomaten. Fisher (1993, zit. nach Griffiths 1997) hat eine Typologie jugendlicher Spielautomatenspieler aufgestellt. Danach gibt es folgende Kategorien: diejeni-

gen, meist männliche Jugendliche, die die Maschine besiegen wollen (»machine beaters«); diejenigen, meist weibliche Jugendliche, die aus sozialen Gründen spielen (»rent-a-spacers«); diejenigen, meist männliche Jugendliche, die Aufregung suchen (»action seekers«); diejenigen, männliche und weibliche Jugendliche, die sich depressiv und sozial isoliert fühlen (»escape artists«).

Unter Bezeichnungen wie »Beziehungsverlustthese« oder »Gemeinschaftsverlustthese« (Döring 1999) werden von kritischen Stimmen verschiedene Formen der sozialen Verarmung und Vereinsamung im Zuge der Internet-Kommunikation beschrieben. Einerseits sollen Menschen, die von vornherein einsamer sind als andere, das Web gehäuft nutzen. Andererseits soll häufige Netznutzung ihrerseits zu sozialer Verarmung führen. Hierzu gibt es eine Reihe von empirischen Untersuchungen mit unterschiedlichen Resultaten (Shepherd & Edelmann 2001). Fragebogendaten aus mehreren Offline- und Online-Studien von Döring (1999) liefern nach Ansicht von Döring (1999) keine Evidenz für derartige Thesen.

Stellen Computer- und Internetnutzung für manche Menschen einen Ersatz für echte Sozialbeziehungen dar? Dieser Frage gingen Green und Brock (1998) mit einer experimentellen Methodik nach. Sie fanden heraus, dass eine Kombination von mangelndem Vertrauen in andere Menschen und situative Variablen wie Stimmungen oder Kognitionen verstärkt dazu führen, sich Computern als Ersatz von echter sozialer Aktivität zuzuwenden. Durch den verstärkten Einsatz von »sozialen Ersatzaktivitäten« kann sich das »soziale Kapital« von einzelnen Menschen und Menschengruppen wiederum insgesamt verringern – in einer Art negativem Zirkel. »Soziales Kapital« (»social capital«) ist definiert als »Merkmale sozialer Organisation wie Netzwerke, Normen und soziales Vertrauen, die Kooperation und Koordination zwischen Menschen für deren gegenseitiges Wohl fördern« (Putnam 1995, S. 67, zit. nach Green & Brock 1998, Übersetzung Auhagen).

Nicht als Ersatz, sondern als Mittel zur Befriedigung von Bedürfnissen sehen McKenna und Bargh (1999) das Internet in einem von ihnen aufgestellten idealisierten Phasenmodel der Internetnutzung. Das Modell geht von zwei sozialen Grundbedürfnissen des Menschen aus und zwar, intime Beziehungen zu anderen zu pflegen und ein positives Gefühl in Bezug auf das eigene Selbst zu haben. Während die Determinanten für die Internetnutzung in wahrgenommenen Mängelzuständen der Befriedigung dieser beiden Motive bestehen sollen, sollen in der Online-Begegnung Verhaltensweisen wie Selbstöffnung oder Präsentation eines idealisierten Selbst dazu führen, Depression oder Einsamkeit zu verringern und die Selbstakzeptanz zu erhöhen. Daten hierzu aus vier empirischen Studien mit verschiedenen Erhebungsmethoden, wie Befragung, Interview, Beobachtung und Experiment, lieferten unter anderem folgende Ergebnisse (McKenna 1999): Sozial ängstliche und einsame Menschen bilden eher intime Beziehungen über das Internet als solche, die diese Merkmale nicht besitzen. Insbesondere diejenigen tun dies, die ihr »echtes Selbst« vom Internet als adäquat oder besser repräsentiert sehen als durch das Offline-Leben. Letztere sind auch eher bereit, ihre Online-Beziehungen auf das reale Leben auszuweiten – zum Beispiel durch persönliche Treffen. Die Resultate indizieren auch, dass Menschen im Web ihr Selbst in Online-Beziehungen eher in einer idealisierten Version präsentieren als in realen zwischenmenschlichen Beziehungen.

Begünstigt die Internetnutzung Kommunikation und Intimität in Bezug auf soziale Beziehungen oder schränkt sie sie ein?

Insbesondere wenn es um die Konsequenzen von gehäufter Internetnutzung geht, geben andere Studien weniger Anlass zu dem Optimismus, der von dem Modell von McKenna und Bargh (1999) suggeriert wird. Sanders, Field, Diego und Kaplan (2000) untersuchten, ob ein hoher Grad von Internetnutzung mit Depression und sozialer Isolation einher geht. Dafür ließen sie Schülerinnen und Schüler einen Fragebogen ausfüllen, der Informationen über das Userverhalten im Web, über die sozialen Beziehungen zu Müttern und Freunden und über das Ausmaß an Depression lieferte. Diejenigen Adoleszenten, die das Internet weniger nutzten, hatten im Vergleich mit den starken Usern signifikant bessere soziale Beziehungen zu Müttern und Freunden.

Auch bei Erwachsenen zeichnen sich Veränderungen im sozialen Leben im Zusammenhang mit dem World Wide Web ab. Eine Befragungsstudie an über 4000 US-Bürgern (Nie & Erbring o. J.) deutet darauf hin, dass sich im Rahmen einer Internetnutzung von täglich fünf Stunden und mehr der Alltag gewaltig verändert. So scheint es, als ob eine starke Internetnutzung die Frequenz am Computer noch erhöht. Es wurde mehr am Netz und auch insgesamt mehr gearbeitet. Alltägliche Tätigkeiten wie Einkaufen wurden häufiger mit Hilfe des Internets erledigt. Dafür schien sich der Radius außerhalb des Computerplatzes einzuschränken. Während die Befragten immer länger am Computer saßen, reduzierte sich die Zeit, die sie mit Freunden und Familienmitgliedern verbrachten. Außerdem gingen sie seltener aus und lasen weniger Tageszeitungen.

Allen bisher berichteten Untersuchungen ist gemeinsam, dass sie Querschnittstudien sind, also nur einen Messzeitpunkt haben. Deshalb sind sie nicht in der Lage, überzeugende Aussagen über Gründe oder Folgen der Internetnutzung zu machen. Sie können nur über Zusammenhänge von Variablen informieren, nicht aber über deren Richtung. Um in Bezug auf die Einflussrichtung aussagekräftige Daten über Gründe oder Folgen der Internetnutzung zu bekommen, benötigt man Längsschnittstudien, die Aussagen von einem früheren zu einem späteren Messzeitpunkt treffen. Eine solche Längsschnittstudie haben Kraut u.a. (1998) sorgfältig durchgeführt. Diese Autorengruppe untersuchte das Erleben und Verhalten von 169 Menschen in 73 Haushalten in den ersten beiden Jahren der Internetnutzung. Zu einem ersten Messzeitpunkt wurden das Sozialverhalten und das Wohlbefinden der Testpersonen erhoben, zu einem zweiten Messzeitpunkt das Userverhalten im Web und zu einem dritten Zeitpunkt wurden wiederum Sozialverhalten und Wohlbefinden gemessen. Die viel diskutierten Resultate (vgl. Silverman 1998) dieser Studie sind: Eine höhere Internetnutzung ging einher mit einem Rückgang der Beteiligung am sozialen Leben und einer Verminderung des wahrgenommenen Wohlbefindens. Die starken User hatten – im Vergleich mit den weniger starken – später weniger soziale Kontakte innerhalb und außerhalb der Familie. Außerdem berichteten sie über mehr Stress, Einsamkeit und Depression.

Diskussion, Fazit und Perspektiven

Veränderung von Kommunikation und Intimität im Rahmen der zwischenmenschlichen Globalisierung

Die zwischenmenschliche Globalisierung bietet Möglichkeiten der schnelleren und leichteren Überbrückung von räumlich-zeitlichen Distanzen. Sind damit auch gute Kommunikation und ein gewünschtes Ausmaß an Intimität garantiert? Wohl kaum. Sicher scheint lediglich zu sein, dass teilweise Veränderungen im kommunikativem Verhalten erfolgt sind und vermutlich weitere kommen werden. Eine Veränderung in der Kommunikation ist, dass mehr und öfter über neue Medien kommuniziert wird. Mit der verstärkten Kommunikation zum Beispiel über Internet, E-Mail oder mobile Telefone werden neue Verhaltensweisen entwickelt und neue Kodes für Mitteilungen erdacht und verwendet (Döring 1999). Es entstand und entsteht eine Art von neuer Kommunikationskultur, die eigenen Regeln folgt.

Gefühle der Intimität können hierbei ausgelöst werden durch Zugehörigkeitsgefühle zu einer oder mehreren Gruppen (z. B. Bierhoff 2000). Solche Gruppen können etwa die Gruppe der Internetuser insgesamt sein oder Klatsch- und Diskussionsgruppen im Web. Gefühle der Intimität können weiter ausgelöst werden durch das Wissen um die Verwendung gemeinsamer Zeichen und Kodes, die andere nicht unbedingt kennen oder verstehen. Dieser private Raum, diese spezielle Weise der Kommunikation ist ein Merkmal von Intimität und intimen Beziehungen (Reis & Shaver 1988). Ebenfalls der Intimität förderlich – und zwar im Sinne von Selbstöffnung – scheint der Umstand zu sein, dass Kommunikationspartnerinnen und Kommunikationspartner im Web eine gewisse Distanz zueinander haben und so die soziologische Rolle des Fremden (siehe oben), dem man ohne Konsequenzen sein Herz ausschütten kann, einnehmen können.

Doch was Intimität fördern kann, kann auch deren Feind sein. So bedeutet die Eingeschränktheit der Kommunikationskanäle der neuen Medien im Vergleich zum persönlichen Kontakt von Angesicht zu Angesicht auch eine Reduktion von Intimität: Wem zum Beispiel Informationen über das nonverbale Verhalten seiner Kommunikationspartner fehlen, dem gehen wichtige Hinweise ab, um deren Botschaften genau zu entschlüsseln. Gleichzeitig kann es allerdings im Rahmen der neuen Medien zu Grenzüberschreitung und Übertreibung kommen, was die Intimität von Menschen angeht. Ein Beispiel dafür sind Menschen, die sich selbst Tag und Nacht videografieren oder von anderen videografieren lassen und diese Filme im Internet präsentieren.

Die Erhöhung von Frequenz und Quantität der Kommunikation ist ohnehin kein Garant für deren Qualität. Eine – rein spekulative – These der Autorin könnte die »Scheren-These von Kommunikation und Intimität im Rahmen der zwischenmenschlichen Globalisierung« getauft werden. Die These besagt, dass zwar einerseits über die neuen Medien

mehr Kommunikation stattfindet, diese Kommunikation aber belanglo-
ser und weniger intim ist. Zum Beispiel ist vorstellbar, dass heutzutage in
Situationen mit Mobiltelefonen telefoniert oder E-Mail gesendet wird, in
denen früher ohne diese Medien möglicherweise gar keine Kontakte statt-
fanden. Kommunikation und Intimität driften auseinander – wie die
Schnittflächen einer geöffneten Schere: Die Häufigkeit der Kommunikation steigt, das Ausmaß der Intimität fällt. Durch die gehäufte, aber wenig
profunde Kommunikation könnten zwar einerseits Gefühle der Verbundenheit mit anderen Menschen entstehen, aber andererseits auch Gefühle der Übersättigung, der Kontrolle und auch der Sinnentleerung von
Kommunikation. Wenn die Scheren-These von Kommunikation und
Intimität zumindest in der Tendenz zutreffen würde, wäre es also wichtig, einen sinnvollen und bewussten Umgang mit den neuen Medien zu
pflegen, um die beschriebenen möglichen Phänomene zu vermeiden.

Mit den neuen Medien und damit auch mit der zwischenmenschlichen Globalisierung geht noch eine weitere Besonderheit einher: Viele
Kommunikationsvorgänge finden unter eingeschränkten Bedingungen
statt. Kommunikation mit den neuen Medien bedeutet meist eine Redu-
zierung der Kanäle (siehe oben), auf denen kommuniziert wird. Visuelle,
auditive und taktile Hinweisreize auf die Kommunikationspartner fallen
ganz aus oder sind zumindest stark verändert oder reduziert (Parks &
Floyd 1996). Diese Einschränkung der Kommunikationskanäle bei vielen
Kommunikationsvorgängen hat vermutlich Folgen in Bezug auf Intimität. So ist auch hier eine Reduktion von Intimität vorstellbar. Möglich
scheint aber auch, dass sich neue, spezielle Formen der Intimität durch
die neuen Medien und die zwischenmenschliche Globalisierung entwickeln. So könnte sich zum Beispiel – ähnlich den früheren Brieffreundschaften – ein ganz individueller Austausch – vielleicht eine virtuelle Intimität – zwischen zwei Menschen durch E-Mail oder Botschaften mit
Hilfe mobiler Telefone entwickeln.

Die größten Vorbehalte und Bedenken gegen den Einsatz des Internets lösen diejenigen empirischen Untersuchungen aus, deren Resultate
bei starken Internetnutzern für verschlechterte Befindlichkeiten wie
mehr Einsamkeit, Stress und Isolation sprechen sowie für weniger
Kommunikation und Intimität in der Familie und mit Freunden. Soweit
diese Ergebnisse im Längsschnitt gewonnen wurden, wiegen sie
besonders schwer. Hier geht es um mehr, als um Beziehungsverlust oder

Beziehungsbefreiung in Online-Beziehungen (siehe oben). Hier geht es um das gesamte Leben. Und es sieht mehr nach Lebensverlust aus. Oder nach dem Verlust des Lebens zugunsten eines virtuellen Ersatz- oder Scheinlebens. Nimmt man diese Ergebnisse ernst und schlägt sich nicht auf die Seite derjenigen, die in der – übrigens stark emotionalen – Debatte um Fluch oder Segen des Internets zum Abwarten und Beschönigen neigen, dann sind sie eine echte Warnung. Gleichzeitig stellen sie eine Herausforderung dar. Wie man ihr möglicherweise begegnen kann, wird im letzten Abschnitt beschrieben.

Kommunikation und Intimität wurden in diesem Kapitel als Bezugpunkte der Diskussion um Freundschaft und Globalisierung gewählt, weil sie unabdingbare Merkmale von Freundschaften und anderen sozialen Beziehungen sind. Sie sind allerdings nicht die einzigen. Außerdem hängt das Bedürfnis nach Intimität und Kommunikation immer von vielen verschiedenen Faktoren ab. So sind Kommunikation und Intimität zwar sehr wichtig beim Gelingen von zwischenmenschlichen Beziehungen, aber nicht allein entscheidend.

Veränderung von Freundschaft im Rahmen der zwischenmenschlichen Globalisierung

Wird sich Freundschaft im Rahmen der zwischenmenschlichen Globalisierung verändern? Diese Frage kann mit Blick auf einzelne Freundschaftsbeziehungen und mit Blick auf die gesamte soziologische Beziehungsform der Freundschaft gestellt werden. Für die Diskussion im Hinblick auf einzelne Freundschaftsbeziehungen stehen Ergebnisse empirischer Untersuchungen zur Verfügung (siehe oben). Diese beziehen sich allerdings ausschließlich auf die Internetnutzung. Jedoch sind sie durchaus aufschlussreich. So kann festgestellt werden, dass das Internet im Schließen und Führen von Freundschaften eine Rolle spielt. Diese Rolle wird in der Zukunft noch bedeutsamer werden, wenn immer mehr Menschen immer öfter das Web benutzen. Neben individuellen Bestrebungen, Freundschaften im Internet zu schließen, gibt es inzwischen auch Internet-Firmen, die sich zum Ziel gesetzt haben, Freundschaftsaktivitäten zu vermitteln. Inwieweit solche Angebote genutzt werden und sich für Freundschaften als günstig erweisen, muss die Zukunft zeigen.

Aufgrund der jetzigen, eher schmalen Datenlage zeigt sich, dass Menschen, die über das Internet Freundschaften schließen, sich besonders mit dem Internet identifizieren und offenbar gern an Gruppen teilnehmen, die das Web anbietet. Dieses Treffen auf Gleichgesinnte in Gruppen scheint – ähnlich wie in konventionellen Freundschaften – Bedürfnisse nach Kommunikation und Intimität zu befriedigen. Dass diese Bedürfnisse das Online-Angebot öfter übersteigen, zeigt, dass etwa ein Drittel aller Online-Beziehungen in Offline-Beziehungen überwechseln. Inwieweit diese Beziehungen dann tragfähige Freundschaften ergeben, muss erst noch geprüft werden. Beim Übergang von Online- in Offline-Freundschaften dürfte sich besonders eine Schwierigkeit ergeben, die mit der Konfrontation des realen Selbst der eigenen Person sowie der Konfrontation mit dem realen Selbst der anderen Person einhergeht. Ein Ergebnis der Empirie besagt, dass Menschen sich im Internet eher in einer idealisierten Version darstellen (siehe oben). Gleichzeitig ist anzunehmen, dass die Wahrnehmung anderer Menschen ebenfalls in einer verzerrten Form erfolgt, da Korrektive, die im realen Leben durch mehrkanalige Kommunikation zur Verfügung stehen, hier kaum vorhanden sind. Zwar ist auch im realen Leben mit Wahrnehmungsverzerrungen in zwischenmenschlichen Beziehungen zu rechnen (Schulz von Thun 1981/1999). Die reduzierten Reizbedingungen im Web begünstigen jedoch die Verzerrungsmechanismen. Da gerade Freundschaften Beziehungen sind, die davon leben, den anderen Menschen in seiner ganz persönlichen Art zu akzeptieren (siehe oben), kann aus einer Online-Freundschaft nur eine Freundschaft im konventionellen Sinn werden, wenn beide Beziehungspartner bereit sind, sich der gesamten Persönlichkeit des anderen zu stellen und gleichzeitig ihr eigenes Selbst in einer möglichst authentischen Version zu zeigen.

Welche Ausblicke lassen sich für Freundschaft als soziologische Beziehungsform im Rahmen der zwischenmenschlichen Globalisierung wagen? Wird es Freundschaft weiter geben? Wird sie sich verändern? Werden andere neue Beziehungsformen entstehen? Doch es liegen keine Hinweise dafür vor, dass Freundschaft künftig nicht mehr als Beziehungsform bestehen wird. Denn Kommunikation und Intimität bleiben als Grundbedürfnisse des Menschen vorhanden. Freundschaft ist eine derjenigen Beziehungsformen, die die Befriedigung dieser Grundbedürfnisse durch ein »gutes Miteinander« (Auhagen 1993) zu liefern imstande ist. Außerdem müssen keineswegs alle Freundschaften durch die zwischenmenschliche Globalisierung überhaupt betroffen sein (siehe oben). Möglich ist jedoch, dass von der zwischenmenschlichen Globalisierung Einflüsse ausgehen auf die Art und die Form, Freundschaften zu schließen und zu führen. Eine denkbare Variante wäre, dass sich ein globales Konzept von Freundschaft entwickelt. Freundschaftskonzepte beinhalten die Vorstellungen und Wünsche von Menschen über diese Beziehung. Sie sind abhängig von der jeweiligen Gesellschaft und Kultur. Wenn nun – durch globale Kommunikationsmöglichkeiten – Menschen in verschiedenen Teilen des Globusses häufiger Freundinnen und Freunde werden, könnte es zu einem übergreifenden, allgemein akzeptierten Konzept von Freundschaft kommen. Ein solch globales Freundschaftskonzept wäre nicht nur inhaltlich interessant, sondern könnte das gegenseitige Verständnis für einander in Freundschaften erleichtern. Eine weitere denkbare Variante wäre, dass sich neue Formen von Freundschaften oder freundschaftsähnlichen Beziehungen bilden. Zum Beispiel könnte die reine Online-Beziehung eine solche sein. Da zur echten Freundschaft das persönliche Kennen gehört, kann hier nicht von Freundschaft im eigentlich definierten Sinne (siehe oben) gesprochen werden. Da jedoch zu Online-Beziehungen auch freundschaftliche Erlebens- und Verhaltensweisen gehören, kann für diese neue Beziehungsform vielleicht der Begriff der »Para-Freundschaft«, also der Nebenfreundschaft verwendet werden. »Para-Freundschaften« sind dann solche Freundschaften, die nicht über computervermittelte Kommunikation hinausgehen.

Zwischenmenschliche Globalisierung: Fluch oder Segen?

»Wird das Internet Unglück und Ausbeutung für Millionen von Menschen bringen?«, fragt Griffiths düster (1997, S. 33, Übersetzung Auhagen). Wird die zwischenmenschliche Globalisierung Fluch oder Segen sein für vielleicht Abermillionen von Menschen? So kann hier gefragt werden. Betrachtet man die wohl wichtigste Form der zwischenmenschlichen Globalisierung, nämlich die Kommunikation mit Hilfe von neuen Medien, dann lassen sich durchaus Horrorszenarien ausmalen: Da sind die Internetsüchtigen und die Mobilfunkabhängigen, da sind die Arbeitsknechte, die Tag und Nacht am Web arbeiten und kaum noch vor die Tür gehen, die Manipulierten, die die virtuelle für die gesamte Welt halten, die Kommunikationsunsicheren, die Beziehungen nur über das Web aufbauen, die Einsamen und Unglücklichen. Aber auch Freudenszenarios sind vorstellbar: Da sind diejenigen, die Freunde, Liebe,

Glück und Spaß über das Internet gefunden haben, diejenigen, für die sich durch das Web Möglichkeiten geboten haben, die sie sonst nicht gehabt hätten, diejenigen, denen das Internet beruflichen Erfolg beschert hat, diejenigen, die Informationen aus dem Web bekommen oder diejenigen, die es aktiv und kreativ mit gestalten. Handelt es sich nun um einen Fluch oder einen Segen? Die Antwort lautet: je nachdem. Globalisierung und Digitalisierung, alte und neue Medien sind als solche neutral. Sie gewinnen die Bedeutung und den Wert, die wir ihnen geben. Wir entscheiden, ob diese Entwicklungen zu unserem Fluch werden oder uns zum Segen gereichen.

Und darin, dies zu erkennen, besteht bereits eine Chance. Das Internet und alle anderen Medien sind so gut, wie diejenigen, die sie gestalten und nutzen. Die Herausforderung liegt unter anderem darin, dies wahrzunehmen und negativen Entwicklungen entgegen zu wirken sowie positive Entwicklungen zu fördern. Nun ist nicht leicht zu entscheiden, was denn in diesen Zusammenhängen positiv und negativ sein soll. Was gereicht uns zum Wohl und was nicht? Deshalb greift jede Diskussion im Rahmen der neuen Medien zu kurz, die sich nicht mit dem emotionalen, intellektuellen und geistigen Hintergrund von Menschen befasst. Zwischenmenschliche Globalisierung geht also mit einem globalen gesellschaftlichen Prozess einher, der uns aufmerksam machen kann, unser Leben bewusster und inhaltsreicher zu führen.

Was also können wir einem Abgleiten in vermehrt belanglose Kommunikation und mangelnde Intimität und Identität, das dem Phänomen der Sinnentleerung des menschlichen Selbst gleichkommt und das Kristeva (1994) »die neuen Leiden der Seele« nennt, entgegensetzen? Diese »neuen Leiden der Seele« sind nach Kristeva (1994) dadurch begünstigt oder gar verursacht, dass junge Menschen weder Zeit noch Raum finden, eine »Seele«, eine Identität, zu bilden. Einen »vernünftigen« Umgang mit Medien zu fordern, ist sicher nicht falsch, aber zu vordergründig. Denn ein souveräner Umgang mit Medien hängt nicht zuletzt davon ab, ob Menschen ein angstfreies, ein sinnvolles und erfülltes Leben leben. Dies lässt sich auch mehr oder weniger direkt aus den Resultaten der empirischen Untersuchungen schließen. Deshalb werden nun vier grundsätzliche Marschrouten angeboten, von denen die Autorin annimmt, dass sie für die gesellschaftlichen Veränderungen im Rahmen der zwischenmenschlichen Globalisierung nützlich sind.

Erstens: Es wäre gut, wenn vermehrt Angebote zur Förderung der kommunikativen Fähigkeiten für alle interessierten Menschen bestünden – und nicht nur für bestimmte Menschen oder Menschengruppen. Wer sich sicher fühlt in der Kommunikation, dessen kommunikative Bewegungsfreiheit steigt.

Zweitens: Es wäre gut, wenn vermehrt Angebote in Kindererziehung und Erwachsenenbildung bestünden, die Selbstvertrauen und Selbstsicherheit sowie Angstminderung zum Ziel haben. Wer Selbstvertrauen besitzt und angstfrei ist, kann souveräner und gewinnbringender mit Lebenssituationen umgehen.

Drittens: Es wäre gut, wenn vermehrt Angebote bestünden, die Menschen positive geistige und handlungsbezogene Perspektiven offerieren könnten. Wer Ethik im Alltag befolgt und anwendet, wie Freiheit und Verantwortung, wie Güte und Nächstenliebe, wie das Akzeptieren der Würde und Eigenständigkeit anderer, der besitzt Anregungen und Aufgaben zur Lebensgestaltung, die Leere und Belanglosigkeit entgegenwirken.

Viertens: Es wäre gut, wenn vermehrt Angebote bestünden, die es Menschen erleichtern, sich mit dem Sinn im Leben auseinander zu setzen. Wer Sinn in seinem Leben sieht, der hat Chancen, sich besser zu fühlen (Auhagen 2000).

Literatur

Altman, I. & Taylor, D. A. (1973): Social penetration: The development of interpersonal relationships. New York (Holt, Rinehart & Winston).

Asendorpf, J. & Banse, R. (2000): Psychologie der Beziehung. Bern (Huber).

Auhagen, A. E. (1987): A new approach for the study of personal relationships: The Double Diary Method. The German Journal of Psychology, 11, 3–7.

Auhagen, A. E. (1991): Freundschaft im Alltag. Eine Studie mit dem Doppeltagebuch. Bern (Huber).

Auhagen, A. E. (1993): Freundschaft unter Erwachsenen. In: Auhagen, A. E. & v. Salisch, M. (Hg.): Zwischenmenschliche Beziehungen. Göttingen (Hogrefe), S. 215–233.

Auhagen, A. E. (1996): Adult friendship. In: Auhagen, A. E. & v. Salisch, M. (Hg.): The diversity of human relationships. New York (Cambridge University Press), S. 229-247.

Auhagen, A. E. (2000): On the psychology of meaning of life. Swiss Journal of Psychology, 59 (1), 34–48.

Auhagen, A. E. (2001a): Interaktion. In: Lexikon der Psychologie. Band II: F-L. Heidelberg (Spektrum), S. 277–279.

Auhagen, A. E. (2001b): Kommunikation. In: Lexikon der Psychologie. Band II: F-L. Heidelberg (Spektrum), S. 362–363.

Auhagen, A. E. & Salisch, M. v. (Hg.) (1993): Zwischenmenschliche Beziehungen. Göttingen (Hogrefe).

Auhagen, A. E. & Salisch, M. v. (Hg.) (1996): The diversity of human relationships. New York (Cambridge University Press).

Batinic, B. (Hg.) (2000): Internet für Psychologen. 2. überarb. und erw. Auflage. Göttingen (Hogrefe).

Bierhoff, H.-W. (2000). Sozialpsychologie. Ein Lehrbuch. 5. Aufl. Stuttgart (Kohlhammer).

Blieszner, R. & Adams, R. G. (1992): Adult friendship. Newbury Park (Sage).

Döring, N. (1999): Sozialpsychologie des Internet. Göttingen (Hogrefe).

Duck, S. (Hg.) (1988): Handbook of personal relationships. Chichester (Wiley).

Ethik und Sozialwissenschaften. Streitforum für Erwägungskultur (1997). Bd. 8 (1). Nötzoldt-Linden und Kritiker: Freundschaftsbeziehungen versus Familienbeziehungen: Versuch einer Begriffsbestimmung zur »Freundschaft«.

Fehr, B. (1996): Friendship processes. Thousand Oaks (Sage).

Ferguson, N. (2001): Politik ohne Macht. Das fatale Vertrauen in die Wirtschaft. München (Deutsche Verlagsanstalt).

Fischer, C. S. (1982): What do we mean by »friend«?An inductive study. Social Networks, 3, 287–306.

Fisher, S. (1993): The pull of the fruit machine: A sociological topology of fruit machine players. Sociological Review, 41, 446–474.

Gaska, A. & Frey, D. (1993): Occupation-determined role relationships. In: Auhagen, A. E. & v. Salisch, M. (Hg.): The diversity of human relationships. New York (Cambridge University Press), S. 289–313.

Gaska, A. & Frey, D. (1996): Berufsbedingte Rollenbeziehungen. In: Auhagen, A. E. & v. Salisch, M. (Hg.): Zwischenmenschliche Beziehungen. Göttingen (Hogrefe), S. 279–298.

Gergen, K. (2000): Die Gegenwart des Abwesenden. Ist das Handy ein Medium für menschliche Nähe? Psychologie heute, 27, 36–40.

Graumann, C. F. (1972): Interaktion und Kommunikation. In: Graumann, C. F. (Hg.): Sozialpsychologie. Handbuch der Psychologie. Bd. 7, S. 1109–1262.

Green, M. C. & Brock, T. C. (1998): Trust, mood, and outcomes of friendship determine preferences for real versus ersatz social capital. Political Psychology, 19 (3), 527–544.

Griffiths, M. (1997): Friendship and social development in children and adolescents: The impact of electronic technology. Educational and Child Psychology, 14 (3), 25–37.

Hays, R. B. (1984): The development and maintenance of friendship. Journal of Social and Personal Relationships, 1, 75–98.

Hays, R. B. (1985): A longitudinal study of friendship development. Journal of Personality and Social Psychology, 48, 909–924.

Hays, R. B. (1988): Friendship. In: Duck, S. (Hg.): Handbook of personal relationships. Chichester (Wiley), S. 391–408.

Hinde, R. A. (1979): Towards understanding relationships. London (Academic Press).

Hinde, R. (1993): Auf dem Wege zu einer Wissenschaft zwischenmenschlicher Beziehungen. In: Auhagen, A. E. & v. Salisch, M. (Hg.): Zwischenmenschliche Beziehungen. Göttingen (Hogrefe), S. 7–36.

Hinde, R. A. (1997): Relationships. A dialectical perspective. Hove (Psychology Press).

Hofstede, G. (1997): Lokales Denken, globales Handeln. Kulturen, Zusammenarbeit und Management. Nördlingen (Beck-Wirtschaftsberater in dtv).

Kauke, M. & Auhagen, A. E. (1996): Wenn Kinder Kindern helfen – Eine Beobachtungsstudie prosozialen Verhaltens. Zeitschrift für Sozialpsychologie, 27, 224–241.

Knox, D., Daniels, V., Sturdivant, L. & Zusman, M. E. (2001): College student use of the internet for mate selection. College Student Journal, 35 (1), 158–160.

Kolip, P. (1993): Freundschaften im Jugendalter. Der Beitrag sozialer Netzwerke zur Problembewältigung. Weinheim (Juventa).

Krappmann, L. & Oswald, H. (1995): Alltag der Schulkinder. Beobachtungen und Analysen von Interaktionen und Sozialbeziehungen. Weinheim (Juventa).

Kraut, R. Patterson, M., Lundmark, V., Kiesler, S., Mukopadhyay, T. & Scherlis, W. (1998): Internet paradox. A social technology that reduces social involvement and psychological well-being? American Psychologist, 53 (9), 1017–1031.

Kristeva, J. (1994): Die neuen Leiden der Seele. Hamburg (Junius).

Lambertz, B. (1999): Stimmungsverläufe in Freundschaften unter Erwachsenen. Frankfurt a. M. (Peter Lang).

Litwak, E. & Szelenyi, I. (1969): Primary group structures and their functions: Kin neighbors, and friends. American Sociological Review, 34, 465–481.

Martin, H. P. & Schumann, H. (1996/2000): Die Globalisierungsfalle. Der Angriff auf Demokratie und Wohlstand. Reinbek (rororo).

McKenna, K. Y. A. (1999): The computers that bind: Relationship formation on the internet. Dissertation Abstracts International Section A: Humanities and Social Sciences, Januar, 59 (7-A).

McKenna, K. Y. A. & Bargh, J. A. (1999): Causes and consequences of social interaction on the internet: A conceptual framework. Media Psychology, 1, 249-269.

Melbeck, C. (1993): Nachbarschafts- und Bekanntschaftsbeziehungen. In: Auhagen, A. E. & v. Salisch, M. (Hg.): Zwischenmenschliche Beziehungen. Göttingen (Hogrefe), S. 235–254.

Miell, D. & Duck, S. (1986): Strategies in developing friendships. In: Derlega, V. J. & Winstead, B. (Hg.): Friendship and social interaction. Heidelberg (Springer), S. 129–143.

Minc, A. (1998): Globalisierung. Chance der Zukunft. Wien (Zsolnay).

Neuberger, O. (1993): Beziehungen zwischen Kolleg(inn)en. In: Auhagen, A. E. & v. Salisch, M. (Hg.): Zwischenmenschliche Beziehungen. Göttingen (Hogrefe), S. 257–278.

Nie, N. & Erbring, L. (o. J.): Allein und anonym. Das Internet verändert den Alltag vieler Menschen zum Negativen. Psychologie heute, 27, 12.

Nötzoldt-Linden, U. (1994): Freundschaft. Zur Thematisierung einer vernachlässigten soziologischen Kategorie. Opladen (Westdeutscher Verlag).

Parks, M. R. & Floyd, K. (1996): Making friends in cyberspace. Journal of Communication, 46 (1), 80–97.

Parks, M. R. & Roberts, L. D. (1998): »Making MOOsic«: The development of personal relationships on-line and a comparison to their off-line counterparts. Journal of Social and Personal Relationships, 15 (4), 517–537.

Putnam, R. D. (1995): Bowling alone: Americas declining social capital. Journal of Democracy, 6, 65–78.

Reis, H. T. Shaver, P. (1988): Intimacy as an interpersonal process. In: Duck, S. W. (Hg.): Handbook of personal relationships. Chichester (Wiley), S. 367–389.

Salisch, M. v. (1991): Kinderfreundschaften. Emotionale Kommunikation im Konflikt. Göttingen (Hogrefe).

Salisch, M. v. (1996): Relationships between children: Symmetry and asymmetry among peers, friends, and siblings. In: Auhagen, A. E. & Salisch, M. v. (Hg.): The diversity of human relationships. New York (Cambridge University Press), S. 59–77.

Sammet, N. (o. J.): Freundschaftstypen und ihre Funktionen. Eine Untersuchung zur Theorie von E. Litwak. Diplomarbeit (1995): Freie Universität Berlin.

Sanders, C. E., Field, T. M., Diego, M. & Kaplan, M. (2000): The relationships of internet use to depression and social isolation among adolescents, Adolescence, 35 (138), 237–242.

Scheibe, K. E. & Erwin, M. (1979): The computer as alter. The Journal of Social Psychology, 108, 103–109.

Schulz von Thun, F. (1981/1999): Miteinander reden. 1. Störungen und Klärungen. Reinbek (rororo).

Selman, R. L. (1984): Die Entwicklung des sozialen Verstehens. Entwicklungs-psychologische und klinische Untersuchungen. Frankfurt a. M. (Suhrkamp).

Shaver, P., Hazan, C. & Bradshaw, D. (1988): Love as attachment: The integra-tion of three behavioural systems. In: Sternberg, R. J. & Barnes, M. L. (Hg.): The psychology of love. New Haven, CT (Yale University Press), S. 68–79.

Shepherd, R.-M. & Edelmann, R. J. (2001): Caught in the web. The Psychologist, 14 (10), 520–521.

Silverman, T. (1999): The Internet and relational theory. American Psychologist, 54 (9), 780–781.

Tschann, J. M. (1988): Self-disclosure in adult friendship. Journal of Social and Personal Relationships, 5, 65–82.

Weizäcker, C. C. v. (1999/2000): Logik der Globalisierung. Göttingen (Vanden-hoeck & Ruprecht).

Wright, P. H. (1984): Self-referent motivation and the intrinsic quality of friend-ship. Journal of Social and Personal Relationships, 1, 115–130.

Intimität als Facette des Humanen

Die immer neue Frage nach der Bezüglichkeit des Menschen[1]

Peter Gottwald

Mein Zugang zum vorgeschlagenen Forschungsthema führt über das Werk E. H. Erikson's (1959, deutsch 1973). Hier wird in einer psychoanalytischen Traditionslinie die Lebensgeschichte von Individuen mit der Geschichte der Kulturen, in welche erstere eingebettet ist, zusammengeführt. Damit erhält »Intimität« einen persönlichen Stellenwert und eine gesellschaftliche Bedeutung immer neu in den Wandlungsprozessen von Gesellschaft und Kultur wie auch in den Lebensgeschichten der Individuen beiderlei Geschlechts (dabei erweisen sich sowohl »Individuum« als auch »Geschlecht« als gesellschaftlich vermittelte und variable Konstrukte im historischen Kontext). Damit entsteht die Notwendigkeit, einerseits, die individuellen Vorbedingungen für die Entwicklung von Intimität zu beachten (nach Erikson also »Urvertrauen, Autonomie, Initiative, Werksinn und Identität«), sodann die Auswirkungen gelingender Intimität auf »Generativität« und »Integrität« als nachfolgende Lebensaufgaben zu betrachten. Andererseits ist nun die Möglichkeit des Scheiterns von Intimität zu bedenken, die Erikson als »Isolierung« bezeichnet. Dabei ist es wichtig, sich daran zu erinnern, dass Erikson das Konzept der Intimität durch den Begriff der Solidarität ergänzte. Heute wird nun in Soziologie und Sozialpsychologie der Begriff »Identität« als ein Basiskonzept, auf das hin und von dem aus sich der Lebenslauf gestaltet, in Frage gestellt (vgl. Keupp 1997), deshalb muss auch jeder der anderen sieben Grundbegriffe auf seine Wirksamkeit und damit Wirklichkeit hin erneut befragt werden.

Zum zweiten Grundbegriff des Projekttitels möchte ich folgendes anmerken: Kulturell-gesellschaftlich betrachtet, wäre »Globalisierung« in historischer Perspektive sowohl in den positiven wie in den negativen Konnotationen zu betrachten, die diesem Begriff heute zugeschrieben werden. Dabei zeigt sich, dass sowohl das Christentum im Verlaufe seiner

---

[1] Bei diesem Beitrag handelt es sich um einen Brief des Autors an die Herausgeber dieses Bandes.

Entwicklung von einem allumfassenden Liebes-(An-) Gebot zu einer weltweit organisierten und Macht organisierenden Institution, als auch der »Wissenschaftsbetrieb« mit seinem Universalanspruch an Gültigkeit und seiner Technisierung als Vorläufer einer Globalisierung aufgefasst werden können, die heute als einseitig zugerichtete Geld-Markt-Wirtschaft mit teils erwünschten, teil unerwünschten Folgen für Mensch und (Um-) Welt in Erscheinung tritt.

In einem größeren Zusammenhang von Kulturentwicklung, verstanden als Folge von Bewusstseinsmutationen (vgl. dazu Gebser 1975), dürfen wir allerdings unser Zeitalter als im Übergang von einer defizient gewordenen Mentalität und rückhaltlosen Rationalität zu der Möglichkeit eines Integralen Bewusstseins auffassen. Diese neue Bewusstseinsstruktur, die in Ansätzen vorhanden ist, wahrt die Bedeutung der vorangegangenen magischen, mythischen und eben auch der mentalen Lebensweisen und Weltbilder und integriert diese auf eine Weise, welche die Härten eines rücksichtslosen »Ich will«-Sagens in Frage stellt. Während Erikson somit noch von einem stabilen und das »Ich« wie auch die Gesellschaft stabilisierenden mentalen Bewusstsein ausgehen zu können meinte, ja sogar für dieses mit den Begriffen »Generativität« und »Integrität« positive Perspektiven umriss, zeigen sich heute, 50 Jahre später, Zerfallserscheinung allenthalben so deutlich und in einer so bedrohlichen Weise, dass Endzeit-, ja Weltuntergangs-Phantasien überwiegen und die neuen hier nur angedeuteten Möglichkeiten der Welt-Wahrnehmung überschatten.

Vor diesem Hintergrund mit seinen teils düsteren, teils ermutigenden Ausblicken auf die »geistige Landschaft« der Gegenwart stellt sich mir »Intimität« als ein hoch kompliziertes Beziehungsgeschehen dar, welches gemäß der folgenden Matrix entfaltet und zur Anschauung gebracht werden kann.

	»außen« Andere	»innen« Selbst
Leib		
Seele		
Geist		

Intimität ist nämlich nach meiner Auffassung stets »auf mich selbst« wie auch auf »die Anderen« zu beziehen; »mit sich selbst vertraut sein«, und zwar leiblich, seelisch und geistig, »Selbstvertrauen« als Basis für das Beziehungsangebot an Andere, ja »Selbstliebe« als Basis für »Nächstenliebe« in jenem guten und ursprünglich jüdisch-christlichen Sinne (der weder mit dem Freudschen »primären Narzissmus«, noch mit dem pathologischen Narzissmus unserer Tage etwas zu tun hat) ist möglich und wirklich / wirksam und stellt die Basis bereit, auf der erst ein »Miteinander-Vertraut-Werden« entsteht.

Die konkreten Beziehungsmuster der Freundschaft, der Liebe, der Kameradschaft, um nur einige zu nennen, die ohne Intimität nicht denkbar sind, (vgl. dazu Illich 1991, Kracauer 1990, Gray 1970 u.v.a.), und die sich uns selbst (nicht »dem Selbst« als einem psychologischen Konstrukt etwa Jungscher Prägung) als Möglichkeiten im Lebenslauf eröffnen können / sollten, bedürften im Dienste einer Vergewisserung zu Beginn des Projekts einer genaueren Kennzeichnung, die durchaus philosophisch gegründet werden könnte (vgl. dazu Böhme 1985).

In einem nächsten Projektschritt könnte sich dann zeigen, wie die genannten Muster heute (neu) bewertet werden, welche Bedeutung ihnen erteilt wird (und zwar in der Bevölkerung wie innerhalb der Projektgruppe), und ob es auch hinsichtlich dieser Bewertung einen Konsens gibt (nicht nur hinsichtlich der wissenschaftlichen Erfassung) – womit eine ethische Perspektive des Projekts sichtbar würde. Von daher könnten Gedanken und Programme zur Förderung erwünschter Muster entwickelt werden, die Eingang in pädagogisch-therapeutische Kontexte finden sollten (vgl. dazu die aktuellen Analysen und Programme zur »Jugendgewalt«). Ja, es liegt der Gedanke der Propädeutik der Intimität nahe (mit dem gehörigen Respekt vor der Privatheit der Person), die weit mehr sein könnte als nur eine Psychohygiene, die Andreas-Salomé ohnedies als das »arme Stiefkind der Moral« bezeichnete.

Von einem anderen Standort aus erhebt sich die Frage nach den spezifischen Behinderungen, denen eine so umfassend verstandene Intimität unter den heutigen Bedingungen, die ja schon wieder schärfer / drastischer bedrohlich erscheinen, als zu dem Zeitpunkt, da die Max-Planck-Gesellschaft (Anfang der 70er Jahre) ein »Institut zur Erforschung der Lebensbedingungen der wissenschaftlich-technischen Welt« (J. Habermas und C. F. von Weizsäcker) einrichtete, ausgesetzt ist. Dabei müssten sowohl soziologische Analysen wie der »Bedrohung des Privaten«, welches zu den Grundvoraussetzungen für Intimität gehört (vgl. dazu Müller-Doohm &

Jung 1999), herangezogen werden, wie auch der entsprechenden »Medialisierungen« des Umgangs miteinander, der »per Handy« statt durch Handschlag, per E-Mail statt durch Botschaften (nur die stille Metapher des »Boten« verweist noch auf eine Person) zu einer neuen inhumanen Grundgewissheit gedrängt wird, die lauten könnte: Video(r) ergo sum! – nur, dass diese Art der Beziehung den letzten Rest möglicher Intimität vermissen lässt. Hinter diesen von Technik, Macht und Kontrollversuchen bestimmten »äußeren« Faktoren hätte man freilich auch die »inneren«, genauer gesagt, die unter gesellschaftlichem Druck verinnerlichten Faktoren zu nennen, von denen hier nur die zum Zwang, ja zum »Wahn« (vgl. dazu Keller 1989) werdende Möglichkeit genannt werden soll, »Ich« auf eine Weise zu sagen, die »behauptet« und »sich zu behaupten« erlaubt, damit aber nur allzu leicht in die Opposition zu anderen gerät, das Gegenüber damit verratend oder verkaufend, ohne zu ahnen, dass man sich damit selbst gefährdet. Mit diesen Überlegungen, die aus der Entwicklung einer Handlungslehre (Kastner & Gottwald 1993, 1995) folgen, die den Sinn von Handlungen, das kommunikative Ausloten von Symbolen und konkrete Beziehungen gleichermaßen wahrzunehmen erlaubt, plädierten wir schon für eine neue Formgebung der Interaktion, die mit Fug und Recht, d. h. mit einer klaren Sinngebung, Intimität genannt werden könnte. Am Beispiel des systematischen Zusammenhangs zwischen »Wahlmöglichkeit« (als Ausdruck von Freiheit), »Beziehung« als Einschränkung von Wahlmöglichkeit und dem daraus resultierenden Widerstand, welches System seit der Entwicklung des mentalen Bewusstseins zunehmend das Weltgeschehen bestimmt (vgl. dazu Goethes »Faust« – Prolog im Himmel – als Beispiel), könnte die Chance wie die Bedrohtheit von Intimität verdeutlicht werden. Damit wäre zugleich dem Zwang zu entkommen, die insgesamt angesprochenen Zusammenhänge aus der Sicht irgendeiner »Schule«, sei es einer psychologischen oder philosophischen, zu systematisieren, damit notwendig zu reduzieren, ja zu verdinglichen. Auch im Bereich von Intimität gibt es – einen Rest, der als Symbol des Schöpferischen, als Hoffnung auf Kreativität betrachtet und respektiert werden darf.

Wie weit sich aus diesen Überlegungen konkrete empirische und theoretische Projekte entwickeln lassen, kann ich für meinen Bereich, die Ausbildung von Klinischen PsychologInnen für die Berufstätigkeiten Beratung und Therapie, nur andeuten. Damit treten wir jedenfalls in die Spannung zwischen Intimität und Professionalität ein. Intimität darf

niemals »restlos« professionalisiert werden, und entsprechend kann
Professionalität Intimität immer nur in einem begrenzten Maße realisie-
ren; sie geht darin selten systematisch, konsequent und doch behutsam
so weit wie die Psychoanalyse dies seit 100 Jahren mit ihren Einfühlun-
gen in den Geist und die Seele des Anderen tut (die sie dann doch noch
zum »seelischen Apparat« reduzierte, wogegen wiederum G. Politzer
vehement Einspruch erhob (1929, 1978), als er eine Psychologie als
Dramalehre forderte: Sicher eine gute Erinnerung für ein Projekt über
»Intimität« als den Begriff und Inbegriff dramatischen Beziehungsge-
schehens). Professionalität als historisch entwickelte und gesellschaftlich
geprägte Umgangsform hat nun andererseits ihre Bedeutung gerade in der
Selbstbeschränkung gegenüber einer Intimität, deren Fehlentwicklungen
und tragischen Schicksale ja schließlich die meisten Traumata von Klienten zuzuschreiben sind. Wie in diesem Spannungsfeld von Selbsterfah-
rungen das Erlernen einer Technik und deren Einübung in beginnender
Praxis in Aus- und Weiterbildung sich gestalten lässt und vollzieht, kann
letztlich trotz aller Bemühungen um »Kasuistik« (vgl. dazu G. Jütte-
manns »Komparative Kasuistik«) doch nur unvollständig, jedenfalls
niemals restlos, erfasst werden.

Ein anderer Forschungsbereich, der sich an unserer Universität
etabliert hat und dem ich vom Anliegen her ein wenig skeptisch gegen-
überstehe, bezeichnet und erforscht heute als »Transpersonale Psychologie und Psychotherapie« denjenigen Bereich, der früher »die Vielfalt der
religiösen Erfahrung« (vgl. James 1901) genannt wurde. Dieser
Forschungsansatz macht somit die jüdisch-christliche Tradition zu einem
seiner Gegenstände, welche Intimität als »Inniges-Vertraut-Sein« mit sich
selbst, ja als »Liebe zu sich selbst« erfährt, entfaltet und zur Sprache
bringt. Hier sind mehrere Aspekte interessant, nämlich einmal der grundsätzliche Wandel in der Auffassung vom »Adressaten« dieser Intimität,
die sich ja vordem mit »den Göttern«, dann mit »Gott« vollzog, heute
aber als Beziehungsaufnahme zu »sich selbst« entweder im Jungschen
Sinne einer Selbst-Psychologie oder wie in der Humanistischen Psychologie etwa nach Carl Rogers gedeutet und gedacht wird. Zwischen einer
Bewusstseinslehre, die sogar von einem »Kosmischen Bewusstein« zu
sprechen sich unterfängt (vgl. dazu Bucke 1901, Grof 1985, Wilber 1998)
und einer Phänomenologie spiritueller Erfahrung, die mit Scharfetter
(1997) von Bewusstseinsräumen oder Zuständen des Bewusstseins

spricht (»Über-Bewusstsein«, »Tages-Wach-Bewusst-Sein« und »Unter-Bewusstsein«), findet sich heute ein ganzes Spektrum von Theorien, die doch alle auf ein »Zentrum« einer gleichsam intimen Erfahrung mit sich selbst zielen. Wie weit solche Lehren, die dann Bezüge zur sogenannten »philosophia perennis« (übereinstimmende Erleuchtungs- und Weisheitslehren östlicher wie westlicher Kulturen) und zu religiösen »Liebeslehren« wie in Judentum, Christentum und Islam aufweisen (vgl. dazu Kindler 1980), auf die Entwicklung, Gestaltung und Übung einer »Intimität mit Anderen«, ja eines neuen »Miteinander«, Einfluss nehmen, wäre anhand zahlreicher Beispiele konkreter Projekte und Begegnungen zu untersuchen und eventuell im Rahmen von Erziehung, Beratung, Therapie und (gemeinsamer) »Suche nach dem Heil« zu fördern.

Zusammenfassen möchte ich diese meine insgesamt eher methodologischen Überlegungen dahingehend, dass mir »Intimität« viel zu wichtig erscheint, als dass ich sie nur als »Gegenstand« von Wissenschaft betrachtet wissen und als »Zielvorstellung« im Kontext einer »Entwicklung von Gesellschaft« behandelt sehen möchte. Vom Projekt wünsche ich mir demgemäß Raum für die philosophisch-anthropologische Reflexion einschließlich der Berücksichtigung der Historizität der konkreten Ansätze als jeweiliger Sinngebung bis heute. Letztlich stellen auch wir uns die alte Frage neu: Was ist der Mensch? – und zwar ohne die Würde alter Antworten wie auch alter Fragestellungen zu verletzen und (hoffentlich) ohne den Anspruch, die Frage »ein für alle mal« beantworten zu wollen. Schon die Art des Fragens will ja sorgfältig bedacht sein, denn von ihr gehen bereits starke Wirkungen aus. Die Furcht z. B., die bei einigen Teilfragen des Einladungstextes mitzuschwingen scheint, »der Mensch« könne sich der Intimität zugunsten von »Cybersex« als Extremform von Ver-ding-lichung entledigen, könnte unversehens in (ubw. ablaufende) Identifikation mit »dem Aggressor« (aus) der wissenschaftlich-technischen Welt umschlagen. Es könnte dann »sinnvoll« (weil ubw. als sichernd) empfunden werden, sich zum »Cyborg« umbilden zu lassen, um weiteren Unbilden zu entgehen. Um das Projekt so weit wie möglich, wenigstens anfangs zu öffnen, möchte ich für die Berücksichtigung der gesamten Matrix (siehe oben) plädieren, vor allem auch für eine gründliche und grundlegende Beschäftigung mit dem Gegensatzpaar »außen« und »innen« im Zusammenhang mit Intimität.

Ganz grundsätzlich wäre auch zu bedenken, ob »Intimität« nicht dem Zugriff eines »positiven« Bestimmungsversuchs zu entheben wäre und allenfalls mit einer »Systematik negativen Denkens« (Rentsch 2000) behutsam umkreist werden sollte, etwa im Sinne der »Negativen Dialektik« Adornos. Ansätze dazu fänden sich schon bei Bateson (1983 und Bateson & Bateson 1993), der ja mit dem Buchtitel »Wo Engel zögern« für seinen Versuch der Epistemologie des Heiligen eine ähnliche Haltung zum Ausdruck brachte, wobei interessanterweise in dem genannten Text »Intimität« in den Metalogen zwischen Vater und Tochter (Gregory und Catherine Bateson) zur Anschauung kommt.

Schließlich (das Wichtigste immer zum Schluss) der Hinweis auf Werke der Dichtkunst und der Belletristik. Bekanntlich ist ja die Faust-Gestalt seit 500 Jahren der Ausdruck für eine fundamentale Fehlentwicklung des (deutschen?) Mannes, die Intimität unmöglich macht. Im Laufe der Zeit und beim Vergleich der Dramen vom Volksstück über Goethes »Faust« bis zu Valerys »Mon Faust« und Havels »Versuchung«, wird dabei die Projektion auf »den Teufel« zurückgenommen und die Verantwortung des Menschen für seine eigene Entwicklung gewahrt. Welche Schwierigkeiten und Möglichkeiten sich dabei eröffnen, finde ich sowohl bei Musils »Der Mann ohne Eigenschaften« (Stichwort: »Taghelle Mystik zu zweit«) als auch bei der Parzival-Nachdichtung Muschgs »Der rote Ritter« (Stichwort: Ein neues Miteinander von Mann und Frau) mit Genauigkeit und Engagement zur Sprache gebracht. Die in diesen beiden und anderen Büchern zur Anschauung gebrachten Erfahrungen und Reflexionen über Intimität erweitern unseren Horizont beträchtlich. Mein Respekt gilt dabei vor allem dem Psychologen Robert Musil, dessen Forderung nach »leidenschaftlicher Genauigkeit in Sachen der Seele«, ja nach einem »Generalsekretär für Genauigkeit und Seele«, so unvergesslich wie utopisch und zeitgemäß-sinnvoll erscheint.

Literatur

Bateson, G. (1983): Ökologie des Geistes, Frankfurt a. M. (Suhrkamp).

Bateson, G. & M. C. Bateson (1993): Wo Engel zögern. Unterwegs zu einer Epistemologie des Heiligen. Frankfurt a. M. (Suhrkamp).

Böhme, G. (1985): Anthropologie in pragmatischer Hinsicht. Darmstädter Vorlesungen. Frankfurt a. M. (Suhrkamp).

Bucke, R. (1901, 1993): Kosmisches Bewusstsein. Zur Evolution des menschlichen Geistes. Frankfurt a. M. (Insel).

Erikson, E. H. (1973): Identität und Lebenszyklus. Frankfurt a. M. (Suhrkamp).

Gebser, J. (1975): Ursprung und Gegenwart. Schaffhausen (Novalis Verlag).

Gottwald, P. (1993): In der Vorschule einer Freien Psychologie. Forschungsbericht eines Hochschullehrers und Zen-Schülers. Oldenburg (Schriftenreihe der Universität Holzberg).

Gray, J. G. (1970): Homo furens. Braucht der Mensch den Krieg? Hamburg (Wegner).

Grof, S. (1985): Geburt, Tod und Transzendenz. München (Kösel).

Illich, I. (1991): Im Weinberg des Textes. Frankfurt a. M. (Luchterhand).

James, W. (1901, 1958): The Varieties of Religious Experience. New York (Mentor).

Jung, C. G. (1984): Erinnerungen, Träume, Gedanken. Olten. (Walter).

Kastner, P. & P. Gottwald (1984): Handeln im Wandel. Von den Moralschriften zur Wahrnehmung als Beziehungsangebot. In: E. Arnold & U. Sonntag (Hrsg.): Ethische Aspekte der Psychosozialen Arbeit. Tübingen (dgvt-Verlag).

Keupp, H. (1997): Ermutigung zum aufrechten Gang. Tübingen (dgvt-Verlag).

Kindler (1980): »Psychologie des 20. Jahrhunderts«, Bd. XV.

Kracauer, S. (1990): Über die Freundschaft. Frankfurt a. M. (Suhrkamp).

Müller-Doohm, S. & T. Jung (1999): Das Tabu, das Geheimnis und das Private. Vortrag Radio Bremen.

Muschg, A. (1993): Der Rote Ritter. Eine Geschichte von Parzival. Frankfurt a. M. (Suhrkamp).

Musil, R. (1984): Der Mann ohne Eigenschaften. Reinbek bei Hamburg (Rowohlt).

Politzer, G. (1928, 1978): Kritik der Grundlagen der Psychologie. Frankfurt a. M. (Suhrkamp).

Rentsch, T. (2000): Negativität und praktische Vernunft. Frankfurt a. M. (Suhrkamp).

Scharfetter C. (1997): Der spirituelle Weg und seine Gefahren. Stuttgart (Enke).

Wilber, K. (1998): The Eye of Spirit. Boston & London (Shambala).

Virtuelle Kommunikation – Virtuelle Beziehung

Zur Frage der Konstruktion von Wirklichkeit

Peter Kastner

Für den Psychoanalytiker ist die Frage nach der Herkunft, der Geschichte eines Ereignisses für die Erklärungssuche unerlässlich. Wenn man den »Zufall« als nicht ausreichend für ein wirkliches Verstehen ansieht, dann wird die Genese und deren symbolvermittelter Sinn zum entscheidenden Merkmal. Die Schöpfungsmythologie des Tamagotchi erzählt (*Der Spiegel*), wie eine gescheiterte Pädagogikstudentin ein elektronisches Spielzeug erfand, das den japanischen Kindern das ersetzte, was sie schmerzlich vermissten: ein Haustier, ein Lebewesen. In einer genaueren Version wird erzählt, dass diese Studentin einer Freundin, die an Depressionen litt, eine Freude machen und ihr etwas geben wollte, um das diese sich kümmern konnte. Es sollte kein Spiel zur Ablenkung sein, sondern etwas, das nicht nur als Beziehungsobjekt benutzbar ist, sondern das als Subjekt eine Beziehung – wenn auch virtuell – zu ihr aufnahm.

> »Die Idee war nicht nur einfach, sie war teuflisch genial. Sie simuliert Leben, von der Geburt bis zum Tod. Der spielende Mensch wird zum Schöpfer, er erwirbt das Sorgerecht für die vermeintlich eigene Brut, die aufwächst, reift, altert und am Ende – ein Tamagotchi-Leben währt etwa 20 Tage – stirbt. Und all diese Zeit kommuniziert das Küken mit Vater und Mutter draußen in der Wirklichkeit,«

soweit die Beschreibung des *Spiegel*-Reporters.

Aus dieser Mythologie möchte ich einige Aspekte herausgreifen und näher untersuchen: das Motiv der Erfindung, die elektronische Maschine als Medium, die Frage nach der Art der Wirklichkeit, die damit konstruiert wird. Zunächst unberücksichtigt lasse ich andere Aspekte, wie die Darstellung der Auswirkungen, die teilweise erschütternden Beispiele der Anwendung des Spieles und die inhaltliche Symbolik von Wachsen und Vergehen, die Sorge, Leben und Tod.

Das Motiv

Es wird dargestellt, dass die Einfühlung in einen depressiven Zustand, d. h. das Mitgefühl und wohl auch die Identifikation, der auslösende Moment war, der zur Erfindung des Tamagotchi führte. Dabei wird eine Situation angedeutet, die von Angst vor Beziehungsverlust und einer inneren Leere gekennzeichnet ist. Diese Leere soll durch etwas Lebendiges, ein Lebewesen aufgefüllt werden, zu dem eine Beziehung aufgenommen werden kann, das man umsorgen kann und das in der Rückkoppelung dem Benutzer selbst das Gefühl von Lebendigsein ermöglicht, d. h. eine Teilnahme an der Welt außerhalb des als leer erlebten Selbst. Dies wäre an sich nichts Ungewöhnliches, kein Phänomen, das einer Erklärung bedarf. Menschen sind manchmal einsam, sie haben nicht immer Zugang zu ausreichend befriedigenden sozialen menschlichen Bezügen und der therapeutische Wert von Haustieren ist unmittelbar vorstellbar. Erschreckend ist die kreative Idee der Erfindung, weil sie die scheinbar problemlose Verbindung von elektronischer Maschine und menschlicher Verletzlichkeit aufzeigt und dabei offensichtlich erfolgreich suggeriert, dass eine entsprechende Maschine ausreichend »lebendig« ist, um menschliche soziale Grundbedürfnisse zu befriedigen. Wenn die Interpretation des Motivs bis dahin nachvollziehbar ist, ergibt sich die Frage nach dem Medium und dessen Beziehung und Auswirkung auf die unterstellten menschlichen Gefühle, die Frage also, ob und wie sich diese elektronische Maschine eine neue Wirklichkeit schafft, die dadurch auch die Definition dessen, was wir menschlich nennen, verändert.

Die elektronische Maschine als Medium

Die »teuflisch geniale Idee«, Maschinen und Leben miteinander zu verbinden, löst Erschrecken aus. Zum Erschrecken gehört das Gefühl des Unheimlichen. Es bricht etwas in die Wirklichkeit ein, das sich unserem unmittelbaren Verständnis entzieht. Freud (GW XII) geht in seinen Überlegungen zum »Unheimlichen« unter anderem auf die Puppe Olympia aus E. T. A. Hoffmanns Erzählung »Der Sandmann« ein, in dem die glühende Liebe Nathanaels zu dieser Puppe geschildert wird. Freud betont,

»dass das Kind im frühen Alter des Spielens überhaupt nicht scharf zwischen Belebtem und Leblosem unterscheidet und dass es besonders gerne seine Puppe wie ein Lebewesen behandelt. Ja, man hört gelegentlich von einer Patientin erzählen, sie habe noch im Alter von 8 Jahren die Überzeugung gehabt, wenn sie ihre Puppe auf eine gewisse Art, möglichst eindringlich, anschauen würde, musste diese lebendig sein.«

Der psychische Mechanismus, der diese Überzeugung ermöglicht, ist die Allmachtsphantasie des Kindes, durch die Magie, die besondere Art des Blickes, oder andere magische Rituale die leblose Materie beleben und letztlich den Schöpfungsakt nachvollziehen zu können.

»Da bildete Gott, der Herr, den Menschen aus dem Staub der Ackerscholle und blies in seine Nase das Odem des Lebens; so ward der Mensch zu einem lebendigen Wesen.«

Moses, 2, 7

Der Unterschied zwischen den Automatenphantasien des künstlichen Menschen, wie sie seit der Aufklärung nachweisbar sind (z. B. der schreibende Automat »Ecrivain« des Pierre Doz, 1760, oder die Schachspieler von Kempelen, 1769) und die den Triumph der »göttlichen Vernunft« beweisen sollten, und den heutigen Computerspielen ist die Fähigkeit der heutigen Maschinen, sich mit Hilfe des Programms quasi selbst Leben einzuhauchen. Das Tamagotchi meldet eigene Bedürfnisse an, agiert willkürlich und erleidet ein Schicksal bis zum Erlöschen, wenn es als lebendes Wesen behandelt wird. Zwei Entwicklungslinien werden hier angedeutet: Die kindliche Allmachtsphantasie mit ihren magischen Riten wird in die Phantasien von Erwachsenen transformiert, mit Hilfe von Automaten Leben nachbilden zu können. Und es wird die Allmacht Gottes, dessen Ebenbild der Mensch ist, über die Zwischenstufe Puppe – auf eine Maschine übertragen, die willkürlich handeln kann, sich also selbst das Leben schenkt. Freud führte als Hinweis auf die Macht der kindlichen Phantasie den Bericht über ein 8-jähriges Mädchen als Beleg an, das an die Realität der Lebendigkeit seiner Puppe glaubte. *Der Spiegel* berichtet, dass das Tamagotchi von einsamen Hausfrauen, frustrierten Singles und termingeplagten Managern benutzt wird, von Erwachsenen, die mitten im Leben stehen. Offensichtlich ist eine – zumindest temporäre – Regression auf kindliche Allmachtsphantasien, auf die Übertragung von schöpferischer Potenz auf Maschinen, für unsere heutige Erwachsenenwelt nichts Ungewöhnliches. Meine These ist, dass der innerseelische Vorgang der Regression und der Projektion eigener Phantasien zur Erklärung, wie sich aus dem Spiel mit der künstlichen Maschine eine virtuelle Wirklichkeit gestaltet, nicht ausreicht. Durch die scheinbare Lebendigkeit, d. h. der Wahrnehmung eigenständigen Handelns der Maschine und der Rückkoppelung der Zustandsveränderung als Ergebnis des Handelns des menschlichen Spielpartners, wird eine Beziehung zwischen Mensch und Maschine geschaffen, die als Wirklichkeit erlebt wird, die in der Folge als erlebte Realität ihre Bestätigung findet. Hier wird nicht mehr, wie beim klassischen Puppenspiel, die Wirklichkeit als Phantasie erlebt, sondern die Phantasie wird realisiert; das Tamagotchi verändert sich wirklich, meine Handlungen sind real und ich erschaffe eine »maschinelle Realität«. Der Schritt, dann auch meine Beziehung zu ihm und die damit verbundenen Gefühle für Wirklichkeit zu halten, ist dann nicht mehr groß.

Man wird gegen diese Deutung einwenden können, dass das Bewusstsein erhalten bleibt, dass es sich nicht um ein wirkliches Lebewesen handelt, mit dem ich kommuniziere, sondern eben nur um eine Maschine. Die damit verbundenen Gefühle sind daher auch nicht »echt«, sondern nur künstlich erzeugt, eben eine virtuelle Realität. Hört und liest man aber z. B. von Begräbnisritualen – in Hamburg gab es angeblich einen Tamagotchi-Friedhof –, so zweifelt man daran, ob diese kritische Realitätsprüfung allen Nutzern möglich ist. Entscheidend scheint mir der Einwand, dass das Gefühl vom Spieler unzweifelhaft als real, als echt im Sinn von »wirklich vorhanden«, erlebt wird. Die innere Besetzung ist wirklich: ich erlebe das Gefühl von Freude oder Trauer. Die Frage, ob der Grund für meine Gefühle, nämlich die Veränderung des Zustands einer Maschine und deren symbolische Äußerungen, für mich ausreicht, um mir selbst die Inadäquatheit meiner Gefühle zu verdeutlichen, ist die Frage nach meiner Fähigkeit zur ausreichenden Distanzierung von dem Medium, mit dem ich kommuniziere.

Die Frage nach der Wirklichkeit

Der Frage nach der Wirklichkeit werde ich mit Hilfe einer Fallvignette nachgehen, die ich im *Hamburger Abendblatt* (Nr. 38) unter der Rubrik »Was ist Leben?« gefunden habe. Physikprofessor Dr. Gerhard Mack von der Universität Hamburg kommt mit seiner Suche nach einer einheitlichen Theoriesprache für »Leben« zu Wort: »Leben ist die Replikation von Instabilitäten unter stabilen Bedingungen bei vorliegender Komplexität«. Das Ergebnis: auch Computerviren, Programme, Finanzmärkte, Institutionen wie die Universität sind alle »wirklich« lebendig, jedenfalls unter der Annahme der oben genannten Definition. Die wahrscheinlich fiktive Geschichte von Wolfgang Wucherpfennig (auf der selben Seite) steht unter der Fragestellung: »Lebt ein Tamagotchi?«

> »›Sophie ist tot!‹, mit weit aufgerissenen Kinderaugen fleht Helene ihren Vater an, Sophie, so nennt sie ihre kleine Plastikfreundin, ihr Tamagotchi. Eine leichte Aufgabe, denkt der Vater. ›Sie ist nicht tot, sie hat nie gelebt.‹ Ein schwerer Fehler. Wer jemals mit einer 6-jährigen über Leben und Tod diskutiert hat, weiß, von was gesprochen wird. Die Argumentation des Vaters scheitert, als er mit den lexikalischen Begriffen seinen Standpunkt verteidigt, dass Sophie nie gelebt haben kann und eine gefühlsmäßige Bindung deswegen unsinnig sei. ›Wachstum?‹ ›Natürlich ist Sophie gewachsen! Erst war sie ein Ei, dann ist sie immer größer geworden.‹ ›Bewegung?‹ ›Sophie lief doch immer auf ihrem Bildschirm. Ein Baum kann das nicht, höchstens wenn er eine Holzlokomotive ist.‹ ›Stoffwechsel?‹ ›Aber ich musste doch saubermachen, wenn Sophie ihren Dreck machte, sonst war sie sauer.‹ Der Vater kürzt die Geschichte ab, indem er mit einem Kuli den Reset-Knopf auf der Rückseite betätigt, um Sophie zum Leben zu erwecken, um sich dann an den Frühstückstisch zu setzen. ›Autsch‹, ein Stechen im Rücken schreckt ihn auf. Hinter ihm steht Helene, die mit einem Lächeln nach seinem Reset-Knopf sucht.«

Was zeigt nun das Beispiel? Die vorher gestellte Bedingung, dass nur unter Aufrechterhaltung der kritischen Realitätsprüfung eine Unterscheidung zwischen wirklich lebendigen und virtuellen Lebensformen getroffen werden kann, kann von der Rationalität allein nicht mehr bewältigt werden. In dieser Hinsicht sind sich der Physikprofessor und die 6-jährige Helene einig: Das Tamagotchi lebt. Doch Helene geht noch weiter. Da das Tamagotchi lebt, kann auch eine Beziehung aufgenommen werden, dann sind auch die Gefühle nicht nur real, sondern wirklich. Trotzdem hoffen wir alle inständig, dass Helene den Unterschied zwischen Tamagotchi Sophie und ihrem Vater kennt, trotz des Spiels mit dem Reset-Knopf. An dieser Stelle könnte ich meine Betrachtung des Tamagotchi und in der Erweiterung das Nachdenken über die Frage nach Virtualität und Realität des Computers abbrechen und beruhigt feststellen, dass die Gefahr der Verwechslung eben nur Kinder betrifft und sich »auswächst«, im Sinne der Reifung und der Anpassung an ein Erwachsenenleben, das sich sicher zwischen Schein und Sein bewegt.

Eine Exkursion in die psychoanalytische Gedankenwelt soll das Spannungsfeld Realität–Phantasie noch deutlicher benennen. Freud weist uns darauf hin, »dass es uns bis heute nicht gelungen ist, einen Unterschied in den Folgen nachzuweisen, wenn die Phantasie oder die Realität den größten Anteil hat« (GW XI, S. 385). Die von Freud postulierte psychische Realität meint eben nicht nur einfach die inneren Spiegelbilder der äußeren Realität. Das Unbewusste nimmt – zumindest im Fall der Neurose – wenig Rücksicht auf die äußere Realität, sondern es ersetzt diese durch die psychische Realität, die ihren eigenen Gesetzen folgt. Durch die Realitätsprüfung wird es dem Menschen möglich, eine Unterscheidung zu treffen zwischen Reizen aus der Außenwelt und den Reizen aus der Innenwelt. Ihm ist es möglich, einer Verwechslung zwischen dem, was er sich lediglich vorstellt, und dem, was er wahrnimmt, vorzubeugen. In der Halluzination ist dies nicht mehr möglich, eine Realitätsprüfung findet nicht mehr statt. Unter der Bedingung der Regression kann diese Realitätsprüfung eingeschränkt oder auch bewusst außer Kraft gesetzt werden, indem die innere Erregung – letztlich der unbewusste Wunsch – das Wahrnehmungssystem besetzt.

> »Die Realitätsprüfung kann in den halluzinatorischen Affekten und im Traum außer Funktion gesetzt werden, soweit eine partielle oder totale Abwendung von der Realität mit einem Zustand von Unbesetztheit des Systems Bewusstsein korreliert. Dieser ist somit frei für jede Besetzung, die aus dem Inneren zu ihm gelangt. Die Erregungen, welche Regressionen eingeschlagen haben, werden ihn frei finden bis zum System Bewusstsein, in welchem sie als unbestrittene Realität gelten werden.«
>
> Pontalis & Laplanche, S. 432

Entscheidend ist bei dieser Theorie der psychischen Vorgänge, dass Material, unsere Wünsche und Triebe, sich an die Stelle der Wahrnehmung der äußeren Realität setzen können. Da dieser Vorgang unbewusst bleibt, können wir dann die innere und die äußere Realität verwechseln und nicht mehr unterscheiden. Diese sehr vereinfachte Darstellung erlaubt, auf die Fragestellung neu einzugehen und sie in einem ersten Ansatz zu beantworten. Wenn das Kind oder der regredierte Erwachsene auf Grund innerer Bedingungen von inneren Erregungen besetzt ist, kann es zur Einschränkung der Realitätsprüfung kommen, eine Unterscheidung wahrgenommener äußerer Realität und wahrgenommener innerer Realität ist erschwert bis unmöglich. Wenn dies gilt, ist nach den Bedingungen zu fragen, die diese Art von Erregung fördert. Beim Spiel mit dem Tamagotchi geht es um Urelemente des Daseins: Wachsen und Sterben, Erleben und wieder Erleben der Abhängigkeit von Sorge und Pflege oder dem Versagen dabei. Schuld und Allmacht werden thematisiert und mit den entsprechenden Gefühlen ausgestattet. Solange die Realitätsprüfung, die kritische Funktion des bewussten Ich, intakt ist, solange kann der Spieler sich distanzieren und sich klarmachen, dass er an einer Maschine spielt, dass Leben nur mit Hilfe eines Programms und eines Zufallsgenerators vorgespielt wird und ihn deshalb emotional nicht berühren muss. Ich glaube aber, dass unter solchen Bedingungen, d. h. verkürzt ausgedrückt, bei klarem Verstand und ungestörter Emotionalität, das Spiel mit dem Tamagotchi oder auch mit ähnlichen Spielen mangels Interesse auf keine Resonanz stoßen würde. Als Spiel ist es reizlos, einfach strukturiert und keine Herausforderung an Geschicklichkeit oder gar Intelligenz. Thematisch bietet es wenig oder gar keinen Unterhaltungswert. Kurz, nüchtern betrachtet, wäre das Tamagotchi nie auf die industrialisierte Welt gekommen, wenn es nicht ausreichend Interessenten gegeben hätte, die eben jene Bedingungen geboten hätten, von denen bisher die Rede war: erregte Menschen, Kinder und Erwachsene, die bereit und fähig sind, innere Erregungen in Form von unbewussten Wünschen, vorbewussten Phantasien an einen Gegenstand und dessen Wahrnehmung zu hängen und ihn so zu einem Leben zu erwecken, das für sie selbst bedeutungsvoll ist und mit dem sie nicht nur Informationen austauschen, sondern mit dem sie kommunizieren und eine für sie selbst »wirkliche« Beziehung haben.

Auch an dieser Stelle könnte ich den Erklärungsversuch über das Phänomen Tamagotchi und die schöne neue virtuelle Welt der Computerwesen abbrechen und mich damit zufrieden geben, dass es eben Neurotiker gibt, die nicht in der Lage sind, ausreichend kritisch und rational mit den neuen Errungenschaften umzugehen. Ich denke aber, dass der rein individualisierte Ansatz, d. h. das Phänomen ausschließlich als Ergebnis innerseelischer Prozesse anzusehen, verkürzt ist. Gerade die psychoanalytische Theorie, und hier insbesondere Freud, hat von Anfang an darauf verwiesen, dass gesellschaftliche Prozesse entscheidend auf das Seelenleben einwirken. Ich werde den Versuch machen, dies zur Erklärung heranzuziehen. Dies soll aber nicht im Sinne einer soziologischen Erklärung geschehen. Mein Interesse als Psychologe bleibt auf den Schnittpunkt gerichtet, an dem Erleben und Handeln des Menschen von den ureigenen Bedürfnissen des Individuums und seiner sozialen Umwelt konkret gestaltet werden.

Information und Kommunikation sind dabei die Schlüsselwörter, da sie diese Schnittstelle kennzeichnen, an der zwischen Innen und Außen, zwischen Mensch und Umwelt der Kontakt hergestellt wird. Ich möchte dabei, um Simplifikationen vorzubeugen, auf den Exkurs in die psychoanalytische Gedankenwelt verweisen, in dem aufgezeigt wurde, dass die Verhältnisse beim Menschen kompliziert sind, dass die Verarbeitung von Informationen als Signale der Außenwelt und die Information durch die Verarbeitung von Signalen aus der Innenwelt, dem eigenen Körper, erst das Seelenleben erklären.

Im Vorwort zum Studium Generale[1] bezeichnet von Engelhard Information und Kommunikation als beherrschende Charakteristika unserer Zeit. Fortschritt und Überleben der Menschheit werden mehr denn je in der Zukunft davon abhängen. Dem ist zuzustimmen. Ich möchte allerdings hinzufügen, dass es entscheidend darauf ankommen wird, wie wir Information und Kommunikation deuten, ob wir, wie von Engelhardt, die Grenzen und die ethischen und sozialpsychologischen Probleme sehen. Ich vermute wahrscheinlich richtig, dass ich zu diesen Ausführungen eingeladen wurde, um als Psychoanalytiker die Problemseite zu vertreten, sozusagen als notwendige Fußnote zum Fortschritt.

In Erfüllung dieser Aufgabe kommt es sicher nicht darauf an, Informations- und Kommunikationstechniken darzustellen. Dies ist nicht mein heutiges Thema. Ich möchte vielmehr darauf verweisen, wie sehr die Ansicht an Bedeutung gewinnt, dass es sich dabei um Techniken handelt, um ein berechenbares Kalkül zur Gestaltung und Veränderung von vorgefundenen Realitäten. Am Beispiel des Stichworts »Kommunikation« im Brockhaus möchte ich dies kurz verdeutlichen. Austausch und Verständigung als Wesen der Kommunikation werden noch als Übersetzung des lateinischen Ursprungswortes genannt. Dann aber wird schon auf den erweiterten Sinn verwiesen:

>»alle Prozesse der Übertragung von Nachrichten und Informationen durch Zeichen aller Art unter Lebewesen (Menschen, Tiere, Pflanzen) und / oder technischen Einrichtungen (Maschinen) durch technische, biologische, psychologische und soziale Informationssysteme.«

---

1   Dieser Artikel beruht auf einem Vortrag, der im Rahmen des Studium Generale an der Medizinischen Hochschule Lübeck gehalten wurde (Focus Mul 15, Heft 3, 1998)

Dieser erweiterte Sinn ist es, auf den ich hinweisen will. Durch die grenzenlose Verallgemeinerung des Wesens der Kommunikation als Nachrichtenübermittlung ist eben die Schnittstelle theoretisch und rechnerisch darstellbar, die die Mensch-Maschinen-Systeme erst ermöglicht. In diesem Sinn – man sollte hier besser von einem verengten Sinn sprechen – ist Kommunikation wirklich zwischen Mensch und Maschine möglich, zwischen Belebtem und Unbelebtem. Hier wird die Unsicherheit geboren, was zu welcher Sphäre gehört. Davon wird aber entscheidend abhängen, welchen Realitätscharakter ich meiner Wahrnehmung zuspreche, und dementsprechend, welche Beziehung ich aufnehme. Zum Kommunikationsprozess gehören drei Voraussetzungen:

> » 1. Die zu vermittelnden Gedanken oder Absichten des Kommunikators müssen in ein kommunizierbares Zeichensystem umgewandelt werden – der Code
> 2. Die Zeichen müssen transformiert werden
> 3. Der Adressat muss die Zeichen deuten und die ihm vermittelte Bedeutung erschließen (Decodierung).«

Brockhaus Band 10, S. 56 f.

Ich verzichte auf die Hinweise, die den Vorgang als einen physikalisch-technischen kennzeichnen. Wenn man von einer Mensch-Maschine ausgeht, wird der entscheidende Punkt deutlich: der Mensch muss der Maschine Gedanken oder Absichten unterstellen, wenn er mit ihr kommuniziert, und er muss sich in seiner Selbstdefinition der Maschine hinlänglich ähnlich machen, um die Verbindung herzustellen, z. B. in der Form: »Wir sind beide Zeichenerzeugende und -verstehende Einheiten.« Dabei gilt: Je größer die Übereinstimmungsmenge der Zeichen ist, um so einfacher und damit kostensparender ist der Übersetzungsprozess. Was dies heutzutage bedeutet, lässt sich durch die Stichwörter Globalisierung und Kostendruck ermessen.

Es ist nun nicht meine Absicht, das allgemeine Jammern über den Verfall der Werte zu unterstützen. Ich möchte aber auf einen für mich entscheidenden Punkt hinweisen: Kommunikation bedeutet immer auch eine Wechselwirkung, beide Seiten beeinflussen sich. Wenn es überhaupt Sinn macht, von einem Mensch-Maschine-System zu sprechen, dann ist auch deutlich, dass der Mensch nicht einfach Maschinen benutzen kann, ohne sich selbst in seinem Wesen zu verändern. Wir schaffen uns eben nicht nur mit Hilfe von Maschinen eine veränderte Welt, sondern wir selbst ändern uns entsprechend den Bedürfnissen der Maschine. Hier spreche ich nicht von den quasi menschlichen Bedürfnissen, wie sie das Tamagotchi zu zeigen scheint, sondern von der inneren Logik, mit der Maschinen und Computer funktionieren. Die Erzeugung von virtuellen Welten ist um so perfekter möglich, je mehr wir uns selbst virtualisieren. Dass dies nicht nur Gedankenspiele sind, sondern in einer wahnsinnigen Geschwindigkeit eine mögliche Zukunft sein wird, zeigt der Blick in die Zeitung. Das *Hamburger Abendblatt* berichtet davon, dass erstmals eine künstliche Figur, ein sogenanntes Atavar einen Plattenvertrag mit einem Musikproduzenten unterzeichnet hat. Geplant ist, dass der aus 60.000 Polygonen bestehende Kunstmensch zum internationalen Popstar aufgebaut wird. Zur Frage der Realisierbarkeit meint der menschliche Produzent, schließlich seien doch Figuren wie die »Backstreet Boys« genauso Kunstfiguren, und: »Wer kann schließlich noch zwischen Realität und Fiktion unterscheiden?« Der neue Atavar versteht sich als Mittler zwischen realer und virtueller Welt.

> »Mehr noch. Jeder Surfer auf der Datenautobahn kann sich mit Hilfe dieses Kunstwesens eine komplett neue Identität verschaffen. Hier und jetzt beginnt Dein zweites Leben, verheißt der gutgebaute Pixelkerl. Gib Dich so, wie Du schon immer sein wolltest!«
>
> *Hamburger Abendblatt*, Nr. 106

Die Identität kann beliebig gewählt werden. Alle Eigenschaften sind verfügbar und auf dem virtuellen Marktplatz ist Kommunikation möglich.

Der Trend ist deutlich: Virtualität bedeutet eben nicht das technisch immer perfektere Nachahmen und Herstellen von künstlichen Menschen, sondern die eigene Natur wird als virtualisierbar dargestellt. Der Mensch von der Maschine verschwindet in der Maschine und beginnt dort sein eigenes Leben. Für mich ist unbestreitbar, dass dies nicht ohne Folgen bleiben kann, dass diese Möglichkeiten danach drängen, realisiert zu werden.

Ein letztes Beispiel für das Problem Mensch–Maschine und dessen Wirkung sei hier angeführt, eine Sequenz aus einer Therapie:

> »Patient: Die Männer sind alle gleich.
> Therapeut: In welcher Weise?
> Patient: Sie machen uns immer wegen irgendetwas verrückt.
> Therapeut: Können Sie Beispiele nennen?
> Patientin: Na ja, die Idee zu diesem Gespräch stammt von meinem Freund.
> Therapeut: Die Idee stammt von Ihrem Freund?
> Patientin: Er sagt, dass ich oft deprimiert bin.

Therapeut: Es tut mir leid von Ihnen zu hören, dass Sie deprimiert sind.
Patientin: Das stimmt, ich bin unglücklich.
Therapeut: Glauben Sie, dass dieses Gespräch Ihnen hilft, nicht mehr unglücklich zu sein?
Patientin: Ich brauche jedenfalls Hilfe, das steht fest.
Therapeut: Was würde es für Sie bedeuten, Hilfe zu bekommen?
Patientin: Vielleicht könnte ich lernen, mit meiner Mutter auszukommen.
Therapeut: Erzählen Sie mehr von Ihrer Familie!
Patientin: Meine Mutter erledigt alles für mich.
Therapeut: Wer in Ihrer Familie erledigt noch alles für Sie?
Patientin: Mein Vater.
Therapeut: Ihr Vater?
Patientin: Sie sind ein wenig wie mein Vater.
Therapeut: Welche Ähnlichkeiten sehen Sie?
Patientin: Sie sind nicht besonders aggressiv, aber ich glaube, Sie möchten nicht, dass ich das besonders beachte.
Therapeut: Was lässt Sie vermuten, dass ich nicht sehr aggressiv bin?
Patientin: Sie streiten nicht mit mir.
Therapeut: Was lässt Sie vermuten, dass ich nicht mit Ihnen streite?
Patientin: Sie haben Angst vor mir.
Therapeut: Macht Ihnen der Gedanke Spaß, dass ich vor ihnen Angst habe?
Patientin: Mein Vater hat vor jedem Angst.
Therapeut: Was fällt Ihnen noch ein, wenn Sie an Ihren Vater denken?
Patientin: Angeber.
Therapeut: Hat das etwas damit zu tun, dass die Idee zu diesem Gespräch von Ihrem Freund stammt?«

Wir sehen hier ein Beispiel, in dem sich eine Frau in ihrer Not vertrauensvoll an einen Therapeuten wendet, wie sich eine Übertragungsbeziehung aufbaut und wie der Therapeut versucht, die sich entfaltende, genetisch strukturierte spezifische Beziehungsform auf ihr Verhalten und Erleben in der Gegenwart zu generalisieren. Soweit ist an diesem Therapieausschnitt nichts Ungewöhnliches. Die Interventionen des Therapeuten sind vielleicht ein wenig mechanistisch, sein Einfallsreichtum nicht gerade ausgeprägt. Wenn man aber weiß, dass der Therapeut eine Maschine, ein Computer, ist, verwundert dies allerdings nicht so sehr. Das Beispiel stammt von Josef Weizenbaum aus seinem Buch »Die Macht der Computer und die Ohnmacht der Vernunft« (1977). Als Professor am MIT beschäftigte er sich seit den 1960er Jahren mit Spracherkennungssystemen durch Computer und entwickelte das Projekt »Eliza«, ein Programm, das Dialoge über verschiedene Gebiete führen konnte. Das Programm »Doktor« wählte er aus, weil die Gesprächsführung nach

Rogers besonders einfach zu simulieren ist. Weizenbaum nennt als einen wesentlichen Grund für seine zunehmende Kritik an der Art und Weise, wie die sich damals bereits schon abzeichnende Entwicklung zur Informations- und Kommunikationsgesellschaft betrieben wurde – und hierbei besonders das Forschungsprogramm der Entwicklung der künstlichen Intelligenz – seine Erfahrung mit dem Programm »Doktor«.

»Es waren vor allem drei Ereignisse, die mich besonders nachdenklich gemacht hatten, als ›Doktor‹ weithin bekannt und gespielt wurde. 1. Eine Anzahl praktizierender Psychiater glaubte im Ernst, das Doktor-Computerprogramm könne zu einer fast völlig automatischen Form der Psychotherapie aufgebaut werden. ... Wie sieht das Bild aus, das der Psychiater von seinem Patienten hat, wenn er als Therapeut sich selbst nicht als engagiertes menschliches Wesen begreift, das zu heilen versucht, sondern als jemand, der Informationen verarbeitet, Regeln befolgt etc.? Derartige Folgen haben mir die Augen für das geöffnet, was Michel Polyani einmal als naturwissenschaftliche Weltanschauung bezeichnet hat, die offenbar ein mechanisches Bild vom Menschen hervorgebracht hat. 2. Ich konnte bestürzt feststellen, wie schnell und intensiv Personen, die sich mit ›Doktor‹ unterhielten, eine emotionale Beziehung zum Computer herstellten und wie sie ihm eindeutig menschliche Eigenschaften zuschrieben. ... Dass ein extrem kurzer Kontakt mit einem relativ einfachen Computerprogramm das Denken ganz normaler Leute in eine ernst zu nehmende Wahnvorstellung verkehren konnte. 3. Eine für mich überraschende Reaktion auf ›Eliza‹ war die verbreitete Ansicht, es handele sich um eine allgemeine Lösung des Problems, wieweit Computer eine menschliche Sprache verstehen können ... Ich dachte mir damals, dass die Urteile, die die breite Öffentlichkeit über neu entwickelte Technologien fällt, viel stärker davon abhängen, was diese Öffentlichkeit solchen Technologien zuschreibt, als davon, was diese wirklich sind oder was sie leisten können und was nicht.«

Weizenbaum, S. 16 ff.

Weizenbaum, ein führender Informatiker, erschrickt darüber, wie intensiv Beziehungen von Menschen zu Computern sein können und im weiteren Verlauf darüber, wieweit die Funktionsweise des Mechanischen bereits Einfluss auf das Denken und Fühlen der Menschen genommen hat. Wenn man bedenkt, dass das Buch vor einem Vierteljahrhundert entstanden ist, und welchen Umfang die Anwendung von Computern seither angenommen hat, so kann man sich vorstellen, dass das Erschrecken nicht geringer geworden ist. Von der Beziehungsseite her gedacht, von den Auswirkungen der Informationstechnologien auf die »Conditio humana« in den sozialen und ökonomischen Bereichen, wird man das Erschrecken teilen. Die

Hoffnung, dass diese Entwicklung nicht das Ende der Geschichte ist, nährt sich aus der für Weizenbaum grundsätzlichen Unmöglichkeit, menschliche Intelligenz, insbesondere natürliche Sprachen in ihrer Komplexität, und ihrer Eingebundenheit in gesellschaftliche und geschichtliche Kontexte, ausreichend zu verdinglichen und auf einen digitalisierbaren Begriff zu bringen. Ich kann und will mich nicht auf diesen fachlichen Streit unter Informatikern einlassen. Für mich als Psychoanalytiker ist der Hinweis entscheidender, dass hinter dem Sprachsymbol nicht nur die kognitive, rationale Seite des menschlichen Vermögens steht, sondern die Tiefenstruktur, das Unbewusste. Dieses ist eben irrational, entzieht sich dem Kalkül des berechnenden Verstandes und damit dem Zugriff der Maschine, auch wenn die Programme immer komplexer und schneller werden. Die Virtualisierung von realer Welt wird voranschreiten. Aber sie wird nicht den ganzen Menschen ergreifen.

Diesen Beitrag möchte ich mit einem Zitat aus einer Rezension über das Buch von Francois Jacob (Genforscher und Nobelpreisträger), »Die Maus, die Fliege und der Mensch«, schließen (*Die Zeit*, Nr. 19):

> »Denn einzig die Phantasie, die auf Sprache beruht, ähnelt dem molekularen Baukasten, der mit uns spielt: Sie hilft uns beim Einfühlen in die Welt und nur mit ihr können wir an uns, den immergleichen Elementen, neue Welten bauen, vielleicht auf die Frage antworten, die uns am meisten interessiert: Was wird morgen geschehen? Das zu Ende gehende Jahrhundert hat sich eingehend mit Nukleinsäuren und Proteinen (ich füge Bits und Bytes hinzu) beschäftigt. Das Kommende wird sich auf die Erinnerungen und Begierden konzentrieren. Auf die Gelüste des triebhaften und des gesellschaftlichen Menschen, die Erinnerung an unsere undurchschaubaren Abhängigkeiten und die Fragen kleiner Kinder.«

Literatur

Brockhaus (1986): dtv-Brockhaus Lexikon. München (dtv), S. 56 f.

Der Spiegel: Nr. 43, 1997.

Die Zeit: Nr. 19, 1998, S. 35.

Freud, S. (1919): Das Unheimliche. GW Bd. XII. Frankfurt a. M. (Fischer) (1978).

Freud, S. (1917): Die Wege der Symptombildung. GW Bd. XI. Frankfurt a. M. (Fischer) (1978).

Laplanche, J. & Pontalis, J. B. (1973): Das Vokabular der Psychoanalyse. Bd. II. Frankfurt a. M. (Suhrkamp).

Hamburger Abendblatt: Nr. 38, 14.2.98, Uni-Seite.

Hamburger Abendblatt: Nr. 106, 10.5.98.

Weizenbaum, J. (1977): Die Macht der Computer und die Ohnmacht der Vernunft. Frankfurt a. M. (Suhrkamp).

Intimität und Flexibilität

Die Auswirkung neuer Lebensstile auf Trennungsdynamiken zwischen Eltern

Alexander Korritko

»Mehr. Mehr Geld. Mehr Freiheit. Es gibt immer neue Ziele zu entdecken.
Wir wollen immer mehr. Die Frage ist: Wo soll das alles herkommen? Mehr
Effizienz. Weniger Gewicht. Audi A2. Mehr aus weniger.«
TV-Werbespot, Sommer 2000

Bestandsaufnahme 1: Rationalisierung und Individualisierung

Bei einem Versuch, den Zeitgeist zu erfassen, referierte vor kurzem der
Soziologe Oskar Negt die Auswirkungen von Rationalisierung auf gesellschaftliche Spannungspotentiale. Er geht davon aus, dass die momentane
gesellschaftliche Krise unabhängig von konjunkturellen Entwicklungen
vor allem als kulturelle Krise betrachtet werden muss. Seiner Ansicht
nach befinden wir uns in einer »Zwischenwelt«, in der die alten Normen
nicht mehr gelten und eine neue Ethik noch nicht in Sicht ist (Negt 2000).
　Negt schildert als Trend der Postmoderne einen Prozess der Zerstük-
kelung, der den Gesetzen des technisch Machbaren folgt und Einzelinteressen dient. Wir finden solche Zerstückelungen im Bereich der Wirtschaft und der Produktion, im Sozial- und Gesundheitswesen und auch
in der Gestaltung von menschlichen Beziehungen wieder: Geld wird
dorthin gebracht, wo es der Steuerpflicht entgeht; Waren werden dort
produziert, wo es billiger ist; der Magen wird operiert, weil eine psychosomatische Kur viel zu teuer wäre; für die unterschiedlichen Bedürfnisse
im Leben wählen wir uns unterschiedliche »Lebensabschnittspartner«,
mit dem nächsten werden wir vielleicht ein bisschen glücklicher. Baustein
für Baustein kann das »Lebens-Lego« den permanent wechselnden
Bedürfnissen entsprechend neu zusammengestellt werden.
　Doch jede dieser Lösungen von Teilproblemen hinterlässt Spuren im
Gemeinwesen, finanzielle und emotionale Kosten, ökologische Schäden,
die letztendlich alle zu tragen haben. Vier Beispiele:

- Die Auslagerung von Produktionsstätten und der Verzicht auf Lagerhaltung von Zulieferteilen hat in den letzten 10 Jahren den LKW-Verkehr in Deutschland verfünffacht.
- Ein neuer Arbeitsplatz in der Micro-Elektronik zerstört längerfristig fünf andere volkswirtschaftliche Arbeitsplätze.
- Die für Produktion, Handel und Verwaltung erforderliche Mobilität und Flexibilität der Arbeitnehmer fragmentiert Familien und Gemeinwesen.
- Eine Single-orientierte Stadtentwicklung bietet ungeeignete Lebensräume für Kinder und Alte.

Negt stellt fest, dass die Konzentration auf Einzelinteressen und auf das technisch Machbare die Sicht auf das »ganze Haus« in den Hintergrund treten lässt.

Schon 1992 spricht Wilhelm Heitmeyer über die Folgen von familiären »Verinselungsprozessen«:

> »Der Mangel an gemeinsam verbrachter Zeit geht eindeutig zu Lasten von Kindern und Jugendlichen. Ihre Sorgen, Nöte und Wünsche – und das sind in der Regel Herzenssachen – werden in die übrig gelassenen Zeitlücken hineingestopft. Die Zeit, um mich mit den anderen abzustimmen, Konflikte zu regeln, gemeinsame Normen und Werte anzunehmen, geht verloren. Soziale Verankerungen lösen sich auf. Wir müssen also die Folgen unseres Handelns für andere überhaupt nicht mehr bedenken. Gleichgültigkeit schleicht sich ein.«

> Heitmeyer 1992

Bestandsaufnahme 2: Mediale Nähe, emotionale Distanz

Wenn in den 1970er Jahren noch das Schlagwort der Umweltschützer »Think global, act local« war, scheint heute »see global, hear global, talk global, buy and sell global – party local« zu gelten. Der enorm verstärkte Einfluss der Medien und die wachsende Nutzung des Internets hat die Welt zum globalen Dorf schrumpfen lassen, in der die Entfernungen nicht nur gedanklich, sondern auch tatsächlich in kürzester Zeit überwunden werden können. Nur das gute alte gemeinsame Bier in der Kneipe um die Ecke kann nicht durch das Surfen im World Wide Web ersetzt werden. »Party machen« geht scheinbar besser im direktem Kontakt.

Bei näherer Betrachtung führt die technisch hergestellte Nähe jedoch nicht gleichzeitig zu emotionaler Dichte. Wir werden z. B. täglich per Bildschirm mit einer Informationsflut der grauenhaftesten Bilder von Kriegen und Katastrophen aus aller Welt überschüttet, erleben durch eine zunehmende Abstumpfung jedoch immer weniger deren emotionale Brisanz. In Talk-Shows erleben wir Menschen, die die außergewöhnlichsten Verhaltensweisen salonfähig machen, indem sie sie darstellen und als Ausdruck ihrer Individualität verteidigen. Die Gier nach Sensation und die Lust am Brechen von Tabus treibt sowohl die Sender als auch die Akteure und Zuschauer zu nie geahnter Offenheit: »Big Brother«, die mit Kameras 23 Stunden pro Tag beobachtete und gesendete Live-Wohngemeinschaft mit Menschen, die sich selbst darstellen, wird zum Medienspektakel. Die konstruierte Realität ersetzt die Wirklichkeit.

Der Siegeszug des Handys hat unser Straßenbild erheblich verändert. In (fast) jeder Situation kann mit den Mitmenschen Kontakt aufgenommen werden, wobei die Inhalte der Mitteilungen oft an Banalität nicht zu überbieten sind. Die Bedeutung scheint nicht darin zu liegen, was gesagt wird, sondern die Mitteilung an sich verschafft in Gegenwart anderer Menschen Prominenz. Das Private wird öffentlich.

Das tabulose Darstellen von Persönlichkeitsbruchstücken in der medialen Welt folgt anderen Gesetzmäßigkeiten als die direkte Begegnung mit anderen Menschen von Angesicht zu Angesicht. Selbst wenn diese direkte Form der »altmodischen Kommunikation« stattfindet, werden eher »statements« abgegeben, als dass ein Thema, ein Standpunkt von allen Seiten beleuchtet, unterschiedlich bewertet oder zu einem gemeinsamen Ergebnis geführt wird. Die Generation der jetzt 25- bis 35-Jährigen kennt das »Ausdiskutieren«, wie es ihre Eltern und Lehrer bis zur Erschöpfung betrieben haben, als abschreckendes Beispiel.

Die US-amerikanische Familientherapeutin Mary Pipher geht davon aus, dass wir in einer narzisstischen Kultur leben, in der wir andere, vor allem Familienmitglieder, nur als Hindernisse bei der Befriedigung individueller Interessen erleben. Sie schreibt über ihr eigenes Land:

> »Wir sind eine Nation von Adoleszenten – mit uns selbst beschäftigt, sexualisiert, impulsiv, launisch, konsumorientiert, auf der Suche nach Freiheit und Verantwortung.«
>
> Pipher 1996, S. 18

Ihr Landsmann Richard Sennett hat den »flexiblen Menschen« als Kulturträger des neuen Kapitalismus beschrieben. In der rationalisierten, globalisierten, medienorientierten Welt ist permanente Flexibilität gefragt, mit der es fast unmöglich ist, sich mit seiner Arbeit, seiner Familie und seiner Partnerschaft zu identifizieren, sich längerfristig zu binden und Verantwortung zu übernehmen. Sennett schreibt:

> »Die Zerstörung des Charakters ist eine unvermeidliche Folge. Nichts Längerfristiges desorientiert auf lange Sicht jedes Handeln, löst die Bindungen von Vertrauen und Verpflichtung und untergräbt die wichtigsten Elemente der Selbstachtung.«
>
> Sennett 2000, S. 38

Es bleibt auch die Frage, ob einseitig Individuation fördernde Psychotherapieformen nicht auch entscheidend zu einer Kultur beigetragen haben, die das Gemeinwesen als nebensächlich, wenn nicht als störend betrachtet. Das »ich bin ich« der Ellenbogengesellschaft ist möglicherweise auch durch Psychotherapieformen unterstützt worden, die das individuelle Wachstum gefördert haben, ohne die Verantwortung für andere gleichrangig zu betonen.

Intimität und Flexibilität: Klinische Erfahrungen mit Eltern und Kindern im Prozess der Trennung und Scheidung

Ich bin als Paar- und Familientherapeut seit ca. 25 Jahren in einer kommunalen Erziehungsberatungsstelle tätig. Seit 1989 besteht eine spezielle Arbeitsgruppe, die es sich zur Aufgabe gemacht hat, Eltern und Kinder im Trennungsprozess als besonders gestresste Personengruppe zu beraten. Ein Kernbereich des Beratungsangebotes besteht (a) aus Krisengesprächen mit Eltern in der Ambivalenzphase (es wird über Trennung gesprochen) und (b) aus Vermittlungsgesprächen mit Eltern in der Trennungs- und Nachtrennungsphase (die Trennung hat stattgefunden).

Ziel dieser Beratungsgespräche ist (a) eine Klärungshilfe, ob eine Veränderung nur durch eine Trennung zu bewirken ist, oder ob eine Veränderung innerhalb der Partnerschaft möglich ist, bzw. (b) eine

Gestaltung der Nachtrennungs-Elternschaft, so dass die Kinder kontinuierliche entwicklungsfördernde Beziehungen zu beiden Eltern behalten können. Wir lernen Eltern innerhalb dieses Beratungsangebotes sowohl vor der Trennung als auch während oder viele Jahre nach der Trennung kennen.

Die traditionell Streitenden

Sie sind verheiratet oder nicht, hoch zerstritten; seit Jahren unter der Situation leidend; die Trennung ist eine Erlösung; die Zusammenarbeit zum Wohl der Kinder gelingt mal besser, meist schlechter; sie und er sind heilfroh, dass sie nicht mehr unter einem Dach leben; sie sind verbittert darüber, dass man noch miteinander zu tun hat.

Der Streit in diesen Partnerschaften geht meist um die Kinder. Die Mutter betrachtet sie mehr als »ihre Kinder«, Intimität war auch oft schon vor der Trennung stärker auf die Mutter-Kind-Beziehung ausgerichtet. Der Vater kämpft darum, die Kinder zu sehen, wünscht sich Flexibilität in der Termingestaltung. Wenn wir in den Vermittlungsgesprächen zu konkreten Verabredungen kommen, ist manchmal im Terminplan des Vaters keine Zeit für die Kinder vorgesehen.

Sie erlebt sich als Frau (hierbei unterscheiden sich die erwerbstätigen Mütter kaum von den nicht erwerbstätigen Müttern), auf deren Schultern die Verantwortung für die Kinder lastet, er erlebt sich als Mann, der für den Unterhalt der Kinder sorgen muss und im harten Kampf um den Erhalt seines Arbeitsplatzes so flexibel sein muss, dass er seinen Wunsch nach kontinuierlichem Kontakt zu den Kindern nachrangig sieht. Verfolgen wir die Geschichte dieser Familien, wird deutlich, dass sich die Dynamik der Familie in der Nach-Trennungs-Situation nicht von der in der Vor-Trennungs-Situation unterscheidet. Wir lernen jedoch auch andere Paare kennen.

Die unvorhersagbaren Drifter

Sie haben sich als Paar definiert, ohne je unter einem Dach zusammengelebt zu haben. Sie leben in unterschiedlichen Städten und verbringen das Wochenende miteinander, oder leben im gleichen Stadtteil in getrennten Wohnungen. Intimität geschieht »per Verabredung« mit enormer Hingabe und Leidenschaft und ist gleichzeitig mit offenen Grenzen ausgestattet. Sie sind nicht miteinander verheiratet und leben einen Stil, der gemeinsame Alltagsinteraktion nur in kleinen Zeitfenstern ermöglicht. Sie unterscheiden sich von den nicht-verheirateten traditionellen Eltern dadurch, dass sie diesen auf höchstmögliche Eigenständigkeit ausgerichteten Lebensstil auch bei der Geburt eines Kindes nicht verändern. Die Verantwortung für die Kinder liegt meist bei den Müttern. Bei auftretenden Partnerschaftskonflikten geschieht häufig ein in atemberaubender Geschwindigkeit vollzogener Wechsel von »Trennung« und »Zusammensein«, zum Teil von beiden, zum Teil von einem Partner definiert. Sie bewegen sich zwischen den tiefsten Gefühlen von Liebe und energiegeladenem Hass hin und her. Es gelingt ihnen weder eine dauerhafte Konfliktregulierung durch Trennung, noch eine kontinuierlich anhaltende Konfliktregulierung innerhalb der Partnerschaft.

Die Kinder sind häufig äußerst irritiert. Das Kind einer Klientenfamilie wusste jeweils nicht, welcher Elternteil es vom Kindergarten abholen würde und ob die Eltern sich gerade wieder vertrugen oder gerade, nachdem sie sich vertragen hatten, wieder getrennt hatten. In diesen Familien wurden manchmal andere Menschen wichtige Bezugspersonen für die Kinder: Kindergärtnerinnen, Großeltern, Tagesmütter.

Streit nach einer dann doch vollzogenen Trennung (erkennbar durch neue Sexualpartner, falls es nicht sogenannte »bedeutungslose One-Night-Stands« waren) dreht sich häufig äußerlich um die Kinder, es geht aber auch darum, wer welchen finanziellen Anteil an den Kosten für die Kinder trägt. Ihre finanzielle Situation bereitet ihnen enorme Probleme, wenn sie an einem Lebensstil orientiert sind, den sie sich eigentlich nicht leisten können. Intensive Auseinandersetzungen drehen sich dann zusätzlich um die Frage, wer für die momentane desolate Lage verantwortlich ist.

Diese »unvorhersagbaren« Paare befinden sich in einem permanenten Zustand des Driftens, sie lassen sich hin- und hertreiben zwischen den unterschiedlichen momentanen Emotionen und Bedürfnissen. Sie wollen auf wenig verzichten, weil sie Grenzen für den Beginn von unzumutbarer Einengung halten. Sie wollen Verantwortung tragen, wissen aber nicht, wie sie es tun sollen, ohne den traditionellen Vätern und Müttern zu gleichen. Sie fürchten sich vor der Langeweile und sind ständig unterwegs auf der Suche nach neuen Grenzerfahrungen. Sie »zappen« sich durchs Leben. Sind sie die »Produkte« der frustrationsfreien Erziehung der 1970er Jahre, oder sitzen uns hier die Nachkommen aus den besonders rigiden Familiensystemen dieser Zeit gegenüber?

Die sorglosen Vermeider

kommen als dritte Gruppe zu uns. Sie sind die deutlichsten VertreterInnen des neuen Zeitgeistes. Sie sind die scheinbar vernünftigen Eltern, die jeder intensiven Auseinandersetzung aus dem Weg gehen. Sie glauben, dass sie keine Probleme haben, da alles regelbar ist. Die Partnerschaft selbst wird scheinbar mühelos beendet, man hat sich auseinandergelebt, ohne dass dies ein Grund für einen intensiven Streit ist, wie es bei den »traditionellen Streitern« und den »unvorhersagbaren Driftern« geschieht. Sie haben meist zusammengelebt, verheiratet oder auch nicht, sind beide berufstätig und haben das Kind relativ schnell nach der Geburt zur Betreuung in andere Hände gegeben. Sie sind sehr viel stärker Karriere-orientiert als die beiden anderen Gruppen, legen großen Wert auf den Besitz von Statussymbolen und auf ihre Wirkung nach außen.

Kommen diese Paare zur Elterntrennungsberatung, benötigen sie kaum Vermittlung. Sie sind eher daran interessiert, hilfreiche Tipps zu bekommen, wie eine Trennung am besten organisiert werden kann. Wenn es bei diesen Paaren zu einem Streit kommt, so geht es nicht darum, wer für welchen Zeitraum die Kinder haben darf, wie bei den traditionellen Müttern und Vätern, sondern darum, wer für welchen Zeitraum die Betreuung der Kinder übernimmt, so dass der andere Elternteil ‚kinderfrei' ist. Meist haben sie keine finanziellen Probleme, so dass unterschiedliche Formen der Fremdbetreuung leicht finanziert werden können. So werden auch in diesen Familien Großeltern und Erzieherinnen in Kindertagesheimen für die Kinder zu wichtigen Bezugspersonen.

Bei den »sorglosen Vermeidern« wird im Gespräch über die Vergangenheit deutlich, dass sie meist nach einer relativ kurzen Zeit der romantischen Liebe in eine Form von Partnerschaft übergewechselt sind, die sowohl wenig Raum für Konflikte und Auseinandersetzungen als auch für Intimität beinhaltete. Geld verdienen und Spaß haben ist ihnen wichtiger als intensives persönliches Engagement für das Gelingen der Partnerschaft. Sie haben sich selten für ihre eigenen Interessen eingesetzt, sich meist auch sanft von ihrer Herkunftsfamilie getrennt. Hin und wieder bleibt für Außenstehende unklar, warum die Partnerschaft beendet wird. Sie erscheinen im Vergleich zu den anderen beiden Gruppen oberflächlich. Sind sie die Trendsetter für die zukünftigen Formen familiärer Beziehungen?

Trennungsstile im Vergleich

Bei einem Vergleich der drei Gruppen miteinander scheint es, als hätten die »traditionellen« Eltern in Bezug auf Intimität und Flexibilität eine Spaltung vollzogen: Die Väter sind mehr an der Erziehung ihrer Kinder beteiligt, als die Generation vor ihnen, aber nach der Trennung entscheiden sie sich für eine flexible Lebensgestaltung mit weniger Zeit für die Kinder; die Mütter bleiben auch bei eigener Berufstätigkeit für die Kinder zuständig.

Bei den »unvorhersagbaren Driftern« haben beide Eltern nach einer Trennung zwar den Anspruch, sich gleichwertig um die Kinder zu kümmern, sind jedoch – wie auch in ihren Partnerschaften – so wechselhaft, dass dies bei den Kindern zu einer permanenten Orientierungslosigkeit führt. In diesen Familien herrscht eine äußerst flexible Intimität vor.

Bei den »sorglosen Vermeidern« bestimmt eindeutiger die Flexibilität die Nachtrennungs-Beziehungen, wobei für Intimität zwischen Eltern und Kindern wenig Raum zu sein scheint. Ein unausgesprochener Verzicht auf Dauerhaftigkeit hat bei beiden Eltern einen gleichberechtigten, auf Selbstverwirklichung bezogenen Lebensstil ermöglicht. In der Begegnung mit ihnen ist der Prototyp des von Sennett beschriebenen »flexiblen Menschen« am deutlichsten erkennbar.

Zukunftsperspektiven

Richard Sennett schließt seine Kritik an der Kultur des neuen Kapitalismus mit dem Satz:

> »Ein Regime, dass Menschen keinen tiefen Grund gibt, sich umeinander zu kümmern, kann seine Legitimität nicht lange aufrecht erhalten.«
> Sennett 2000, S. 203

Der amerikanische Familientherapeut Salvador Minuchin schreibt:

> »Es ist ein Lied, das unsere Gesellschaft hören sollte: das Lied, das von ›ich‹ und ›du‹ erzählt, das Lied vom Zusammenleben mit anderen, verantwortlich sich und anderen gegenüber. Um es zu hören, brauchen wir den Mut, die Illusion vom autonomen Selbst aufzugeben und die Beschränkung des Miteinander zu akzeptieren. Das Überleben der Arten hängt ebenso wie das Über-

leben der Familie von der Fähigkeit zu Anpassung und Zusammenarbeit ab. Eine Gesellschaft, die diese Fähigkeit unterbewertet, ist in Gefahr; und sie ist möglicherweise auch gefährlich.«

Minuchin & Nichols 1993, S. 431

Horst-Eberhard Richter hat bei seiner jüngsten Erhebung über die Gemütslage, die innere Verfassung, das Selbstkonzept und die sozialen Beziehungen der Deutschen eine Abkehr vom Egotrip festgestellt (Psychologie Heute, April 2000).

»Die Deutschen lebten Mitte der neunziger Jahre zwar selbstbezogener als je zuvor, fühlten sich dabei jedoch nicht mehr so wohl in ihrer Haut. Viele waren frustriert und vereinsamt. Werte wie Familie und Bindung feiern ein Comeback. Damit einher geht eine Renaissance von Tugenden wie Anstrengung, Ordnung, Sparsamkeit, Wahrhaftigkeit und Offenheit.«

Richter konstatiert, dass sich »Widerstandskräfte« gegen die »ökonomische Liberalisierung« regen.

Die jüngste Shell-Studie über die Jugend 2000 stellt neben einer erdrutschartigen Abkehr von der Politik fest, dass eine Generation von Realisten herangewachsen ist, die für den privaten Bereich durchaus romantische Vorstellungen hat. Familie und Kinder sind wieder in. Das Bild von den surfenden Computerkids ist falsch: 6,5 % aller deutschen Jugendlichen können daheim einen Computer nutzen, nur ein Viertel ist bislang am Netz. Nur 8 % der Jungen und 6 % der Mädchen gehen pro Woche durchschnittlich 34 Stunden online.

Exzessive Intimität per Distanz lässt die Aktivitäten in »realen« Beziehungen schrumpfen, sagen die Online-Berater der Kölner Telefonseelsorge. Ihr Klientel sind zu einem Großteil »depressive, psychosomatisch anfällige männliche Eigenbrötler«. Während die Befürworter neuer Kommunikationsmedien verdeutlichen, dass mit Handys, per SMS und per E-Mail über große Distanzen und auf bequeme Weise Kontakte aufrecht erhalten werden können, die sonst kaum gepflegt würden, warnen andere vor der intensiven Nutzung des Internets. Forscher stellen als neues Krankheitsbild eine suchtähnliche Abhängigkeit vom Internet fest (»Internet Addiction Disorder«), Therapeuten sehen mehr und mehr Paare, bei denen ein Partner sein sexuelles Interesse fast zu 100 % in »Cyber-Affären« befriedigt. 3 % aller deutschen Onlinenutzer sind internetsüchtig, stellten Wissenschaftler der Berliner Humboldt-Universität fest.

Für die Zukunft stellt sich also einerseits die Frage, ob uns der Höhepunkt der technologischen Entwicklung mit einer Ausrichtung auf das unabhängige flexible Selbst noch bevorsteht, oder ob wir es bereits mit dem Beginn einer gemeinschafts- und verantwortungsbezogenen Gegenbewegung zur distanzstiftenden Technologie zu tun haben. Andererseits: Selbst wenn es den zukünftigen Generationen gelingt, benutzerfreundliche Strukturen für das Zusammenleben im globalen Dorf zu entwickeln, bleibt offen, ob die Menschen mit den notwendigen Interaktionswerkzeugen ausgestattet sind, diese Strukturen zu nutzen. Wir haben möglicherweise im Leben mit Vollgas im Hier und Jetzt zu lange gelernt, dass nur der Konsum von Waren befriedigt und Glück gekauft werden kann.

In einer Welt, in der der Kontakt über die neuen Medien und zu den »richtigen Leuten« als Weg zum Erfolg so enorm bedeutungsvoll eingeschätzt wird, so der amerikanische Sozialkritiker Jeremy Rifkin in seinem Buch »The Age of Access« (2000), besteht die Gefahr, dass wir uns auf eine Gesellschaftsform zu bewegen, die aus vorübergehenden Beziehungen besteht, deren Bedeutung weitestgehend in Geldwert bemessen wird.

Wenn wir uns wieder auf dauerhafte menschliche Beziehungen in der »realen Welt« als stabilste sinnstiftende Komponente des Lebens konzentrieren, müssen wir wieder mehr Anstrengungen und Risiken in Kauf nehmen. Darüber hinaus sind neue Grenzziehungen und neue Verbindungen erforderlich. Nicht alles, was geht, darf auch geschehen. Tabus, Nein-Sagen und Verzicht können tragende Pfeiler einer neu zu entwickelnden Ethik werden, damit eine Gemeinschaft eine Zukunft hat. Es wird die Aufgabe auch von Therapeuten werden, Menschen miteinander zu verbinden: Eltern und Kinder, Familien und ihre Angehörigen, Eltern mit anderen Eltern und Familien mit Schulen und Gemeinwesen.

Literatur

Heitmeyer, W. (1992): Die Gesellschaft löst sich auf. *Die Zeit*, 43, 16.10.1992, S. 4.

Pipher, M. (1996): The Shelter for Each Other – Rebuilding Our Families. New York (Ballantine Books).

Sennett, R. (2000): Der flexible Mensch. Die Kultur des neuen Kapitalismus. Berlin (Siedler).

Minuchin, S. & Nichols, M. (1993): Familie – die Kraft der positiven Bindung. München (Kindler).

Negt, O. (2000): Vortrag bei der 51. Jahrestagung des Deutschen Kollegiums für Psychosomatische Medizin. Hannover, 4. März 2000.

Richter, H.-E. (2000): In: Psychologie Heute, 4 / 2000.

Rifkin, J. (2000): The Age of Access. The New Culture of Hypercapitalism. Where All of Life is a Paid-For Experience. New York (Putnam).

Shell-Jugendstudie 81 (1982): Lebensentwürfe, Alltagskulturen, Zukunftsbilder. Bd. 1. Opladen (Leske).

Veränderungen der intimen Beziehungen

Perspektiven aus kinder- und jugendpsychiatrischer Sicht

Gerd Lehmkuhl und Ulrike Lehmkuhl

Vor einigen Jahren machte ein Buch in Brief- und Postkartenform von Nick Bantock über die Liebe Furore. In dem Text bleibt offen, ob es den Partner oder die Liebe überhaupt gibt und am Ende schreibt der Mann:

> »Alles ist so schwierig geworden, es gibt dich gar nicht! Ich habe dich erfunden. Ich war einsam und sehnte mich nach einer Freundin. Dadurch habe ich beinahe die Gewalt über mich verloren. Ich bin dabei, mir einzubilden, dass ich dich liebe! Bevor mir das Ganze über den Kopf wächst, muss Schluss sein.«

Natürlich kommen in diesem Briefroman Kinder gar nicht erst vor und auch in einem *Spiegel*-Titel über Singles: »Der Flirt mit der Freiheit. Zwischen Freiheit und Einsamkeit« (Beyer u. a. 2000) bleibt das Thema Kinder weitgehend ausgespart. Es geht um Einpersonenhaushalte, die im Zeitalter des »Single-Booms« gestiegen sind und statistisch erfasst wurden: Alleinstehende Männer sind in der Minderheit; über die Hälfte leben in der Großstadt; im Westen ist ihr Anteil größer als im Osten, allerdings mit wachsender Tendenz in den neuen Bundesländern. Singles haben häufig Abitur, sind häufiger berufstätig, verfügen über ein höheres Einkommen und größere Wohnungen, zu den Eltern haben sie mehr Kontakt als Zusammenlebende. Es geht um narzisstische Unreife, den Versuch, das zerbrechliche Selbst im Fitnessstudio zu kompensieren, Glanz und Elend in einem Leben aller Widersprüche des Seins.

In dem Artikel wird dargestellt, dass Singles hilflos auf dem Liebesbasar agieren, statt Enttäuschungen zu verarbeiten, rasch nach jemandem neuen suchen, nach dem Idealpartner, der sie vor Kränkungen schützt und der ihr zerbrechliches Größenselbst vor Abstürzen bewahrt. Das bedeutet, dass sie einen Menschen suchen, den es nicht gibt, und dass sie sich der Gründung von Familien und überhaupt dauerhaften Bindungen versagen, also insgesamt ein nicht familien- und kinderorientiertes Denken bevorzugen. Dabei erschien in den letzten Jahren eine ganze Reihe von Büchern, die versuchen, Beziehung und Liebe in ihren vielfältigen Formen neu zu beleben: Psychoanalyse der Liebe (Höhfeld & Schlösser 1997), Romantische Beziehungen – Bindung, Liebe, Partnerschaft (Bierhoff & Grau 1999), Das Schicksal der Liebe (Kamper & Wulf 1988), Intimität – Über die Veränderung des Privaten (Buchholz 1989). Bierhoff und Grau (1999) halten fest, dass die Liebe auf den ersten Blick eher eine Ausnahme darstellt und nur ein kleiner Teil der Befragten davon berichtet, sich »Hals über Kopf« verliebt zu haben. Romantische Beziehungen – so die Autoren – sind ein Beispiel für enge Beziehungen und lassen sich aus diesem Zusammenhang zumindest teilweise erklären:

> »Denn enge Beziehungen sind schon für das Baby vorhanden, dessen wichtigste Bezugspersonen Mutter und Vater sind. Eine Basiserkenntnis der Psychologie lautet, dass die frühkindlichen Erfahrungen für das weitere Leben besonders wichtig sind. Das ist im Zusammenhang mit romantischen Beziehungen nicht anders.«
>
> Bierhoff & Grau 1999, S. 1

Es stellt sich die Frage, ob es eine Kontinuität zwischen den Beziehungsmustern des kleinen Kindes zu seinen Erwachsenen und denen der späteren Erwachsenen untereinander gibt? Bowlby stellt in den Mittelpunkt seiner Theorie die Bedeutung der spezifischen Bindung des Kindes an seine Bezugspersonen und die sich hieraus ergebenden Konsequenzen für die Persönlichkeitsentwicklung und für das Auftreten psychopathologisch relevanter Störungen (Bowlby 1969, 1975). Schmidt und Strauß (1996) weisen auf die klinisch besonders relevante Annahme der Bindungstheorie hin, dass sich das Bindungsverhalten und -system nur in einer günstigen Umgebung adäquat entwickeln können. In Abhängigkeit von der Qualität der Umgebung resultieren dementsprechend verschiedene Bindungsstile als Ergebnis der internalisierten Bindungserfahrung. Für Brazelton und Cramer (1991) stellt Bindung in der frühen Kindheit einen emotionalen Kern gefühlter Sicherheit und wahrgenommenen Schutzes vor Gefahr dar. Die Selbsteinschätzung und -darstellung der Kinder – so Brazelton und Cramer – wird in erheblichem Ausmaß von den Erwartungen, Idealen, Vorlieben und Abneigungen ihrer Eltern geformt. Diese innere Haltung würde sich dem Kind durch Mienenspiel, Bemerkungen und Handlungen vermitteln, aus denen es abliest, wie die Eltern seine Absichten interpretiert haben. Hierdurch »lernt der Säugling, Absichten zu entwickeln und kundzutun« (Dunn 1982). Warum ist dieser Aspekt für unsere Fragestellung so wichtig? Es geht darum, den biographischen Bezug von Bindungs- und Nähe-Verhalten zu verstehen. Erikson (1968, 1981) hat dies am Beispiel des Lebenszyklus und seiner Bedeutung für die Epigenese der Identität herausgearbeitet. Er weist darauf hin, dass erst wenn die Identitätsbildung weit vorangeschritten ist, echte Intimität möglich wird. Der Jugendliche, der seiner Identität nicht sicher sei, scheue vor der zwischenmenschlichen Intimität zurück oder stürze sich in intime Akte, die »promiskuös«, ohne echte Verschmelzung oder wirkliche Selbstaufgabe seien. Als Gegensatz zur Intimität definiert Erikson die Distanzierung, d. h. die Bereitschaft, jene Kräfte und Menschen, deren Wesen dem eigenen gefährlich erscheinen, abzuweisen, zu isolieren und wenn nötig zu zerstören.

»So besteht die bleibende Folge des Bedürfnisses nach Distanzierung in der Bereitschaft, das eigene Territorium der Intimität und Solidarität zu befestigen und alle Außenseiter mit fanatischer Überbewertung der kleinen Unterschiede zwischen dem Vertrauten und dem Fremden anzusehen.«

Erikson 1968, 1981, S. 139

Dabei braucht es ein Fundament, denn ein wirkliches »Sich-Einlassen« auf andere sei das Ergebnis und der Prüfstein der festen Selbst-Abgrenzung. Intimität »auf Distanz« (König 1976), eine individuelle Balance von Nähe und Distanz, entsteht dann in einem familiären und sozialen Kontext, der zunehmend größer und komplexer wird. Hierbei sind die Grenzen durchlässig und Buchholz (1989) spricht von einer Intimisierung des öffentlichen Lebens in einem bislang kaum da gewesenen Ausmaß.

König (1989) geht von einer Zerstörung der Intimität durch Fernsehen und Werbung aus. Die meisten Medien hinterließen tiefe Spuren, dokumentierten sich in neuen Erziehungspraktiken und der Einfluss des Fernsehens verändere bereits die Mutter-Kind-Interaktion im Säuglingsalter. Das zum verbindlichen Verhaltensmodell gewordene Fernsehen erzeuge einen konsumgesteuerten Charakter und lege über automatisiertes Spielzeug, Kassettenrecorder, CD-Player und Fernsehapparat einen passiv-regressiven Zugang zur Welt nahe, wobei eigene Initiativen unterblieben. Auch wenn hier der Einfluss neuer Medien dämonisiert wird, bleibt die Frage, wie sich intime Beziehungen und familiäre Strukturen in einer veränderten Umwelt und Medienlandschaft darstellen und bilden. Buchholz (1989) vermutet, dass in dem Maße, in dem sich die Familie von konkurrierenden Lebensformen bedrängt sieht, von Alternativen, Alleinerziehenden, Singles, Wohngemeinschaften oder -gruppen, sich die ihr bislang allein zukommende Sphäre der Intimität auf die Sphäre der Kultur, der Öffentlichkeit, der Politik und der sozialen Praxis ausdehnt. Insofern besteht scheinbar eine große Nähe und Intimität durch Offenlegung sehr privater Erfahrungen und Gefühle, die sich in Medien verschiedenster Provenienz ausbreiten, d. h. es gibt einerseits Vorgaben was heute »in« und »trendy« ist, andererseits wird darauf geachtet, das Eigene und Individuelle zu kultivieren und auszubilden. Familien erleben hierbei einen Konflikt zwischen Standardisierung und Individualisierung. Nach Buchholz ist ein zentrales Motiv der modernen Familienbildung die Idee der romantischen Liebe gewesen, die jedoch rasch in einen Gegensatz zu der mit der Industrialisierung einhergehenden Individualisierung geriet:

> »Einerseits Liebe, Zweisamkeit, Gefühl und Innigkeit; andererseits aber auch Verfolgung der ganz individuellen Interessen, ob dies nun die Förderung der eigenen Karriere betrifft oder die aufkommende Überzeugung, das eigene persönliche Wachstum werde durch das Zusammenleben mit dem augenblicklichen Partner nicht mehr gefördert.«

Dank der Studien des Jugendwerks der Deutschen Shell liegen uns sowohl quantitative als auch qualitative Ergebnisse über die Selbsteinschätzung von Jugendlichen vor. Auch wenn der Einstieg in die Geschlechterrolle früher einsetzt, sind die mit engen Beziehungen verbundenen Wünsche und Hoffnungen über die letzten fünfzehn Jahre relativ konstant. In der Untersuchung zu Lebensentwürfen, Alltagskulturen und Zukunftsbildern, die 1981 durchgeführt wurde, finden sich einige Äußerungen von Jugendlichen über die Einschätzung von intimen Beziehungen:

> »In der ersten Zeit haben wir immer aneinander vorbei geredet und dann so langsam konnte er mir helfen und ich ihm. Ich mehr oder weniger, weil ich ihm die Gefühle erklärt habe, wie die sind oder wie die sein können. Ich weiß nicht, ob sie bei ihm so sind oder sein werden. Ich hab ihm von meiner Seite gezeigt, da hat er jemanden gesehen, der halt verliebt war ...«

> »Das Glück war ein Freund, mit dem habe ich echt nächtelang darüber gesprochen, es gab Tage, wo ich überhaupt nicht mehr zu Hause war, er hat wahnsinnig viel Verständnis dafür gehabt. Dazu muss ich sagen, dass er noch nie 'ne Freundin gehabt hat, aber an Gott glaubt ...«

> »Wenn man nun mal miteinander geknackt hat, dann ist das was anderes, dann hast du Vertrauen usw. Ich meine, das merkt man ja, wenn man eine Bezie-

hung hat und schläft nie miteinander. Dann ist da irgendetwas drin, irgendetwas offenes, aber sobald man miteinander gepennt hat, ist was anderes. Vielleicht versteht man sich da besser, aber für mich ist es immer so'n Gefühl, dann geht es auch irgendwie auseinander, ich weiß nicht, ob ich Recht habe, ich habe kein Recht, es wird schwierig, weil man zu viel Angst hat ...«

»Am liebsten bin ich mit meinem Freund zusammen. In der Gruppe gibt es meistens Streit. Mit meinem Freund gibt es höchstens mal so einen kleinen Krach, also das ist kaum was, Missverständnisse, aber sonst ist da nix und kein Krach ...«

In der 1985 durchgeführten Untersuchung »Jugendliche und Erwachsene. Generationen im Vergleich« wird deutlich, dass sich alle befragten Jugendlichen einen liebe- und verständnisvollen Partner erträumen, egal, welche Erfahrungen sie gesammelt haben. Mit der Partnerschaft werden Nähe und Geborgenheit, gemeinsame Interessen, Kommunikation und Selbstverwirklichung assoziiert, bei deren positivem Erleben der Partner ein Gefühl von Sicherheit erlebt, das zur Stabilität der eigenen Person beiträgt. Durch die Partnerschaft empfundene psychische Veränderung wird folgendermaßen beschrieben:
- als » neues Lebensbewusstsein«,
- als » Teil meines Lebenszwecks«,
- »du gibst mir durch deine Existenz neuen Mut«,
- »durch die Liebe zu dir, die in mir weiterlebt, werde ich neue Hoffnung erlangen«.
Der Wunsch nach einer konstanten, glücklichen Zweierbeziehung ist ein starkes Bedürfnis der Altersgruppe zwischen 15 und 17 Jahren. und wird mit Inhalten wie Harmonie und Liebe verbunden.

Vergleichbare Ergebnisse erzielten wir in einer bundesweit durchgeführten repräsentativen Erhebung zu psychischen Auffälligkeiten von Kindern und Jugendlichen im Selbsturteil sowie in der Einschätzung durch ihre Eltern. Auffallend war, dass die 11- bis 18-Jährigen sich deutlich belasteter erlebten als dies nach Meinung der Eltern der Fall war. Nach Einschätzung der Eltern nahmen sozialer Rückzug, körperliche Beschwerden, Angst und Depressionen mit dem Alter eher zu, wobei kein Zusammenhang mit dem ebenfalls erhobenen Medienkonsum bestand (Döpfner u.a. 1997).

Ziehen wir eine erste Bilanz: Während durch die Bindungstheorie frühen Interaktionserfahrungen zwischen Mutter und Kind zunehmend eine große Bedeutung für die weitere Entwicklung und die spätere Bindungsfähigkeit zugeschrieben werden, geben die heutigen Jugendlichen sehr ähnliche Wünsche und Idealvorstellungen für ihre Partnerschaften an wie frühere Generationen. Glück und Zufriedenheit werden eng mit Nähe und Intimität in Zweierbeziehungen verbunden. Kommt also den Medien wirklich ein so großer Einfluss zu, wie ihnen häufig zugeschrieben wird?

Die Jugendstudie 1981 definiert die erste Verliebtheit als emotionale Öffnung zu dieser Problematik, erste eigene sexuelle Erfahrungen werden gemacht, Verständnis für Partnerschaft entwickelt. Pothast (2001) sieht in der Liebe nicht

>»bloß ein Gefühl, sondern mehr als ein Gefühl, jedenfalls, wenn man unter Gefühl nur einen Seelenzustand oder eine Seelenbewegung versteht. Die Liebe ist eher ein Gesamtzustand von Person und wahrgenommener Welt. Wenn wir lieben, sind wir veränderte Menschen mit veränderter Wahrnehmung, verändertem Denken, verändertem Körper, einem veränderten Welt- und Selbstverhältnis. Wir sehen unsere Umgebung anders, wir sehen die geliebte Person anders als bevor wir sie liebten, und wir handeln anders, auch in Situationen, die mit der Liebe augenfällig nicht zusammenhängen.«

Diese Beschreibung entspricht in vielen Teilen den Einschätzungen und Selbstbeurteilungen der Jugendlichen. Insofern kommen auch Jugendliche um »die romantische Beziehung« nicht herum, vor allem dann nicht, wenn sie in ihrer Umgebung die Erfahrung gemacht haben, dass enge Beziehungen bedeutsam, hilfreich und geschätzt sind. Hier treffen wir wieder auf das Thema der Bindungstheorie und die Vermittlung des Bindungsstils über die Generationen hinweg (vgl. Bierhoff & Grau 1999).

Nur wollen heute immer weniger Menschen die Aufgabe einer primären Bezugsperson für Kinder bzw. für andere übernehmen. Dies verlangt Festlegung, Verzicht auf Freiraum sowie eine hohe Priorität für exklusive intime Beziehungen. Dass dies inzwischen für viele Eltern ein Problem ist, zeigt die tägliche kinder- und jugendpsychiatrische Sprechstunde: Eltern fühlen sich überfordert, wollen sich aus den Beziehungen herausstehlen, Familien zerbrechen, Kinder und Jugendliche haben es immer schwerer, sich auf feste Bezugspersonen zu beziehen. Hierzu einige klinische Beispiele:

Die 15-jährige Johanna kam gemeinsam mit ihrer Mutter zu einem Beratungsgespräch. Anlass waren zunehmende häusliche Konflikte, die zum Teil aggressiv endeten. Die Tochter warf der Mutter vor, sie zu vernachlässigen, sich seit der Trennung vom leiblichen Vater vor sechs Jahren überwiegend um den Beruf und ihre neue Partnerschaft gekümmert zu haben. Die Tochter wiederum versuchte jetzt, durch eigene, sehr enge, fast symbiotische Freundschaften diesen Mangel zu kompensieren. Die Freunde konnten sie ihrer Meinung nach viel besser verstehen als die Mutter. Diese wiederum war hierdurch sehr gekränkt und versuchte, auf die Aktivitäten und Kontakte ihrer Tochter Einfluss zu nehmen, was sich diese verbat. Die Jugendliche stand mit ihren Freunden durch häufige E-Mail-Botschaften ständig im Austausch, und sie berichtete, bis zu fünfzig Mitteilungen am Tag zu erhalten und zu versenden. Ohne den Austausch über diese neue Technik fühlte sie sich einsam und verlassen und die Androhung der Mutter, ihren Zugang zum Computer einzuschränken, führte zu einer ausgeprägten Krise mit suizidalen Gedanken.

Ebenfalls in großer Sorge kamen die Eltern von Anna, die sich seit mehreren Monaten aus der Familie völlig zurückzog und sich intensiv mit einer bestimmten Fernsehserie beschäftigte. Sie hatte den Schauspielern wiederholt geschrieben und in ihrer Phantasie durchlebte sie mit ihnen die Alltagssituationen. Die Eltern berichteten, dass es immer schwierig gewesen sei, mit Anna einen engen emotionalen Kontakt herzustellen, und dass sie nun umso überraschter seien, dass sie sich ganz in diese künstliche Fernsehwelt hinein begeben hätte. Die Jugendliche selbst beurteilte ihr Interesse völlig anders: Dort habe sie endlich etwas gefunden, was sie interessiere und wo sie sich in besonderer Weise hingezogen und einbezogen fühle. Oft glaubt sie schon im Voraus zu wissen, was in einer Serie passieren und wie die Protagonisten reagieren würden, so vertraut sei sie ihnen, und diese Fähigkeit würde sie selbst überraschen und begeistern.

Wenger (2000) verdeutlicht in seinem Beitrag »Zlatko, Jürgen und Co. Der Kult um Big Brother und seine Alltagsstars«, dass die Parallelität der alltäglichen Begebenheiten auf dem Bildschirm mit dem Leben der Zuschauer davor für ein Verschwimmen der Grenzen zwischen Privatem und Öffentlichem in der Form verantwortlich ist, dass moderne Individuen auch in der Öffentlichkeit nach Intimität suchen und intimes Erleben praktizieren. Die »Tyrannei der Intimität« (Sennett 1987) überschwemmt die Öffentlichkeit mit persönlichen Gefühlsregungen, das Intime wird nach außen gekehrt und konsumiert. Andererseits, und dies ist eine interessante und unerwartete Feststellung, war es den meisten Jugendlichen, die wegen psychischer Störungen auf einer Station behandelt werden mussten, peinlich, gemeinsam Big Brother anzuschauen oder darüber zu sprechen. Vielleicht spüren die Jugendlichen, dass die zur Schau gestellte private Welt ihnen bei der Selbstfindung wenig hilft und ihre Identitätsfindung eher erschwert. Hier kommt nach Wenger (2000) den Medien und vor allem dem Fernsehen eine ambivalente Rolle zu:

»Einerseits beschleunigt es den Individualisierungsprozess, indem es eine Vielzahl von Identifikations- und Lebensstilangeboten zur Verfügung stellt, die sonst außerhalb des eigenen Erfahrungsbereiches liegen würden. Gleichzeitig wird gerade durch diese Angebote wieder Gemeinschaft und damit Orientierung unter Zuschauern mit den gleichen Interessen hergestellt. Das Fernsehen trägt zu einer weiteren Erosion traditioneller Werte und der Pluralisierung möglicher Lebensweisen bei und vergrößert so die Unsicherheiten des modernen Individuums.«

Aber das Fernsehen bevorzugt den Stoff, der sich auf dem Boden biographischer Erfahrungen, Beziehungswahrnehmungen und -gestaltungen bewegt.

Was als romantische Beziehung beginnt, endet oft mit Trennung und Scheidung, zieht gerichtliche Konsequenzen nach sich und wirkt von daher auf die Kinder oft traumatisch, insbesondere wenn sie jung sind. Insofern scheint die Anregung von Bierhoff und Grau (1999) interessant, nicht nur Paare, sondern auch Familien nach ihren »Liebesstilen« zu untersuchen und zu fragen, wie sich diese Merkmale auf die Stabilität späterer Beziehungen und die individuelle Entwicklung auswirken. Stabilität der Beziehung auf verschiedenen Ebenen ist unseres Erachtens aus Sicht der Kinder ein zentrales Forschungsthema nicht nur für die aktuelle, sondern auch im Hinblick auf mögliche spätere Beziehungen. Denn wo sollen Kinder und Jugendliche Intimität und Beziehungskonstanz lernen, wenn nicht in ihrer eigenen Ursprungsfamilie.

Aber ist dies ein notwendiger und wünschenswerter Tatbestand? Es wäre interessant festzustellen, ob zum Beispiel Psychotherapeuten oder Kinder- und Jugendpsychiater die Bindungsqualität und damit den Wunsch nach stabilen Beziehungen als wichtiges Ziel ihrer Bemühungen einschätzen? Was sollen Kinder in Familien in Bezug auf Beziehungsmuster lernen? Wie viel Autonomie ist notwendig, wie viel Intimität darf oder soll zugelassen werden? In der Untersuchung von Bierhoff und Grau (1999) wird festgestellt, dass die Stabilität der Ehe in der Elterngeneration einen wichtigen prognostischen Faktor darstellt: Wenn die Eltern sich haben scheiden lassen, ist die Wahrscheinlichkeit höher, dass sich die Kinder auch scheiden lassen. Insofern stellen sich hier auch therapeutische Dilemmata: Verstärkt man die Autonomie des jeweiligen Kindes oder Jugendlichen, dann spricht man sich vielleicht gegen Bindungsqualitäten aus, die seine späteren Beziehungen maßgeblich beeinflussen können. Andererseits schränken Bierhoff und Grau (1999) ihre Aussage dahingehend ein, dass man durch eine Scheidung nicht etwa einen Risikofaktor für eine weitere Scheidung erwirbt, sondern dass dies von weiteren Variablen abhängt, etwa einer unkonventionellen Einstellung zum Thema Ehe oder einer Erziehung, nach der der Abbruch einer nicht zufriedenstellenden Ehe nicht um jeden Preis vermieden werden muss.

Was bedeutet diese Entwicklung für die Arbeit des Kinder- und Jugendpsychiaters? Zum Einen muss er sich Klarheit darüber verschaffen, wie er selber zu Fragen der Intimität, der Veränderung von Beziehungsstrukturen sowie frühen Bindungsqualitäten steht. Von seinen Prioritäten wird es abhängen, wie er in der Behandlung Werte und Einstellungen verstärkt und vermittelt. In einer gewissen Weise muss er sich konventionell verhalten, d. h. Bindung und Beziehung unterstützen, da er weiß, dass hierdurch spätere psychiatrische Störungen in einem geringeren Ausmaß auftreten. Zum anderen sollte er die Autonomie und Abgrenzung seiner Klienten betonen, ohne hierbei primär narzisstische Motive zu stützen. Der Therapeut, insbesondere wenn er mit Jugendlichen arbeitet, muss sich fragen, in welchem Ausmaß und welches intime Material er zur Sprache kommen lässt und wann er die Patienten vor einer solchen Thematik im Interesse der Fortführung der Behandlung schützen muss. Und er muss sich noch um eine generelle Begrenzung des bearbeitbaren Themenspektrums Klarheit verschaffen (Kreuzer 1989), denn was nie Gegenstand des eigenen Erlebens war, ist auch nur begrenzt beim anderen wahrzunehmen. Die Balance zwischen Intimität und Abstinenz, die richtige Dosierung von Intimität und Distanz, gewährleisten die Aufrechterhaltung des Arbeitsbündnisses und die Möglichkeit, beim Jugendlichen die Identitätsfindung zu erleichtern (Grunert 1989).

In Zeiten, in denen sich familiäre Intimität ausdünnt und andere kulturelle Normen wichtiger werden, befinden sich Kinder- und Jugendpsychiater und -psychotherapeuten in einer besonderen Konfliktlage, wobei sie versuchen müssen, ihre eigene Irritation und Unsicherheit sowie Norm- und Wertesuche zu kompensieren. Wenn Familientherapie den Prozess der »Rationalisierung der Lebenswelten« (Habermas 1981) mit vorantreibt, dann muss eine Antwort auf die sich verringernde Intimität und die zunehmende Beziehungs- und Bindungslosigkeit sowohl innerhalb als auch außerhalb therapeutischer Interaktionen gefunden werden. Hier hilft es wenig, wenn Therapeuten die Globalisierung und die neuen Medien dämonisieren bzw. ihnen die Schuld für vielfältige Störungsbilder zuschreiben. Abschließend sollen an zwei Beispielen sowohl positive wie negative Aspekte aufgezeigt werden:

Eine 17-jährige Patientin, die mit ausgeprägten Angstsymptomen in die Behandlung kam, konnte nur zögernd über ihre Probleme sprechen. Ihre Beziehungsaufnahme war durch ein hohes Misstrauen gekennzeichnet und sie vermochte es nur sehr begrenzt, über die sie bedrängenden Themen zu sprechen. Nach einiger Zeit fragte sie, ob es möglich sei, eine E-Mail zu schicken, das ginge schnell, sie könne spontan ihre Gedanken los werden, es gehe einfacher als Briefe zu schreiben und ermögliche einen unmittelbaren Austausch. Der Therapeut müsse darauf ja nicht antworten, aber sie würde wissen, dass er etwas von ihr erfahren habe, was sie zu einem späteren Zeitpunkt in der Form nicht sagen könnte. Auf diesem Weg entwickelte sich eine überwiegend einseitige E-Mail-Korrespondenz, die es einer Patientin ermöglichte, zunehmend Kontakt und Vertrauen aufzubauen, da sie, wenn sie zur Stunde kam, wusste, dass bereits etwas von ihr zuvor mitgeteilt worden war, das sie berührte und betraf. Das Problem bestand zunächst darin, dass der Therapeut diesen Kommunikationsweg akzeptieren und als eine zeitgemäße Annäherung verstehen musste.

Der 17-jährige Daniel hatte seit längerer Zeit die Schule nicht mehr besucht. Er fühlte sich weder von den Lehrern noch von den Mitschülern verstanden, hatte wenig Freunde und keine gemeinsamen Interessen mit den Klassenkameraden. In den letzten Jahren hatte er sich zunehmend mit dem Internet und seinen Anwendungen beschäftigt. Er hatte begonnen, eine eigene Homepage einzurichten und sich mit zum Teil selbst entworfenen Computerspielen zu beschäftigen, über die er mit Interessierten weltweit über das Internet kommunizierte. Neben dieser virtuellen Welt gab es für Daniel keine anderen Themen mehr. Er änderte sein Schlaf-

Wach-Rhythmus und verbrachte vom späten Abend bis zum frühen Morgen die Zeit hinter dem Computer und war für alltägliche Anforderungen nicht mehr zu gewinnen. Trotz intensiven Bemühens seiner Eltern und seiner Geschwister gelang es nicht, ihn davon zu überzeugen, dass ihn sein Verhalten zunehmend isolierte und einsam werden ließ. Auch in den Beratungsgesprächen, die er nach kurzer Zeit beendete, wurde deutlich, dass für ihn die Bestätigung und ein Gefühl totaler Freiheit und Macht mit den neuen Medien eng verknüpft war. Auch wenn die Kommunikation im privaten und schulischen Rahmen nicht gelang, global im Internet war sie möglich und ohne Grenzen.

Es sei also gewarnt, Einflüsse der Globalisierung mit klaren und eindeutigen Folgen in Verbindung zu bringen. In der bereits erwähnten, bundesweiten repräsentativen Erhebung über Verhaltensauffälligkeiten von Kindern und Jugendlichen wurde unter anderem auch der Medienkonsum erfragt. Die 1994 durchgeführte Studie ergab deutliche geschlechtsspezifische Unterschiede. Während beim Lesen ein signifikanter Unterschied zu Gunsten der Medien vorlag, konnten wir beim Umgang mit Computern, und zwar vor allem beim aktiven Umgang, d. h. beim Programmieren und wenn der Computer nicht nur als Spielzeug benutzt, sondern auch kreativ eingesetzt wird, feststellen, dass er nach wie vor eher eine Domäne der Jungen ist. Auch im Konsum von Computerspielen unterschieden sich die Geschlechter eklatant, wobei Extremwerte vor allem bei Jungen ab dem Alter von neun Jahren bis ins Jugendalter auftraten, während solche Zeitspannen bei den Mädchen kaum zu verzeichnen waren.

Die neuen Medien haben offensichtlich auch das Freizeitverhalten und die Mediennutzung stark verändert. Auch wenn ein erheblicher Interessen-Shift deutlich wird, lässt er sich mit spezifischen Veränderungen im Verhalten nicht unmittelbar in Zusammenhang bringen (Lehmkuhl u.a. 1997). Die geschilderten Fallbeispiele legen vielmehr die Frage nahe, ob und wie es gelingen kann, Formen des Privaten in die neue Mediengesellschaft hinüber zu retten und zu integrieren. Dies sollte bereits im Kindes- und Jugendalter erfahren werden.

Literatur

Bantock, N. (1994): Griffin & Sabine. Briefe und Postkarten der Liebe. Frankfurt a. M. (Fischer).

Bergmann, N. S. (1994): Eine Geschichte der Liebe. Frankfurt a. M. (Fischer).

Beyer, S., Gehrs, O., von Festenberg, N.(2000): Der Flirt mit der Freiheit. Spiegel 10 / 2000, 80–95.

Bierhoff, H., Grau, I.(1999): Romantische Beziehung. Bindung, Liebe, Partnerschaft. Bern (Huber).

Bowlby, J. (1975): Bindung. Eine Analyse der Mutter-Kind-Beziehung (1969). München (Kindler).

Brazelton, B. T., Cramer, B. G.(1991): Die frühe Bindung. Stuttgart (Klett-Cotta).

Buchholz, M. B. (Hrsg.)(1989): Intimität. Über die Veränderungen des Privaten. Weinheim (Beltz).

Döpfner, M., Plück, J., Berner, W., Fegert, J. M., Huss, M., Lenz, K., Schmeck, K., Lehmkuhl, U., Poustka, F., Lehmkuhl, G. (1997): Psychische Auffälligkeiten von Kindern und Jugendlichen in Deutschland – Ergebnisse einer repräsentativen Studie: Methodik, Alters-, Geschlechts- und Beurteilereffekte. Z. Kinder-Jugendpsychiat. 25, 218–233.

Dunn, J. (1982): Comment. Problems and promises in the study of affect and intention. In: Tronick, E. (Hg.): Social interchange in infancy. Baltimore (Univ. Park Press).

Erikson, E. H.(1981): Jugend und Krise. Stuttgart (Klett-Cotta).

Fischer, A., Fuchs, W., Zinnecker, J. (Hrsg.) (1985): Jugendliche und Erwachsene. Bd. 4. Jugend in Selbstbildern. Opladen (Leske).

Grunert, J. (1989): Intimität und Abstinenz in der psychoanalytischen Allianz. Jahrb. Psychoanal. 25, 203–235.

Habermas, J. (1981): Theorie des kommunikativen Handelns. Frankfurt (Suhrkamp).

Häubl, R. (Hg.) (2000): Schau- und Zeigelust. Psychosozial. 23, 82.

Höhfeld, K., Schlösser, A.-M. (Hg.) (1997): Psychoanalyse der Liebe. Gießen (Psychosozial).

Kamper, D., Wulf, C. (Hg.) (1998): Das Schicksal der Liebe. Weinheim (Quadriga).

König, H.-D. (1989): Die Zerstörung der Intimität durch Fernsehen und Werbung. Zur Durchsetzung eines neuen Sozialcharakters in der Konsumgesellschaft. In: Buchholz, M.B. (Hrsg.): Intimität. Über die Veränderung des Privaten. Weinheim (Beltz), S. 101–127.

König, R. (1976[2]): Soziologie der Familie. In: König, R. (Hg.): Handbuch der empirischen Sozialforschung. Stuttgart (Enke).

Kreuzer, U. (1989): Der Therapeut und das Intime. Zur Dialektik des professionellen Umgangs mit intimem Material. In: Buchholz, M.B. (Hg.): Intimität. Über die Veränderung des Privaten. Weinheim (Beltz), S. 261–286.

Lehmkuhl, G., Fegert, J. M., Plück, J., Döpfner, M., Lenz, K., Poustka, F., Lehmkuhl, U. (1997): Die Rolle des Lesens in der Therapie psychisch kranker Kinder. In: Ring, K., von Trotha, K., Voß, P. (Hg.): Lesen in der Informationsgesellschaft – Perspektiven der Medienkultur. Baden-Baden (Nomos), S. 111–125.

Pothast, U. (2001): Liebe und Unverfügbarkeit. In: Meier, H., Neumann, G.: Über die Liebe. München (Piper), S. 305–331.

Schmidt, S., Strauß, B. (1996): Die Bindungstheorie und ihre Relevanz für die Psychotherapie. Teil 1: Grundlagen und Methoden der Bindungsforschung. Psychotherapeut 41, 139–150.

Sennett, R. (1987): Der Verfall des öffentlichen Lebens. Frankfurt (Suhrkamp).

Shell-Jugendstudie 81 (1982): Lebensentwürfe, Alltagskulturen, Zukunftsbilder. Bd. 1. Opladen (Leske).

Strauß, B., Schmidt, S. (1987): Die Bindungstheorie und ihre Relevanz für die Psychotherapie. Psychotherapeut 42, 1–16.

Wenger, C. (2000): Zlatko, Jürgen und Co. Der Kult um »Big Brother« und seine Alltagsstars. Psychosozial 23, 81–98.

Die Zukunft der Familie im Multimedia-Zeitalter

Matthias Petzold

Zunächst sollte daran erinnert werden, dass sich die Familie in den vergangenen Jahrhunderten grundlegend verändert hat. Im Rahmen der industriellen Revolution und der Entstehung der Städte sind mehr und mehr Familien vom Land in die Stadt gezogen. Dies hatte weitreichende Konsequenzen für die Struktur der Familie, die sich aus verschiedenen Formen der Großfamilie zur heute als Norm angesehenen Vater-Mutter-Kind-Familie gewandelt hat. Diese uns vertraute Norm ist aber inzwischen selbst schon ein Stück Geschichte geworden, denn die klassische vollständige Kernfamilie ist heute nicht mehr die dominierende Familienform. In Deutschland besteht nur ein Drittel der Haushalte aus einer traditionellen Kernfamilie – in über der Hälfte der Haushalte haben sich die Menschen zu anderen Lebensformen entschlossen. Dabei ist noch kein Trend zu einer allgemeinen Alternative zur Familie zu erkennen, denn wenn Kinder da sind, wird meistens die traditionelle Kleinfamilie bevorzugt. Dennoch gibt es schon eine große Vielfalt von anderen primären Lebensweisen. Aus psychologischer Sicht ist es auch sehr wichtig zu beachten, dass diese nicht immer objektiv unterscheidbar sind. So mag z. B. manch einer als Single wohnen, sich aber als Mitglied einer Familie fühlen, die an zwei Orten zu Hause ist (vgl. Petzold 1999).

Weil die Familie als intime Lebensgemeinschaft heute in den unterschiedlichsten Formen auftritt, haben auch die neuen Medien auf die Familie je nach Familienform höchst unterschiedliche Auswirkungen. Es ist deshalb interessant, der Frage nachzugehen, wie sich diese möglichen Entwicklungen der neuen elektronischen Medien aus psychologischer Sicht auf unterschiedliche Arten der Gestaltung des Alltagslebens in der Familie auswirken (vgl. Petzold 2000).

Die neue technologische Revolution auf dem Weg von den rezeptiven Massenmedien hin zu den neuen interaktiven Medien wurde eingeleitet durch die Erfindung des Computers und seiner Weiterentwicklung zum technischen Hilfswerkzeug im Alltag. Früher waren es nur einfache Home-Computer (z. B. der Commodore C64), inzwischen haben schnelle Pentium-PCs die Haushalte und Familien erobert. Weniger offensichtlich haben sich aber auch hoch entwickelte Kleincomputer ihren Platz als Steuerungseinheiten in unseren alltäglichen Haushaltsgeräten erobert: in der Waschmaschine und im Herd bzw. der Mikrowelle, aber auch im Fernseher, Telefon und Auto. Computer steuern die automatischen Anrufbeantworter und zeichnen automatisch Fernsehsendungen auf. Wenn es auch heute kaum einen Büroarbeitsplatz ohne PC gibt, wohl aber Familien ohne Computer, wird in wenigen Jahren auch jede Familie ihren Computer haben. Die Industrie wird dabei gleich auf die nächste technologische Revolution zielen: die »Ehe« von Fernsehen und Computer, z. B. in Form des Internet-TV (via Kabelmodem oder Satellit).

Die Familien-Computer der Zukunft werden beides sein: PC und TV, wobei es schon heute technisch kein Problem mehr ist, Audio- und Video-Anlagen wie auch das Telefon daran anzuschließen. Im Sinne eines Home-Terminals wird der Computer dann zum Steuergerät für fast alle Medien in der Familie (Fernseher, Videorecorder, CD-Spieler, Bildtelefon). In naher Zukunft wird mit einer solchen Ausrüstung eine große Vielfalt von Netzanbindungen auf der Datenautobahn bereitgestellt werden können.

In Zukunft ist mit weiteren Kommerzialisierungstendenzen im Internet zu rechnen. Der Wirtschaft stehen dabei nie da gewesene Auswertungsmöglichkeiten etwa für Konsumverhalten zur Verfügung. Der Konsument kann besser als je zuvor überwacht und zielgruppenorientiert beeinflusst werden, da unsichtbare digitale Spuren hinterlassen werden. Wenn die herkömmliche Technik, wie z. B. das Fernsehen, in Zukunft enger mit dem Internet verbunden wird, wird es über weltweit miteinander vernetzte Datenbanken sehr einfach werden, Spuren zu sammeln, die der Nutzer hinterlässt, wenn er fernsieht oder per Kreditkarte einkauft. Das, was gemeinhin als »Privatsphäre« bezeichnet wird, kann in vielfacher Weise untergraben werden. Zu beachten ist schließlich auch: Die Grenzen des Nationalstaats bedeuten im Internet so gut wie nichts. Andererseits ist das Internet im Wesentlichen eine Technik der westlichen Welt, da in der dritten Welt die Zugangsmöglichkeiten zum Internet fehlen. Mit dem Internet wird die Information zur Ware. Die globale Problematik zwischen den »lnformationsbesitzern« und den »lnformationslosen« kann sich also sehr leicht weiter zuspitzen.

In der Einschätzung der Revolution der Medien hat sich gezeigt, dass nicht notwendig jede Weiterentwicklung der Kommunikationstechnik ein Erfolg wird. Letztlich bleibt es eine Frage der psychologischen Struktur des Medienrezipienten, ob er für seine Art der Alltagskommunikation diese Technik gerne benutzt oder nicht gebrauchen kann. Dabei wirken sehr subjektive Kriterien mit, die sich letztlich aus persönlichen Interaktionsstilen ergeben. Auf diesem psychologischen Hintergrund wird verständlich, dass an die Kompetenz der Nutzung dieser Medien im Alltag ganz neue Anforderungen gestellt werden. In der Vision einer »schönen neuen Welt« im Sinne der technischen Entwicklungsmöglichkeiten neuer Medien könnte der familiale Alltag des 21. Jahrhunderts ganz anders aussehen. Die neuen Medien elektronischer Kommunikation und Interaktion könnten dann bis in den letzten Winkel unseres Familienalltags hineinwirken. Ich könnte mir z. B. folgende Vision vorstellen:

Beim Frühstück wird nicht Zeitung gelesen, sondern das speziell nach dem Wunsch des Vaters zusammengestellte Menü an News-Clips auf der Datenleitung geladen und auf dem Flachschirm an der Wand neben dem Esstisch wiedergegeben. Plötzlich stoppt das Bild, weil sich die Oma auf dem Bildtelefon meldet. Sie bittet um Hilfe, weil die gestern über ihren Internet-Computer bestellten neuen Herztropfen nicht wie erwartet heute früh im Warenkorb ihres Häuserblocks angekommen sind.

Nach dem Frühstück beginnt der Vater seine Arbeit, verlässt dazu aber nicht das Haus, da er wie jeden Montag bis Mittwoch am Home-Terminal in seinem Arbeitszimmer arbeitet. Dort findet er sofort nach dem Login die Meldung seines Chefs, der um Aufklärung bittet, warum die automatische Beantwortung der Kundenbriefe gestern nicht erfolgt sei (der Chef hat über seinen Kontrollcomputer erfahren, dass der Vater zwar gestern am Home-Terminal saß, aber dort das neue Online-Wettkampf-Spiel »Venus-Invasion« im Kampf gegen seinen japanischen Kontrahenten gespielt hat). Das Mittagessen wird nicht mehr selbst gekocht, sondern per E-Mail bestellt und frei Haus geliefert. Die Hausfrau achtet dabei auf eine gesunde Vollwerternährung, wobei ihr der Food-Assistant ihres Mikrowellen-Computers beratend zur Seite steht. Die Bezahlung wird automatisch über das Virtual-Cash-Konto abgewickelt.

Nachmittags setzen sich die Kinder zunächst ganz brav an ihre Hausaufgaben, tauschen allerdings die Ergebnisse per Computer-Link mit Klassenkameraden aus, bevor sie ihre Lösung via E-Mail an den Schul-Computer abliefern. Erst nach dieser elektronischen Postsendung hat sich der Home-Terminal automatisch für Videos-On-Demand freigeschaltet, wobei die Auswahl über den Youth-Chip (der Porno- und Gewaltinhalte automatisch erkennt) kontrolliert wird. Dies wird sofort von den beiden jüngeren Kindern genutzt, die sich in die Game-Show eines Kabelkanals einklinken und dort die Fernsteuerung eines Video-Monsters übernehmen. Der ältere Sohn hat sich in sein Zimmer zurückgezogen und man kann nicht feststellen, was er dort am Computer macht ... (er hat den Code für das Überwachungsprogramm geknackt!). Derweil verbringt die Mutter eine Stunde in einer Videokonferenz zum Thema »Neue Rollenbeziehungen im Medienzeitalter« (dies ist ein Teil ihres Studiums an der virtuellen Fern-Universität).

Am Abend versammelt sich tatsächlich die ganze Familie im Wohnzimmer. Sie testen gemeinsam die neue Version ihrer Ganzkörperanzüge für virtuelle Kommunikation und erproben einen gemeinsamen Spaziergang durch den südindischen Dschungel ...

Ob eine solche Vision Wirklichkeit wird, hängt nicht in erster Linie von den technischen Möglichkeiten ab, denn diese sind heute allesamt realisierbar. Vielmehr sind die psychologischen Komponenten von entscheidender Bedeutung. Daher sind folgende Fragen von entscheidender Bedeutung: Wollen die Menschen in einer solcherart technisch gestalteten kommunikativen Welt leben? Wird es also überhaupt zu einer Nachfrage nach Home-Terminals, Bildtelefonen und Cyberspace-Anzügen kommen?

Manchen Zeitgenossen plagen angesichts solcher Visionen vielerlei Ängste vor bedrohlichen neuen technischen Entwicklungen. Solche Ängste sind verständlich, aber die größten Gefahren drohen dem Menschen nicht von der Technik als solcher, sondern von den Menschen, die sie propagieren und verkaufen. Auch in Bezug auf die technischen Entwicklungen in den neuen Medien kann man gestützt auf Erkenntnisse der Medienforschung festhalten: Nicht die Technik, sondern die psychischen Einstellungen der Menschen werden über den Einfluss der neuen Medien auf die Familie entscheiden.

Die größten Befürchtungen richten sich heute auf die Kinder. Man kann erahnen, dass das Internet die Kindheit stark verändern wird: In Anspielung auf das Buch »Generation X«, das das Lebensgefühl junger Leute in den frühen 1990er Jahren beschreibt, spricht Opaschowski von der »Generation @«. Für die Jugend wird der Umgang mit dem Internet so alltäglich wie das Telefonieren. Schon heute lernen Kinder ihre Umwelt nicht mehr nur durch direktes Beobachten kennen, sondern sie gewinnen einen Großteil ihrer Lebenserfahrungen über die Medien. Nach wie vor hat das Fernsehen dabei eine große Bedeutung, aber Computer und Internet werden immer wichtiger. Überspitzt gesagt: Kinder erleben Tiere nicht mehr auf dem Bauernhof bei Verwandten, sondern in der Fernsehwerbung oder im virtuellen Zoo im Internet. So stellte unlängst eine Studie bei Vorschulkindern in einem Malwettbewerb fest, dass Kinder Kühe in lila malten.

Außerdem wird die Globalisierung durch neue Medien für Kinder bereits zum Alltag: Wenn ein Zehnjähriger früher neue Freunde kennen lernen wollte, ging er auf die Straße. Der Bekanntenkreis beschränkte sich in der Regel auf Kids aus der Nachbarschaft, Schule und Verwandtschaft. Heute kann sich ein Kind auch vor den Computer setzen und sich über das Datennetz mit Menschen irgendwo auf der Erde unterhalten. Dabei erfährt ein Kind vielleicht, dass in Chile im September Winter ist. Oder es kann gegen Gleichaltrige in Indien Schach spielen. Manche Jugendliche finden heute ihre erste Liebe beim Chat im Internet.

Diese Entwicklung kann man nicht mehr stoppen – ganz gleich, ob man sie für gut oder schlecht hält. Kinder können durch das Internet viel lernen. Es wird schon in jungen Jahren von ihnen gefordert, auf Englisch, also in einer Fremdsprache, zu kommunizieren. Es ist ganz natürlich, mit Menschen anderer Sprachen, Kulturen und Bräuche zu tun zu haben. Schon in jungen Jahren denken die Kinder global, das wird die Mentalität der Gesellschaft nachhaltig prägen. Aber ich sehe auch eine Gefahr. Die Welt des Internet beschränkt sich auf die entwickelten Industrieländer. Die größten Teile der Erde, wo die meisten Menschen wohnen, sind nicht angeschlossen. Sie kommen im »globalen Dorf« praktisch nicht vor. Das weltweite Datennetz treibt die Spaltung in Arm und Reich voran – global, aber auch lokal. Wenn eine immer teurere Technik zur Grundausstattung einer Familie gehört, wird es vielen ärmeren bzw. kinderreichen Familien immer schwerer fallen, ihren Kindern diesen Standard zu bieten. Zu der sich weiter öffnenden sozialen Schere kommt dann noch das neue Phänomen der Computer-»Analphabeten« hinzu, denn für die meisten Berufe muss man heute nicht nur lesen und schreiben können, sondern auch einen Computer beherrschen.

In der Welt der virtuellen Kommunikation via Internet, im so genannten »Cyberspace«, verschmelzen Wirklichkeit und künstliche Räume, die nur im Computer existieren. Kinder können mit diesen neuen Medien besser umgehen als Erwachsene. Zahlreiche Untersuchungen im Zusammenhang mit dem Fernsehen belegen, dass Kinder sehr wohl wissen, dass ein Zeichentrickfilm oder ein Computerspiel nicht real sind. Als im Jahre 1938 in New York das Hörspiel von Orson Welles »Invasion vom Mars« gesendet wurde, flüchteten erwachsene Menschen in Panikstimmung auf die Strasse. Heute würden schon die meisten Grundschulkinder erkennen, dass es sich um eine frei erfundene Darstellung handelt. Die Fähigkeit von Kindern, mit Medien umzugehen, ist in den letzten Jahren enorm gewachsen – sie lernen schneller als viele Erwachsene.

Viele Eltern sind besorgt wegen der vielen Gewalt- und Sexdarstellungen im Internet. Diese Befürchtungen sind berechtigt. Es gibt die Möglichkeit, durch technische Tricks diese Seiten sperren zu lassen. Das Vertrauen auf technische Lösungen ist aber oft nur von kurzer Dauer, denn es gibt immer kompetente Kinder, die diese Technik überlisten. Außerdem ist das Problem nicht neu. Bereits Fernsehen, Video und Computerspiele konfrontieren Jugendliche mit Gewaltdarstellungen. Sogar Lesen galt vor langer Zeit als gefährlich. Wer würde heute noch ernsthaft verlangen, dass Kinder, um sie vor Schundliteratur zu bewahren, nicht lesen lernen sollten? Natürlich ist es durch das Internet sehr viel leichter geworden, auf Gewalt- und Sex-Darstellungen zu stoßen. Aber es gibt heute keine beschützte Kindheit mehr, denn die Welt dringt unaufhaltsam ins Kinderzimmer ein. Auch wenn Kinder selbst keinen Fernseher oder Internet-Anschluss haben, werden sie spätestens durch Freunde oder Schulkameraden damit konfrontiert. Eltern können sie nicht vor der »bösen Welt« abschirmen.

Eine häufig von Eltern vorgebrachte Sorge ist, dass ein Kind zum Einzelgänger wird, weil es stundenlang vor dem Bildschirm hockt. Hinter dieser Sorge steckt die Angst der Eltern vor einer zu großen Macht, die der Computer auf ihr Kind ausübt. Die Bedrohung wird oft als größer angesehen, als sie wirklich ist. Eltern können diese Bedrohung am besten bewältigen, indem sie sich selbst mit dem Computer beschäftigen. Auf diese Weise lernen sie Chancen und Grenzen der Technologie kennen. Sie wissen, womit sich ihr Kind den ganzen Tag beschäftigt. Oft sind junge Leute den Erwachsenen im Umgang mit dem Internet weit überlegen.

Dabei ist es oft möglich, dass Eltern von ihren Kindern lernen und sich von ihnen in die Welt der Datennetze einführen lassen. Das erleichtert das Gespräch über Inhalte und unerwünschte Nebenwirkungen und es fördert die Kommunikation in der Familie. Kinder vereinzeln häufig deswegen vor dem Computer, weil ihnen andere soziale Kontakte fehlen, vielleicht auch gerade zu den eigenen Eltern.

Wenn Kinder und Jugendliche stundenlang, ja sogar ganze Tage oder Nächte vor dem Computer verbringen, machen sich viele Eltern große Sorgen. Es wird sogar von Gefahren einer »Internet-Sucht« gesprochen. Hier ist aber zunächst mehr Gelassenheit angeraten. Oft handelt es sich um eine vorübergehende Erscheinung. Computer und Internet bieten neue Eindrücke und Möglichkeiten, die ausprobiert werden wollen. Möglicherweise legt sich das mit der Zeit wieder. In der Regel geht jede neue Aktivität auf Kosten älterer Aktivitäten. Zumindest für das Jugendalter konnte gezeigt werden, dass Jugendliche weniger fernsehen, weil andere interaktive Medien attraktiver sind. Eltern und Kinder sollten sich auf Zeiten einigen, wie lange sie täglich fernsehen oder im Netz surfen. Schwieriger ist es, wenn Anzeichen einer starken gewohnheitsmäßigen Abhängigkeit vorliegen. Neben Alkohol, Nikotin oder Rauschgiften gibt es Suchtmittel, die zwar nicht direkt körperlich abhängig machen, aber zu Gewohnheiten werden können. Dazu zählen auch Medien wie das Fernsehen, die Bildschirmspiele oder das Internet. Die Ursachen einer Sucht liegen aber nicht im Medium selbst. Nicht die Medien machen süchtig, sondern aus einem bestimmten Sozialisationshintergrund ergibt sich eine extensive Mediennutzung. Letztlich liegen die Gründe in der Persönlichkeitsstruktur eines Menschen, in seinen sozialen Beziehungen. Oft stimmt etwas in der Familie nicht. Vielleicht ist der innere Zusammenhalt der Familie sehr verarmt, man redet wenig oder gar nicht miteinander. Das Internet kann für den Jugendlichen zum Ersatz für mangelhafte Beziehungen zu Hause werden. Wenn wirklich eine suchtähnliche Abhängigkeit vorliegt, nützen Verbote wenig.

Es kommt heute besonders darauf an, dass Eltern die Medienkompetenz ihrer Kinder fördern. Dazu müssen sie sich zunächst selbst mit dem Internet auskennen, um sich mit den Kindern über die Inhalte unterhalten zu können. Wenn sich auch die Eltern auskennen und interessieren, kann man in der Familie über alles reden, über Chancen und Gefahren. Man kann davon ausgehen, dass Kinder nicht von sich aus nach Gewalt-

und Pornographieangeboten suchen. Aber leider wird gerade dafür im Internet massiv Werbung gemacht. Es ist die Aufgabe der Eltern, die Persönlichkeit ihrer Kinder zu stärken, damit sie lernen, nur das zu suchen, was sie wirklich gebrauchen können. In der Flut der Medienangebote müssen Kinder lernen auszuwählen, zu entscheiden und auch »Nein« sagen zu können. Das Modellverhalten der Eltern, die Medien mit Gewinn für sich zu nutzen, aber zugleich einen kritischen Blick zu entwickeln, spielt dabei eine entscheidende Rolle.

Literatur

Petzold, M. (1999): Entwicklung und Erziehung in der Familie. Baltmannsweiler (Schneider-Hohengehren).
Petzold, M. (2000): Die Multimedia-Familie. Opladen (Leske & Budrich).

Intimität und Kommunikation:
Zur Pornographie des Alltags

Georg Schürgers

1. *Wir befinden uns in einem Prozess zunehmender Kommunikation und Vernetzung und drohen in einem Meer von Informationen zu ersticken.*
Trotz der scheinbaren »Neuentdeckung« des Begriffs »Qualität« ist der eigentlich wesentliche Begriff der aktuellen Zeit »Quantität«. Nicht nur die Varianten der Kommunikationsmöglichkeiten, sei es Internet, Handy, E-Mail, TV, Radio usw. steigen drastisch an und werden für breite Gruppen der Bevölkerung billig nutzbar, sondern auch die Zahl der täglichen Kommunikationsakte vermehrt sich deutlich.

Während einer Zugfahrt von Hamburg nach Göttingen war ich kürzlich von drei männlichen Handy-Besitzern umgeben, die während der rund zweistündigen Fahrt insgesamt 17 (in Worten: siebzehn) Anrufe tätigten bzw. erhielten. Da ich genötigt war mitzuhören, wäre ich jetzt durchaus in der Lage, einige »intime« Angaben über die drei Mitreisenden zu machen. Interessant erscheint mir hierbei, dass alle drei an einigen Stellen ihrem telefonischen Gegenüber mitteilten, dass sie später sicher noch einmal anrufen würden. Es tauchte auch mehrfach die Mitteilung auf, darüber könne man jetzt am Telefon eigentlich nicht reden, er oder sie wisse aber sicher, worauf er anspiele. Beim Verlassen des Waggons war ich Zeuge eines kleinen Beziehungsdramas geworden: »... hättest ja Nein sagen können«, war Teilnehmer einiger kleinerer Börsengeschäfte und weiß jetzt, dass Herr X. »es gerne noch einmal auf die andere Art machen würde«. Genaueres könne er (glücklicherweise) nicht sagen.

2. *Wir befinden uns in einem Prozess der zunehmenden Veröffentlichung von Privatleben und Intimität zur Befriedigung bewusster und unbewusster voyeuristischer und exhibitionistischer Bedürfnisse.*
Nicht erst seit »Big Brother« und der damit in Zusammenhang stehenden breiteren Diskussion über die Zulässigkeit der Veröffentlichung des Privaten ist die Medialisierung des Intimen in unzähligen TV-Shows und Talkrunden zum festen Bestandteil der multimedialen Erfahrungswelt des Einzelnen geworden. Die in letzter Zeit erkennbare Akzentverschie-

bung geht in die Richtung der Wiederentdeckung des Reizes des »Realen« und »Wirklichen« als Gegentrend zu einer zunehmenden Virtualisierung unseres Alltags.

3. *Die Darstellung von Intimität in der Öffentlichkeit, hier insbesondere von Körperlichkeit und Sexualität, hat eine seit den 60er Jahren in Deutschland zunehmende Bedeutung und war zunächst auch Ausdruck eines Protestes gegen die Tabuisierung des Körperlichen allgemein und des Intimen und Sexuellen im Besonderen.*

Die Veröffentlichung von Sexualität war einerseits Befreiung aus den moralischen Fesseln einer prüden Gesellschaft, die Triebhaftes verleugnete und nur im Verborgenen praktizierte. Andererseits stand sie auch schon immer im Dienste einer technisch-funktionalen Beziehungswelt, die den Teilnehmern den Subjektstatus entzieht und sie auf mehr oder weniger allgemein benutzbare Objekte zur Befriedigung tabuisierter Triebwünsche reduziert.

Die hier skizzierte Entwicklung konkretisierte sich in zahllosen Sex- und Pornoshops, in Peep-Shows und Sexkinos und nicht zuletzt in mittlerweile zu Imperien entwickelten Versandhandeln, die interessanterweise oft die diskrete Versandpackung ihrer Produkte betonen, um die Sicherung des Intimen zumindest vor der Nachbarschaft zu garantieren.

Nach einer Zeit der öffentlichen Empörung und insbesondere der kirchlichen Kritik mit dem Hinweis auf den Verlust der öffentlichen Moral kam es zu einer Phase der Duldung dieser Phänomene mit dem Versuch der Begrenzung auf die »Rotlichtbezirke der Gesellschaft«. Auffallend war die Verbindung des »Schmutzig-Schmuddelligen« mit dem Sexuellen vermutlich auch als Ausdruck einer zwangsneurotisch gefärbten kollektiven Abwehr gegen die weiterhin verbotenen Wünsche der grenzenlosen Öffnung des Intimen.

4. *Die Veränderung des Umgangs mit Intimität und intimen Beziehungen in den letzten 10 bis 15 Jahren ist ganz wesentlich Ergebnis eines medialen und hier besonders eines »televisionären« Effektes.*

Wie zahlreiche Untersuchungen zeigen, ist das Fernsehen fester Bestandteil des Privatlebens fast jedes Einzelnen. Die minutiös analysierten Konsumraten weisen deutlich darauf hin, dass nicht zuletzt bei Kindern und Jugendlichen »Fernsehbegegnungen« quantitativ einen Großteil des Alltagslebens belegen oder zumindest begleiten. Die Betonung des Problems bei Kindern und Jugendlichen lenkt dabei oft davon ab, dass die erwachsene Bevölkerung die so genannte Freizeit ebenfalls zu großen Teilen vor dem Fernsehgerät verbringt.

5. *Die multimedialen Möglichkeiten führen zu einem verstärkten Einzug des Pornographischen in die Freizeitwelt des Einzelnen.*

Mit der Vermehrung der Privatsender kam es sehr bald zu einem Dammbruch bezüglich der Grenzen der Medialisierung des Intimen, hier zunächst über das unverschlüsselte Verfügbarmachen des »Soft-Erotischen«. War das Nackte bis dahin noch medial an das Künstlerisch-Ästhetische gebunden, wurde es nun zunehmend Teil einer multimedialen Unterhaltungswelt und verlor nach einigen Jahren der schamhaften Verlagerung in die späte Nacht auch beinahe seine letzten Verhüllungen. Wesentlich ist, dass dieser Prozess sich nicht in »Rotlichtbezirken der Gesellschaft«, sondern in der gemütlichen Welt deutscher Wohnzimmer vollzog. Parallel trug die extreme Verbilligung der Videotechnik zu diesem Einzug des Pornographischen in die Freizeitwelt des Bürgers bei.

Pornographie, im Duden treffend definiert als »Darstellung geschlechtlicher Vorgänge unter einseitiger Betonung des genitalen Bereichs und unter Ausklammerung der psychischen und partnerschaftlichen Gesichtspunkte der Sexualität« war schon immer Teil der Phantasie- und Erfahrungswelt des Einzelnen, hier meist eingeengt auf männliche Bedürftigkeiten. Meiner Einschätzung nach ist sie auch Ausdruck einer dem Menschen eigenen Bedürftigkeit nach möglichst unmittelbarer Triebbefriedigung ohne die komplizierten Belastungen der engeren zwischenmenschlichen Beziehung. Das Ausleben unserer pornographischen Bedürftigkeiten vollzog sich aber lange im Schutzraum des Intimen und war Hintergrund zahlreicher Anspielungen, Witze und unterschiedlichster künstlerischer Ausdrucksformen.

6. *Vollzog sich seit den 60er Jahren eine Enttabuisierung des Sexuellen und eine zunehmende Akzeptanz genitaler und prägenitaler Bedürftigkeiten als Ausdruck normaler und befriedigender Sexualität, kam es in den letzten Jahren zu einer verstärkten Veröffentlichung des Intimen.*

Phantasiertes und Erträumtes, sexuelle Wünsche, Praktiken und Erfahrungen bleiben nicht länger nur Teil eines intimen intrapsychischen oder auch zwischenmenschlichen Dialogs, sondern werden zunehmend Bestandteile eines öffentlichen Diskurses. Zusätzlich kommt es wegen der Gefahr des schnellen Reizverlustes alles Sexuellen zu einem verstärkten öffentlichen Interesse am Alltäglich-Persönlichen des Einzelnen, ein Interesse, das zwar oft nur Momente andauert, aber voyeuristische Bedürftigkeiten z. B. am »schlimmen Schicksal« oder an der »schrecklichen Erfahrung« des Anderen zumindest für Momente befriedigt.

Mit Blick auf die schamlose Veröffentlichung von Privatheit stellt sich mir die Frage, ob eher der Bericht über die Freuden eines »Swinger-Clubs« und die filmische Darbietung einer inszenierten Orgie im römischen Stil oder aber die Tränen einer alten Frau in der Privatheit ihres Schlafzimmers neben dem gerade verstorbenen Ehemann mehr dem Bereich des Pornographischen zuzuordnen sind.

Ich denke, dass gerade die zuletzt genannte Szene, aufgenommen durch ein Reportage-Team einer »Reality-TV« -Sendung, unmittelbar auf den Verlust von Intimität und die zunehmende Gefahr der Destruktion zwischenmenschlicher Beziehungsformen in der medialen Gesellschaft verweist.

7. Die Veröffentlichung von Intimität, einschließlich der minuziösen Darstellung von Kopulationsmöglichkeiten in öffentlichen Telefonzellen, könnte neben der möglichen Bereicherung unseres Sexuallebens und, wie schon oben erwähnt, der letzten Befreiung aus verklemmten Regionen unseres Trieblebens auch den Einstieg in eine weitgehend enttabuisierte Welt bedeuten, die Intimität höchstens noch künstlich erhält und schützt, um sie dann um so wirkungsvoller zu entblößen.

Der öffentliche Diskurs würde und ist leider auch schon in dem Sinne pornographisch, dass die unbegrenzte Veröffentlichung des Geheimen und Intimen gerade das Reizvolle und Begehrte darstellt.

In einer Welt medialer Überflutung und informationeller Übersättigung, in der man eigentlich alles wissen und erfahren kann, wenn man nur Teilnehmer des weltumspannenden Computernetzwerkes ist, könnte es, ähnlich wie in der letztlich doch ermüdenden Welt der allzeit kopulierenden und alles offenlegenden Körper, zu einer wiederaufkeimenden Sehnsucht nach dem Intimen und Geheimnisvollen kommen. Dieses wäre dann aber als geschütztes gesellschaftliches Gut kaum noch existent, da es Teil eines globalen kommerziellen Verwertungsprozesses wäre.

8. Wenn das Intime und Geheime zerstört ist, muss es zur Aufrechterhaltung des Spannungsprozesses medial neu erfunden werden.

Ist diese Erfindung des Wirklichen heute zumindest in Deutschland manchmal noch Anlass für Gerichtsprozesse, ist dies anderswo teilweise schon fester Teil des alltäglichen Erfahrungsschatzes der Konsumenten.

In einem Bericht über einen ausländischen Privatsender, der »News« aus einer Großstadt berichtet, wurden Reporter auf der verzweifelten Suche nach dem »Neuen« und »Dramatischen« in der Stadt gezeigt, die notfalls bezahlte Unfälle inszenierten, um etwas Tragisches berichten zu können. Tod im Auto und Herzstillstand im Ehebett sind eben eine sehr begehrte mediale Ware geworden.

Die Ware Intimität und Privatheit hat also im Zeitalter der Globalisierung einen hohen kommerziellen Wert, das letzte Röcheln einer sterbenden Prinzessin wird zum umkämpften und hochbezahlten Gut.

9. *Die virtuelle Welt der »Lara Croft«, die jung, elastisch, erotisch, aber letztlich unerreichbar ihre Gegner besiegt, ist nur die unvollkommene Zwischenwelt auf dem Weg zur perfekten Imitation des Wirklichen.*

Wenn schließlich die Unterscheidung zwischen dem Wirklichen und dem Künstlichen nicht mehr gelingt, ist vielleicht der Zeitpunkt einer apokalyptischen Massenpsychose erreicht im Sinne eines kollektiven Selbstverlustes und der Abhängigkeit von kommerziell erzeugten Wirklichkeiten. Es wäre vermutlich das Ende einer freien Gesellschaft und gleichzeitig die schon immer herbeigesehnte Verwirklichung des narzisstischen Größenwahns von der Neuerschaffung der Welt.

10. *Bei aller Sorge um den Erhalt der Wirklichkeit und den Schutz von Intimität und intimen Beziehungen überkommt mich bei diesem Thema letztlich immer wieder ein Gefühl der Ruhe und Gelassenheit, das eigentlich im Widerspruch zu den teilweise dramatischen Veränderungen in den Erfahrungswelten gerade junger Menschen steht.*

Vielleicht ist es die Ahnung und auch Erfahrung als Liebhaber, Vater, Psychiater und Psychoanalytiker, dass die Qualität einer »wirklichen« Beziehung letztlich jede »künstliche« übertrumpft und dass das Intime und Private, geschützt vor den Augen des Öffentlichen, von so unschätzbarem Wert und Gehalt ist, dass es eigentlich nie untergehen kann. Die Verwirklichung von Intimität und intimen Beziehungen im Sinne von wirklicher Nähe und Begegnung sei sie körperlich, intellektuell oder metaphysisch hat letztlich eine so hohe Attraktivität, dass alle mir bisher begegneten neuen Welten daneben kläglich vor sich hin rattern.

11. *Insofern ist Intimität und sind intime Beziehungen im Zeitalter der Globalisierung vielleicht doch immun gegen alle Versuche der Auflösung im kollektiven Cyberspace.*

Vielleicht schrumpft ja rückblickend doch alles zusammen zu einem zwar bedeutenden, letztlich aber doch nicht »weltbewegenden« weiteren Abschnitt der technologischen Weiterentwicklung der Welt.

Während die ersten wieder die Schönheit eines Baumes entdecken, Silicon Valley verlassen, um in der Wüste nach Wasser zu suchen, Familien gründen, aus Liebe Aktienkurse vergessen und ängstlich stotternd fragen, ob sie mit ihm »gehen« will, werden einige traurige Gestalten vor ihren metergroßen Flachbildschirmen sitzen, die neueste Inkarnation der Lara Croft bewundern, das Stöhnen eines Busenwunders herunterladen und sich furchtbar einsam fühlen.

Internet und familiäre Beziehungen

Michael Schulte-Markwort, Angela Plaß und Claus Barkmann

Das Massaker von Jugendlichen unter Gleichaltrigen in der amerikanischen Stadt Littleton Anfang 1999 hat die amerikanische *Times* dazu veranlasst, einen Artikel mit dem Titel »The Secret Life of our Children« zu verfassen. Darin wurde das düstere Bild einer wachsenden Zahl psychopathologisch auffälliger und sozial inkompetenter Jugendlicher gezeichnet, die sich per Internet weltumspannend zu einem imaginären Club von gewaltbereiten Außenseitern zusammenschließen.

Auch in Deutschland tauchen von Zeit zu Zeit in den Medien Befürchtungen darüber auf, dass Kinder und Jugendliche durch den zunehmenden Kontakt mit dem Internet mehr und mehr vereinsamen und zunehmend psychisch auffällig werden. Schilderungen von Eltern in der täglichen kinder- und jugendpsychiatrischen Arbeit, mit welcher Häufigkeit auch Kinder und Jugendliche beim Surfen im Internet auf gewalttätigen oder perversen Sex-Sites landen, haben auch bei uns Befürchtungen geweckt. Ist es verantwortbar, Kinder und Jugendliche dem Internet zu überlassen? Verändern sich unsere familiären Beziehungen, die Beziehungsmuster unserer Kinder? Verändern sich unsere gesellschaftlichen Werte? Dies waren die einführenden Fragen, die zu der nachfolgenden Untersuchung geführt haben.

Im Folgenden werden wir zunächst einen Vergleich von Internetnutzern und -nichtnutzern bezüglich ihrer familiären Beziehungen darstellen. Anschließend werden wir auf die Ergebnisse der Gesamtstichprobe eingehen, da die Internetnutzer davon bisher einen geringen Anteil ausmachen. Es folgt dann die Diskussion der Ergebnisse.

Einleitung

Während noch vor 15 Jahren Computer vor allem von Wissenschaft und Wirtschaft genutzt wurden, besaßen bereits 1998 etwa 40 % aller amerikanischen Haushalte einen privaten Computer, ein Drittel davon mit Internetzugang. Von ähnlichen Zahlen muss auch für die Bundesrepublik Deutschland ausgegangen werden. So nutzten sächsische Jugendliche 1999

179

zu 56 % den Computer für private Zwecke, einen Internetzugang besaßen 8 % (Jugend '99 in Sachsen). Wirtschafts-, Politik- und Sozialwissenschaftler gehen davon aus, dass die geschilderte Entwicklung, insbesondere die zunehmende Nutzung des Internets, das Sozial- und Wirtschaftsleben grundlegend verändern (z. B. Anderson u. a. 1995, Attewell & Rule 1984, King & Kramer 1995). Bisher besteht aber Uneinigkeit darüber, ob sich diese Veränderungen positiv oder negativ auswirken werden. Einerseits wird argumentiert, dass das Internet zu sozialer Isolation führe. Es ersetze die herkömmlichen sozialen Beziehungen weitgehend durch virtuelle Beziehungen, die allein vor dem Computer in einem sozial verarmten Medium stattfänden (z. B. Stoll 1995, Turkle 1996). Andererseits wird angenommen, dass das Internet vermehrte und ausgewähltere soziale Beziehungen überhaupt erst ermögliche. Es befreie von Einschränkungen durch geographische Gegebenheiten, durch Krankheiten, Stigmata oder zeitliche Vorgaben (Katz & Aspden 1997, Rheingold 1993).

Soziale Funktionen des Internet

Wenn das Internet primär zur Unterhaltung und Information genutzt wird, dürften seine Auswirkungen weitgehend denen des Fernsehens entsprechen. Die überwiegende Mehrheit empirischer Forschung kommt zu dem Ergebnis, dass vermehrtes Fernsehen mit abnehmendem sozialem Engagement einhergeht (Brody 1990, Jackson-Beck & Robinson 1981, Neumann 1991). Neue epidemiologische Forschungsergebnisse weisen eine positive Korrelation von Fernsehen mit verminderter physischer Aktivität und schlechterer physischer sowie psychischer Gesundheit nach (Andersen u. a. 1998, Sidney u. a. 1998). Der Zusammenhang zwischen individueller Gewaltbereitschaft und dem Konsum von Gewaltszenen im Fernsehen ist gut belegt (Olweus 1994). Allerdings sind alle Untersuchungen zu den Medien mit der Problematik behaftet, dass es eine Reihe von unkontrollierbaren Störvariablen gibt.

Andererseits kann das Internet aber auch für primär soziale Funktionen verwendet werden, wie z. B. die Kommunikation mit Kollegen, Freunden und Familienmitgliedern mit Hilfe von E-Mails oder die Beteiligung an sozialen Gruppen durch Distribution -Lists, Newsgroups oder MUDs (Multi-User Domains). In seiner Eigenschaft als Träger interpersonaler

Kommunikation können die Auswirkungen des Internets eher mit der Einführung des Telefons verglichen werden. Neuere Studien belegen, dass die interpersonale Kommunikation eine der meistgenutzten Funktionen des Internets ist (Kraut u.a. 1998). Obwohl aber das Internet zum großen Teil für interpersonale Kommunikation genutzt wird, kann man daraus nicht schließen, dass die Beziehungen im Internet mit traditionellen Beziehungen vergleichbar wären (Sproull & Kiesler 1991). Ob eine im Netz entstandene Beziehung ebenso eng werden kann wie eine traditionelle Beziehung und ob Online-Beziehungen die Anzahl und Qualität der sozialen Beziehungen einer Person verändern, sind bisher offene Fragen.

Auch im Alltag von Kindern und Jugendlichen gewinnen Computer und Internet zunehmende Bedeutung. Bereits vor Eintritt in die Schule machen viele Kinder Erfahrungen mit Computern. Im Schulunterricht werden zunehmend elektronische Hilfsmittel eingesetzt. Etwa ein Drittel der bundesdeutschen Schulen verfügt mittlerweile über einen Internetzugang.

Literaturüberblick

Die Studie von Katz und Aspden (1997) ist eine der wenigen empirischen Studien, die Internetnutzer und -nichtnutzer hinsichtlich ihres sozialen Engagements verglichen. Sie kontrollierten dabei den Einfluss von Erziehung, Rasse und anderen demographischen Daten. Dabei ergaben sich keine Unterschiede zwischen Nutzern und Nichtnutzern bezüglich der Mitgliedschaft in religiösen Gruppen, Freizeit- und Gemeindeorganisationen und im Ausmaß der mit Freunden oder der Familie verbrachten Zeit.

In der Studie von Kraut und Mitarbeitern (1998) wurden in einem longitudinalen Design die Veränderungen der sozialen Beziehungen nach Beginn der Internetnutzung erfasst. Hier korrelierte die vermehrte Internetnutzung mit einer geringen aber statistisch signifikanten Abnahme sozialen Engagements, gemessen an der intrafamiliären Kommunikation und der Größe des sozialen Netzes. Außerdem war eine Zunahme von Einsamkeit und Depression mit der vermehrten Internetnutzung verbunden.

Auch die noch nicht publizierte Studie von Nie & Ebring an der Universität von Stanford, die 4113 amerikanische Erwachsene berücksichtigte, kam zu dem Ergebnis, dass die Internetnutzung soziale Isolation fördere.

Methodik

Ziel der vorliegenden Studie war es, die Auswirkungen der Internetnutzung auf familiäre Beziehungen zu ermitteln. Die übergreifende Fragestellung der vorliegenden Studie lautete deshalb:

Unterscheiden sich präpubertäre und pubertäre Internetnutzer und -nichtnutzer hinsichtlich ihrer familiären Beziehungen und ihres Freizeitverhaltens? Im einzelnen wurden die folgenden Fragestellungen zugrundegelegt:

1. Werden die intrafamiliären Beziehungen von Nutzern negativer eingeschätzt als von Nichtnutzern des Internets?
2. Weisen Nutzer des Internets eine geringere Zufriedenheit mit den Eltern auf als Nichtnutzer?
3. Verbringen die Familien von Internetnutzern weniger Zeit gemeinsam als die Familien von -nichtnutzern?
4. Verbringen Nutzer des Internets weniger Zeit mit Freunden als Nichtnutzer?
5. Schätzen Internetnutzer die Zukunft negativer ein als -nichtnutzer?
6. Geben Internetnutzer ein schlechteres gesundheitliches Befinden an als -nichtnutzer?

Eine weiterführende, allgemeine Fragestellung bezog sich auf die Bedeutung und Hierarchisierung von Werten, auf Vertrauenspersonen, die Nutzung von Medien, die Charakterisierung der Eltern bezüglich vorgegebener Kategorien, gemeinsam in der Familie verbrachte Zeit sowie sexuelle Erfahrungen und Vorstellungen.

Es wurde eine repräsentative bundesdeutsche Stichprobe von jeweils 400 12- bis 13-Jährigen und 17- bis 18-Jährigen sowie deren Familien mittels eines strukturierten Fragebogens befragt. Die Repräsentativität der Befragung beruht auf einer Flächenstichprobe für die Bundesrepublik Deutschland nach Bundesland, Ortsgröße, Einkommensstruktur und Schulbildung der Kinder und Jugendlichen. Ein weiteres Einschlusskriterium war, dass sich zumindest ein Elternteil zu der Befragung bereit erklärte. Insofern ist die Repräsentativität beschränkt auf die Familien, in denen Eltern und Kinder gleichzeitig bereit waren, an der Befragung teilzunehmen. Es ist zu vermuten, dass dadurch diese Familien ein etwas »intakteres« Bild abgegeben haben als die tatsächliche deutsche »Durchschnittsfamilie«.

Die familiären Beziehungen wurden mit Hilfe des subjektiven Familienschemas von Mattejat und Scholz (1994) abgebildet. Es erfasst mit Hilfe eines semantischen Differentials subjektive Familienstrukturen. Dabei kommen die gerichteten Beziehungsangebote zur Darstellung. Bei der Auswertung werden zwei grundlegende Aspekte, nämlich die emotionale Verbundenheit (Valenz) und die individuelle Autonomie (Potenz) unterschieden.

Detaillierte Stundenpläne erfassten die Menge und Organisation der Freizeit. Außerdem wurden Fernsehgewohnheiten und die Nutzung von Computern und Internet abgefragt, weiterhin auch soziodemographische Daten. Spezielle für diese Untersuchung verfasste Fragebögen erfragten gesellschaftliche Werte, Vertrauenspersonen sowie Persönlichkeitszuschreibungen nach der Repertory Grid Methode.

In einer Pilotstudie an einer Abiturklasse eines Hamburger Gymnasiums wurden die Fragen bezüglich Verständlichkeit und Durchführbarkeit überprüft (n = 80).

Die repräsentative bundesdeutsche Flächenstichprobe bestand aus 407 Kindern im Alter von 12 bis 13 Jahren, 400 Jugendlichen im Alter von 17 bis 18 Jahren, 715 Müttern und 245 Vätern. Die vorliegende Arbeit beschränkt sich auf die Ergebnisse der Kinder und Jugendlichen.

Ergebnisse

Fernsehen / PC / Internet

99 % der Kinder und Jugendlichen gaben an, zu Hause mindestens einen Fernseher zu haben. Im Mittel sahen die 12- bis 13-Jährigen 3 Stunden am Tag fern. Bei den 17- bis 18-Jährigen waren es 2,4 Stunden pro Tag.

Ein jeweils großer Anteil der Kinder und Jugendlichen besitzt einen eigenen Computer, ein geringerer Anteil verfügt über einen Internetzugang. Als Internetbenutzer definierten wir diejenigen, die über einen Internetzugang verfügen und mindestens eine halbe Stunde pro Woche im Internet verbringen. Insgesamt sind dies 7 % der 12- bis 13-Jährigen und 16 % der 17- bis 18-Jährigen. Hierbei ist zu berücksichtigen, dass es sich um eine repräsentative Stichprobe handelt. Bei ausgewählten Stichproben, z. B. bei der Stichprobe von 80 17- bis 18-Jährigen eines Hamburger Gymnasiums aus der Pilotphase, zeigt sich ein anderes Bild: Hier stellt es eine Ausnahme dar, keinen Computer und keinen regelmäßigen Internetzugang zu haben.

Familie

Das subjektive Familienbild weist für beide Altersgruppen tendenziell überdurchschnittliche Werte im Vergleich zu den bisher größten Schülerstichproben aus der Normalbevölkerung auf. In Hinblick auf emotionale Verbundenheit (Valenz) und individuelle Autonomie (Potenz) stellen die Kinder und Jugendlichen die Beziehungen in ihren Familien als positiv dar. Sie schildern die Familien als überwiegend eng aufeinander bezogen, warmherzig, interessiert, verständnisvoll, sicher, entscheidungsfähig und selbständig.

Die durchschnittlichen Werte für die Angebotsvarianz, ein Maß für die Unterschiedlichkeit der in der Familie erlebten Beziehungsqualitäten, liegen sowohl für Valenzbeziehungen als auch für Potenzbeziehungen in beiden Altersgruppen im Erwartungsbereich, bezogen auf die Eichstichprobe. Der Vergleich von Internetnutzern und -nichtnutzern zeigt bei den 12- bis 13-Jährigen überwiegend niedrigere Werte für die Internetnutzer. Diese Unterschiede sind allerdings statistisch nicht signifikant. Auch in der Gruppe der 17- bis 18-Jährigen sind die Werte der Nutzer überwiegend niedriger als die der Nichtnutzer. Nutzer weisen gegenüber Nichtnutzern signifikant niedrigere Werte für die Potenzbeziehungen zwischen Kind und Mutter, zwischen Mutter und Kind sowie zwischen Mutter und Vater auf. Internetnutzer gaben signifikant höhere Werte für die Angebotsvarianz sowohl in den Valenzbeziehungen als auch in den Potenzbeziehungen an.

Zufriedenheit mit den Eltern

In Bezug auf die Zufriedenheit mit den Eltern fanden sich in der Gruppe der 12- bis 13-Jährigen keine signifikanten Unterschiede zwischen Internetnutzern und -nichtnutzern. In der Gruppe der 17- bis 18-Jährigen waren die Internetnutzer überzufällig häufig nicht mit den Eltern zufrieden.

Familie / Alltag

In Hinblick auf die mit der Familie verbrachte Zeit und die gemeinsamen Mahlzeiten fanden sich in der Gruppe der 12- bis 13-Jährigen keine signifikanten Unterschiede zwischen Internetnutzern und -nichtnutzern. In der Gruppe der 17- bis 18-Jährigen verbrachten die Nutzer signifikant mehr Zeit mit einem Elternteil allein.

Freunde
Die Kinder und Jugendlichen verbringen überwiegend bis zu 2 Stunden am Tag mit Freunden. Der Vergleich von Internetnutzern und -nichtnutzern wies für die 12- bis 13-Jährigen keine Unterschiede nach, in der Gruppe der 17- bis 18-Jährigen verbrachten die Nutzer signifikant weniger Zeit mit Freunden als die Nichtnutzer.

Zukunft
Die Mehrzahl in beiden Altersgruppen (86 % der Kinder und 68 % der Jugendlichen) gab an, die Zukunft eher zuversichtlich zu sehen. Der Vergleich von Internetnutzern und -nichtnutzern ergab in beiden Altersgruppen eine überzufällig häufig pessimistischere Einschätzung der Zukunft bei den Internetnutzern.

Gesundheitliches Befinden
Kinder und Jugendliche wurden gebeten, ihr subjektives gesundheitliches Befinden als Zahl zwischen eins (gleichbedeutend mit sehr schlechtem Befinden) und 100 (gleichbedeutend mit sehr gutem Befinden) einzuschätzen. Der Vergleich von Internetnutzern und -nichtnutzern ergab keinen Unterschied in der jüngeren Gruppe, in der älteren Gruppe gaben die Internetnutzer an, sich gesundheitlich signifikant schlechter zu fühlen als die -nichtnutzer.

Zwischenauswertung

Bevor die Ergebnisse der Studie diskutiert werden, sollen einige methodische Einschränkungen erwähnt werden. Die vorliegende Untersuchung hat kein longitudinales Design und erfasst auch nicht den Zustand vor Beginn der Internetnutzung. Das heißt, es kann nicht kontrolliert werden, ob die gefundenen Unterschiede tatsächlich auf die Internetnutzung zurückzuführen sind oder ob sie unabhängig von der Internetnutzung bereits vorhanden waren. Zweitens wird die Internetnutzung nur mit Hilfe der subjektiven Einschätzung erfasst, es liegen also keine objektivierbaren Daten vor. Diesen gravierenden Einschränkungen in Bezug auf die Ergebnisinterpretation steht gegenüber, dass die Untersuchung an einer repräsentativen Flächenstichprobe für die Bundesrepublik Deutschland durchgeführt wurde, die aufgrund ihrer Größe mit einer relativ geringen Fehlerwahrscheinlichkeit behaftet ist.

Im Vergleich von Internetnutzern und -nichtnutzern schätzten Nutzer ihre familiären Beziehungen negativer ein. Sie erleben größere Unterschiede der familiären Beziehungsqualitäten. Das Ausmaß subjektiv erlebter individueller Autonomie war bei ihnen geringer. Sie waren häufiger nicht mit ihren Eltern zufrieden. Sie verbrachten mehr Zeit allein mit einem Elternteil und weniger Zeit mit Freunden. Sie gaben ein schlechteres gesundheitliches Befinden an und sahen die Zukunft häufiger pessimistisch.

Es finden sich relativ wenig signifikante Unterschiede zwischen Internetnutzern und -nichtnutzern. Alle diese Unterschiede zeigen aber einheitlich in Richtung negativer erlebter familiärer Beziehungen. Gleichzeitig weisen auch die übrigen Ergebnisse, die keine signifikanten Unterschiede aufweisen, einheitlich in diese Richtung.

In der vorliegenden Arbeit korreliert die Internetnutzung mit negativ erlebten familiären Beziehungen und größerer Unzufriedenheit. Das Untersuchungsdesign erlaubt es nicht, einen eindeutigen kausalen Zusammenhang zwischen der Internetnutzung und den beschriebenen Ergebnissen zu formulieren. Dennoch fällt auf, dass die Unterschiede zwischen Nutzern und Nichtnutzern in Richtung der Ergebnisse der Studie von Kraut u.a. (1998) weisen. In dieser Studie mit einem longitudinalen Design war der Beginn der Internetnutzung mit einer Abnahme des sozialen Engagements, kleinerem sozialen Netzwerk und mit Zunahme von Einsamkeit und Depression verbunden.

Ergebnisse der Gesamtstichprobe

Da die Gruppe der Internetnutzer in der untersuchten Stichprobe (noch) eine relativ geringe Menge ausmacht, soll hier auf weitere Ergebnisse der gesamten Stichprobe eingegangen werden.

186

Familie

Der Trend, der weiter oben schon beschrieben wurde, setzt sich in der Gesamtstichprobe weiter fort. Im subjektiven Familienbild erweisen sich die hier untersuchten Familien bezüglich der Skalen »emotionale Verbundenheit« sowie »individuelle Autonomie« überdurchschnittlich positiv, ein Ergebnis, das in einer repräsentativen Stichprobe gar nicht auftreten dürfte, weil es darauf verweist, dass die Normstichprobe nicht repräsentativ war. In jedem Fall kann für die hier untersuchte Population davon ausgegangen werden, dass es den Familien gut gelingt, zwischen dem Gewähren von Autonomie und dem Binden der Kinder an das familiäre System die Balance zu halten. Dieser Zusammenhang gilt auch für die 17- bis 18-Jährigen. 96 % der 12- bis 13-Jährigen und 88 % der 17- bis 18-Jährigen geben an, sich von ihrer Mutter gut oder sehr gut verstanden zu fühlen. Bezogen auf die Väter sind dies 87 % bzw. 74 %. In der Rangfolge vor dem Vater kommt allerdings noch die beste Freundin / der beste Freund. Die Mütter sind offensichtlich verantwortlich für Verständnis, Vertrauen und Optimismus. So wenden sich 67 % der 12- bis 13-Jährigen bei Sorgen zuerst an ihre Mutter, nur 7 % an den Vater und auch 36 % der 17- bis 18-Jährigen wenden sich zuerst an ihre Mutter. 72 % aller Kinder geben an, die Mutter blicke zuversichtlich in die Zukunft, während dies aus ihrer Sicht nur 66 % der Väter täten.

Nur 20 % der 12- bis 13-Jährigen und 13 % der 17- bis 18-Jährigen wünschen sich mehr Zeit von den Eltern. 20 % bzw. 24 % sind so zufrieden mit ihren Eltern, dass sie gar keine Wünsche an sie haben.

91 % der Jüngeren und 82 % der Älteren gaben an, dass es in ihrem Leben jemanden gebe, vor dem sie Respekt hätten, eine Person der sie vertrauten und auf die sie hörten. Für 85 % der 12- bis 13-Jährigen und 77 % der 17- bis 18-Jährigen waren dies Mutter bzw. Vater. Die Reihung der »liebsten Menschen« lautet für die Jüngeren »Eltern, Geschwister, Freunde« und für die Älteren »Eltern, Freunde, Geschwister«.

Ein Untersuchungsabschnitt bestand darin, die Familien nach ihrer Anwesenheit zu Hause in der Woche vor der Untersuchung zu befragen. Die Familien gaben mehrheitlich an, damit eine durchschnittliche Woche beschrieben zu haben. Zu 80 % waren die Familien ab 18.00 Uhr komplett unter dem gemeinsamen Dach. Am Samstagabend waren die älteren Jugendlichen nur zu einem Drittel zu Hause. Am Sonntag waren die Familien der 12- bis 13-Jährigen zu 85 % und der 17- bis 18-Jährigen zu 75 % zu Hause. Etwa sechs Stunden Freizeit stehen pro Werktag sowohl den Jüngeren als auch den Älteren zur Verfügung. Dieses Zeitbudget drittelt sich etwa in jeweils zwei Stunden mit den Eltern, mit Freunden und allein. 65 % der Jüngeren schauen bis zwei Stunden pro Tag fern, 46 % der Älteren bis zu fünf Stunden. Die Mütter der Jüngeren sind zu 26 % nicht berufstätig, zu 24 % voll berufstätig und zu 37 % teilzeitbeschäftigt.

Die gemeinsame Familienfreizeit wird traditionell verbracht. Im Vordergrund stehen Verwandtenbesuche, gefolgt von Stadtbummel/ einkaufen oder Besuchen bei Freunden der Eltern. Kulturelle Unternehmungen mit der ganzen Familie, wie z. B. Kino- oder Museumsbesuche sind selten. Altersentsprechend verbringen vor allem die Jüngeren ihre Freizeit innerhalb der Familie, die Älteren gehen lieber eigene Wege. So beschäftigen sich in ihrer Freizeit jeweils gut 30 % der 17- bis 18-Jährigen mit Kultur bzw. Sport, während mit 40 % der Sport bei den 12- bis 13-Jährigen im Vordergrund steht.

Werte

Die vorgegebenen Kategorien, zu denen in jedem Einzelfall die individuelle Bedeutung angegeben werden musste, orientierte sich an den Kategorien, die schon seit vielen Jahren den Shell-Jugendstudien (Deutsche Shell 2000) verwendet werden, um eine Vergleichbarkeit über die Zeit zu erzielen. In eine Rangfolge gebracht und mit Werten über 70 % ausgestattet, sind dies: Freundschaften, Familie, Freiheit, Natur, Geld, Behütet-Sein, Erziehung und Recht. Die Jüngeren unterscheiden sich hierbei von den Älteren nur dadurch, dass bei ihnen die Familie an erster Stelle steht. Weniger wichtig sind (mit zunehmender Bedeutung): Vorbilder, Gehorsam, die Tatsache, ein Deutscher zu sein, Belehrung, später Kinder zu haben sowie Normen. Der deutlichste Unterschied zwischen den 12- bis 13-Jährigen und den 17- bis 18-Jährigen bezüglich der Wertigkeiten sind erwartungsgemäß die Liebesbeziehungen, die nur 50 % der Jüngeren und 88 % der Älteren für sich und ihr Leben als bedeutsam einschätzen.

Zu dieser eher traditionellen Ausrichtung an Werten passen die Eigenschaften, die Kinder und Jugendliche ihren Eltern zuschreiben. So werden den Müttern Eigenschaften wie ehrlich, fleißig, originell, bescheiden, ruhig, sympathisch, zuverlässig und vorbildlich zugeordnet, während die Väter als mutig, selbstsicher und karriereorientiert wahrgenommen werden.

Sexualität

Schon in der Pilotphase war deutlich geworden, dass alle Jugendlichen, die das Internet regelmäßig nutzen, pornographische oder auch perverse Web-Sites (z. B. sodomitische oder pädophile Inhalte) kennen, diese aber nicht mehr aufsuchen, wenn die erste Neugier und Sensationslust gestillt ist. Bezüglich der sexuellen Entwicklung findet der erste sexuelle Kontakt am häufigsten (36 % der Jugendlichen) im Alter von 16 Jahren statt. Dies sehen 33 % der Jüngeren genau so voraus. Die Kinder können sich also so einschätzen, wie die Jugendlichen sich im eigenen Rückblick entwickelt haben.

Diskussion

Zusammengefasst lassen sich aus der vorliegenden Studie zwei wesentliche Schlussfolgerungen ziehen: Es gibt zur Zeit keine Hinweise darauf, dass sich das Leben mit allen darin enthaltenen Beziehungen und Werten von Kindern und Jugendlichen in Deutschland durch die Nutzung von Computern und dem Internet dramatisch in einem negativen Sinn verändert. Es ist aber zu vermuten, dass, zumindest zu einem bestimmten Prozentsatz – und wahrscheinlich besonders zu Beginn der Internet-Ära – sich in ihren intra- und extrapsychischen Beziehungsnetzen gestörte und beeinträchtigte Kinder und Jugendliche vom PC und damit auch von der Welt des Internets besonders angezogen fühlen.

Um die Ergebnisse in einen interpretierenden Gesamtzusammenhang stellen zu können, erscheint es notwendig, ein paar Vorannahmen zu verdeutlichen. Aus kulturtheoretischer Sicht ist die moderne digitale Technik der Datenübertragung primärer Ausdruck eines individuellen und kollektiven Wunsches nach Kontakt und Wissen. Kein anderes Medium vermittelt derartig schnell und effizient Informationen und die Vorstellung von Kontaktaufnahmen. Die konsequente Fortführung der technischen Entwicklung, wie sie in der Verkehrstechnik und der Nachrichtentechnik seit 100 Jahren ihren Ausdruck findet, entwickelt das Szenario einer weltumspannenden und grenzenlosen Vernetzung. So, wie man mit dem Telefon die reale Stimme des anderen plötzlich trotz größter Distanzen hören konnte, so kann man sich auf neue Weise gleichzeitig mit vielen anderen Menschen auf der Welt scheinbar verbinden.

Die Abwehrseite dieser Sehnsucht nach Kontakt, Beziehung und konfliktloser Verschmelzung mit all ihren Implikationen von Macht, Missbrauch und Ausbeutung findet sich u.a. in der Technisierung, der Reduktion des Kontakts auf die – auf dem Bildschirm schnell vergängliche – Schriftsprache und der Beliebigkeit durch die Möglichkeit, sich mit einem anderen Usernamen auch eine vermeintliche andere Identität zuzulegen. In der Schnelligkeit und einfachen Zugriffsmöglichkeit entsprechender Web-Sites sowie der potentiellen Überschwemmung durch einmal gesetzte Cookies wird deutlich, dass es nicht um die Qualität der Kontaktaufnahme und Beziehung geht, sondern um das Tempo und die Einfachheit des Zugriffs auf den anderen. Insofern ist das Internet die konsequente Fortführung dessen, was mit der Industrialisierung und dem Zeitalter der Dominanz technischen Wissens begonnen hat und auch heute noch von uns allen aktiv vorangetrieben wird.

Die Kinder und Jugendlichen der hier vorgelegten repräsentativen Stichprobe verweisen in der Kindern eigenen Art auf die Stabilität der Bedeutung primärer Beziehungen. Sie machen damit auch deutlich, dass Intimität im eigentlichen Sinne durch Globalisierungsprozesse nicht gefährdet ist. Indem sie wertekonservativ auf die Familie und traditionelle Normen verweisen, halten sie mit großer Selbstverständlichkeit das aufrecht, was den Erwachsenen, die ohne diese Technologie aufgewachsen sind, gefährdet erscheint. Es ist unmittelbar einleuchtend, dass sich mit dem Aufwachsen in solchen Technologien ein anderer – und keineswegs minderwertiger – Begriff von Intimität und Beziehung entwickelt. Es gibt – auch theoretisch hergeleitet – keinen Hinweis darauf, dass sich psychopathologisch relevante psychische Störungen bei Kindern und Jugendlichen durch die neuen Technologien entwickeln – natürlich kann es aber auch zu keiner Verminderung psychischer Auffälligkeiten kommen. Vulnerable Kinder und Jugendliche, deren innere Landschaften karg, unfruchtbar oder verwüstet sind, werden diese Defizite nicht durch die neuen Technologien kompensieren können. Dabei kann auch nicht ausgeschlossen werden, dass sich globale Vernetzungen eigentlich behandlungsbedürftiger Menschen bilden, genauso wie davon ausgegangen werden kann, dass kriminelle Netze das moderne Potential ebenfalls nutzen. Darin liegt vielleicht noch ein weiterer wesentlicher qualitativer Schritt: Die Anfälligkeit der gesamten Menschheit, die sich qua Internet einen einzigen übermächtigen und narzisstisch triumphierenden Körper

– und eine Seele – schafft, nimmt in dem selben Ausmaß der kollektiven narzisstischen Überhöhung zu. Die Vulnerabilität der grenzenlosen Sehnsucht und ihrer narzisstischen Abwehr wird deutlich.

Unsere Kinder bleiben dabei die Hoffnungsträger, was der Geschichte der Menschheit immanent ist, ebenso wie der Wiederholungszwang, der uns kollektiv neben der triebbedingten und narzisstischen Sehnsucht auch die Destruktion in der beständigen Abwehr des Todes beschert. Allzu leicht übersehen wir bei unseren Hoffnungen auf Veränderung und Befriedung, die wir in unsere Kinder legen, dass wir Erwachsenen es sind, die den Kindern spezifische Bedingungen als Ausgangslage mitgeben, aus denen sich von alleine keine Veränderungen ergeben können, im Gegenteil.

Literatur

Andersen, R. H., Bikson, T. K., Law, S. A., Mitchell, B. M. (1995): Universal access to e-mail: Feasibility and societal implications. Santa Monica, CA (Rand Corporation).

Andersen, R. E., Crespo, C. J., Bartlett, S. J., Cheskin, L. J., Pratt, M. (1998): Relationship of physical activity and television watching with body weight and level of fatness among children. Journal of the American Medical Association 279, 938–942.

Attwell, P. & Rule, J. (1984): Computing and organizations: What we know and what we don't know. Communication of the ACM 27, 1184–1192.

Brody, G. H. (1990): Effects of television viewing on family interactions: An observational study. Family Relations 29, 216–220.

Deutsche Shell (Hrsg.) (2000): 13. Shell Jugendstudie. Opladen (Leske & Budrich).

Jackson-Beck, M., Robinson, J. P. (1981): Television nonviewers: An endangered species? Journal of Consumer Research 7, 356–359.

Jugend '99 in Sachsen: Auswertung einer repräsentativen Befragung Jugendlicher im Alter von 15–27 Jahren im Freistaat Sachsen. Auftraggeber: Sächsisches Staatsministerium für Kultus.

Katz, J. E., Aspden, P. (1997): A nation of strangers? Communications of the ACM 40 (12) 81–86.

King, J. L., Kramer, K. L. (1995): Information infrastructure, national policy, and global competitiveness. Information Infrastructure and Policy 4, 5–28

Kraut, R., Mukhopadhyay, T., Szczypula, J., Kiesler, S. & Scherlis, W. (1998): Communication and information: Alternative uses of the Internet in households. Proceedings of the CHI 98, New York (ACM), 368–383.

Mattejat, F. & Scholz (1994): Das subjektive Familienbild (SFB). Göttingen (Hogrefe).

Neumann, S. B. (1991): Literacy in the television age: The myth of the TV effect. Norwood, NJ (Ablex).

Nie, N. H., Ebring, L. (noch nicht veröffentlicht): User survey.

Olweus, D. (1994): Bullying at school: Basic facts and effects of a school based intervention program. J. Child Psychol. Psychiatry 35 (7), 1171–90.

Rheingold, H. (1993): The virtual community: Homesteading in the electronic frontier. Reading, MA (Addison Wesley).

Sproull, L. & Kiesler, S. (1991): Connections: The new ways of working in the networks organization. Cambridge, MA (MIT Press).

Sidney, S., Sternfeld, B., Haskell, W. L., Jacobs, D. R., Chesney, M. A. & Hulley, S. B. (1998): Television viewing and cardiovascular risk factors in young adults: The CARDIA study. Annals of Epidemiology 6 (2), 154–159.

Stoll, C. (1995): Silicon snake oil. New York (Doubleday).

Turkle, S. (1996): Virtuality and its discontents: Searching for community in cyberspace. The American Prospect 24, 50–57.

Turkle, S. (1998): Leben im Netz. Identität in Zeiten des Internet. Reinbek (Rowohlt).

Zusammen – Getrennt

Menschliche Nähe im Internet

Barbara Standke-Erdmann

Der folgende Artikel setzt sich mit einem, zumindest in Westeuropa, neuen Phänomen in Therapie und Beratung auseinander. Mit der zunehmenden Verbreitung des Internets sind Berater und Klienten immer mehr mit Problemen konfrontiert, die aus virtuellen Beziehungen entstehen. Hier soll hauptsächlich auf den Begriff der Nähe in menschlichen Elektronik-Kontakten eingegangen werden. Meine Ausführungen werden einen Versuch beinhalten, den Begriff der Nähe im Cyberspace zu fassen und ich werde versuchen, eine vorläufige Analyse der notwendigen Implikationen für Therapie im Computerzeitalter aufzustellen.

Geboren in den USA, besteht das Internet für militärische Zwecke seit 1969. Zu Beginn der 1990er Jahre war es in Amerika für zivile, kommerzielle Nutzung so ausgereift, dass theoretisch jeder PC-Besitzer, der über einen Telefonanschluss und ein Modem verfügte, sich ins Netz einklinken konnte. Bereits 1993 lag die geschätzte Wachstumsrate der Internetnutzer bei monatlich 25 %, Menschen aus 130 Ländern gingen regelmäßig online. 1996 betrug die Zahl der Nutzer bereits 30 Millionen. (Dery 1996, S. 5 f.) Die rasende Geschwindigkeit, mit der sich das elektronische Netz verbreitete – 1999 lag die Zahl der »interconnected users« bereits bei 149 Millionen (Suler 1999) – hat nicht nur in den USA, sondern auch in Westeuropa und in einigen asiatischen Ländern zu einer neuen Art von Problemen in emotionalen Beziehungen für Menschen geführt, die das Internet als Kommunikationsmedium zu nutzen begonnen haben. Meine Ausführungen sollen dieses neue Phänomen genauer betrachten.

»Telebeziehungen« pflegen Menschen bereits seit sehr langer Zeit in Form von Brieffreundschaften und Telefonkontakten. Je nach geographischer Distanz sind solche Kontakte kostspielig und im ersteren Beispiel oft mit langen »Übertragungspausen« verbunden. Das Internet bietet seinen Nutzern die Möglichkeit, über elektronische Postsysteme und in so genannten »chat-rooms« (von Englisch.: »chat« = plaudern) in Kontakt zu treten. Kommunikation dieser Art ist ungeheuer schnell, fast synchron je nach Schreibfertigkeit und Qualität der übertragenden Rechner, und kostengünstig: sie überwindet fast alle Barrieren der Zeit und des Raumes. Besonders Teilnehmer der Gespräche in Chat-Rooms sehen sich inzwischen als Mitglieder einer globalen Gemeinde, in der Nationalität, Religion, Beruf, Geschlecht und ethnische Zugehörigkeit mindestens zu Anfang des Kontaktes keine Rolle spielen. Ein Gefühl von Cyber-Nähe ist entstanden. Und mit dieser neuen Art von Zusammen-Getrennt-Sein wurde eine neue Weise geschaffen, Beziehungen aufzubauen und zu pflegen. Einen sehr umfassenden Überblick der verschiedenen Kontaktmöglichkeiten im Internet und deren Kennzeichen liefert die Online-Publikation von Dr. J. Suler (Rider University). Da Online-Kontakt in einer virtuellen, also künstlichen Welt und nicht in der realen stattfindet, ist er Quell von bisher nicht gekannten Problemen, die Menschen in Therapie und Beratung bringen können. Im Netz selbst werden diese Probleme weitreichend diskutiert: Ein Blick in die vielen Help-Lines für Menschen, die durch Cyberbeziehungen in emotionale Schwierigkeiten geraten sind, genügt, um sich der Tragweite der Probleme bewusst zu werden (z. B. www.internetaddiction.com). Wenn es sich bisher auch noch um vorwiegend amerikanische Einrichtungen handelt, so gibt es auch in einigen deutschen Städten inzwischen Überlegungen, Beratungsstellen für Menschen zu schaffen, die durch intime Internetkontakte in Gefühlskrisen geraten sind.

Die Hauptursache der entstehenden Schwierigkeiten in einer Cyberbeziehung scheint darin zu liegen, dass man mit sehr begrenzten Mitteln kommuniziert, nämlich fast ausschließlich mit dem geschriebenen Wort. Die Tastatur und der Monitor sind der technische Ersatz für alle Sinneseindrücke, die im persönlichen Kontakt präsent sind. Der Empfänger einer Cyberbotschaft erhält lediglich Buchstaben, Worte und bestimmte Symbole (z. B. ein Smiley als Ikon für ein Lächeln, das der Verfasser einer Äußerung auf den Lippen hat), maschinengeschrieben, so dass für ihn noch nicht einmal das persönliche Schriftbild oder Papier des Absenders sichtbar wird. Anders als beim Empfang eines konventionellen Briefes, fehlt hier auch die materielle Erfahrung: Ich halte in Händen, was der Absender auch einmal berührt hat. Trotz der ganz offensichtlichen Nachteile und Einschränkungen dieser Kommunikation ist es heutzutage fast alltäglich, dass sich Menschen im Netz nicht nur kennen lernen, sondern sich sogar ineinander verlieben. Das World Wide Web (WWW) ist zu einer Kontaktbörse, in manchen Fällen auch zur Partnervermittlung geworden.

Für die Paarberatung fallen hier hauptsächlich die beiden folgenden Problemsituationen ins Gewicht: a) das jähe Erwachen eines oder beider Cyberpartner, wenn sie beschließen, sich real zu begegnen; b) das Phänomen, dass einer der Partner eine Liebesbeziehung per E-Mail oder im Chat-Room beginnt, die er vor seinem Lebenspartner geheim hält oder nicht; c) für die Familientherapie kommt darüber hinaus hinzu, dass einige oder alle Familienmitglieder mehr Zeit mit virtuellen, als mit realen Freunden und den Familienmitgliedern verbringen, was den Kontakt untereinander erschwert, wenn nicht gar bis zur Entwicklung psychosomatischer Probleme stört. Die Kennzeichen dieser Beziehungslagen treffen meiner Meinung nicht nur für emotional-intensive Internetkontakte zu, sondern in abgeschwächter Form, ebenso für »platonische« Beziehungen zwischen einem oder mehreren Web-Nutzern. Was ihnen allen gemein scheint, ist der erwünschte Grad an menschlicher Nähe und deren Qualität, welche für Menschen in einem Cyberkontakt sehr anders sein können, als in einer Realwelt-Beziehung. Daraus ergeben sich vielfältige Konsequenzen für Therapeuten und Berater. So werden Therapeuten zunächst einmal die Ernsthaftigkeit der Nöte ihrer Klienten anerkennen müssen. In Deutschland verfügen zur Zeit von gut zweitausend Menschen lediglich 19 % über einen privaten Internetzugang. 51 % besitzen einen privaten PC (*Spiegel*, S. 122 ff.). Von daher ist es möglich, dass Beratern Cyber-Sorgen und -Probleme unverständlich, ja sogar unnötig aufgeblasen und lächerlich erscheinen mögen: »Wie kann jemand allen ernstes meinen, mit einer Maschine eine echte Beziehung aufbauen zu können und sich über diese auch noch schwere Gedanken machen ..?«, mag jemand denken, der weder Zugang zu einem vernetzten Computer, noch Erfahrung mit dem Medium hat. Dabei werden Klienten, die sich im virtuellen Raum kennen gelernt haben und später in der Realität begegnen, vielleicht riesige Enttäuschungen erlebt haben und mit zerbrochenen Träumen kämpfen, genauso viel Unterstützung, Mitgefühl, Bestärkung des Selbstvertrauens und Ermutigung, ihre Erfahrung zu verarbeiten benötigen, wie Menschen, deren Realwelt-Liebesbeziehung gescheitert ist. In meinen Augen wird in einem solchen Heilungsprozess jedoch eine andere Gewichtung der therapeutischen Interventionen nötig: Die erfahrene Enttäuschung in einer Cyberbeziehung wird unter Umständen noch wesentlich heftiger sein, da sich die Partner über lange Zeit hinweg lediglich, jedoch sehr intensiv, im geschriebenen Wort begegnet sind und jeder ein Phantasiebild was Aussehen, Stimme, körperliche Ausstrahlung des anderen angehen, gehabt hat. Dieses Bild scheint um so stärker geprägt zu sein, je länger und je intimer die Partner im Netz kommuniziert haben, bevor sie sich das erste Mal real treffen. Der plötzliche Verlust der Anonymität und der schützenden Distanz, sozusagen eine wahre Sinnesüberflutung, die bei einem Realtreffen eintritt und die mögliche Desillusionierung, können Menschen in tiefe Krisen stürzen. Therapeuten sollten darauf vorbereitet sein.

Psychische Anliegen, die hier von Relevanz sind, können das sehr ausgeprägte Verlangen nach einer Traumliebesbeziehung sein, die kein Alltagsgrau kennt und ein großer Wunsch nach Schutz vor körperlichen Kontakten. Daraus können sich körperorientierte Interventionen und die Arbeit mit Bildern in der Therapie entwickeln, die von der Suche nach Ressourcen dafür geleitet sind, wie ein Klient seine Träume mit der realen Welt in Einklang bringen kann. In den wenigen, aber existierende Fällen, in denen ein Paar den Übergang von einer Cyber- in eine Realwelt-Beziehung versucht, wird es der Berater mit dem Paradox einer alten-neuen Beziehung zu tun haben. Zwei Menschen, die viel übereinander wissen und viele ihrer gemeinsamen Wünsche per Tastatur in Erfahrung gebracht haben, sind nun mit dem Sinneskontakt konfrontiert, den sie bisher nicht kannten. Was im Chat-Room sehr aufregend und stimulierend war, mag in der Wirklichkeit äußerst komplex, überwältigend, ja abstoßend sein. Wenn man die globale Reichweite des Web berücksichtigt, so ist auch therapeutische Arbeit auf interkultureller Ebene denkbar. Die kulturellen Unterschiede zwischen Menschen, die im virtuellen Raum kaum eine Rolle gespielt haben, können Paaren in der Realität unvermutet in Situationen des Missverständnisses und der Ablehnung bringen, wenn sie nicht thematisiert und in die neue Realbeziehung integriert werden.

Paare, bei denen einer der Partner in einer Cyberaffäre involviert ist, benötigen im Therapieprozess von Seiten des Beraters wohl alle Qualitäten und Fertigkeiten, wie sie für Einzelklienten oben erwähnt sind. Was hier jedoch noch mehr in den Vordergrund tritt, ist die Frage: »Was ist es, was der nach außen orientierte Partner so attraktiv in der Cyberaffäre findet? Wie kommt es, dass er gerade diese Form der Außenbeziehung wählt? Und was hält ihn davon ab, die gleiche Stimulation in seiner Realbeziehung zu suchen oder zu schaffen?« Physische, sinnliche Anziehung, die bei menschlichen Begegnungen oft die Initialzündung bewirkt, kann nicht der Anfangspunkt gewesen sein. Vielmehr wird der erste Anknüpfungspunkt eine geistig Anziehung zum Cyberpartner sein. Meine Annahme, die ich auf Fälle in der eigenen Praxis und auf die Literatur stütze, ist folgende: Der Computer agiert als Schutzschild zwischen den Kommunizierenden, ein Schild hinter dem es weit einfacher sein kann, Sehnsüchte oder Träume zu verbalisieren und extrem offen, weil relativ geschützt, mit dem anderen zu sein. Ich habe viele Menschen sagen gehört, dass sie in Chats oder E-Mails Gefühle geäußert haben, die sie in einer Realkommunikation nie oder nicht in solcher Klarheit über die Lippen gebracht hätten. Darüber hinaus ist der elektronische Schutz verstärkt durch die relativ längere Zeit, die man hat, bevor man mit einem anderen Menschen Gedanken oder Gefühle teilt. Wenn Worte einmal eingetippt sind, bleiben sie solange auf dem Monitor, bis man den »send«-Knopf anklickt. Bis zu diesem Moment besteht die Gelegenheit, schnell und aufwandslos im Text-Gespräch zurückzugehen (indem man »scroll-up« betätigt), noch einmal zu überdenken , was man dem Anderen antworten will, Geschriebenes zu ändern oder sogar zu löschen. Was jedoch in einem Echtgespräch einmal geäußert ist, lässt sich meist nicht so leicht modifizieren und schon gar nicht ungesagt machen. Klienten, die neben ihrer eigentlichen Partnerbeziehung eine virtuelle pflegen, mögen die gleiche Motivation dafür haben wie die meisten anderen Menschen in Nebenbeziehungen auch. Therapeuten müssen sich jedoch darüber bewusst sein, dass diese Cyberaffären eine intensivere Qualität von verspürter Nähe haben können, da sie den Beteiligten eine größere Auswahl bieten, was sie einander von sich selbst zeigen möchten und was nicht. Dadurch entsteht Sicherheit, die für die meisten Menschen für emotionale Nähe unabdingbar ist. Für die Realpartner von Menschen, die in eine elektronische Liebesbeziehung involviert sind, kann dieser Zustand unter Umständen noch bedrohlicher sein, als es bei einer solchen Konstellation ohnehin der Fall ist. Die Nebenbeziehung hinterlässt keine Spuren, ist nicht physisch greifbar, also völlig uneinschätzbar für einen Außenstehenden. Besser als dieser Buchtitel lässt sich die Situation nicht fassen: »Cyberbeds don't Squeak« (MysticWarrior, o. J.). Eigentlich ist kein Rivale da, aber gleichzeitig doch sehr intensiv.

Vieles, was relevant für die Paarberatung ist, trifft auch für die Beratung von Familien zu, welche durch die Informationstechnologie in Krisen geraten sind. Therapeuten, die mit Familien arbeiten, in denen Computerfreundschaften das Feld übernehmen und Intimität und Nähe zwischen den realen Mitgliedern auf Sparflamme setzen, werden sich die Dynamik genauer anschauen wollen, die hier herrscht und sich fragen müssen: »Was ist die spezifische Bedeutung von elektronischen Freundschaften für jeden einzelnen und wie wirken sie auf die anderen?« Oder: »Was würde an dem Tag in der Familie passieren, an dem das WWW zusammenbricht?« Darüber hinaus würde der Therapeut zu berücksichtigen haben, welche Rolle der Computer in den Kind-Erwachsenen-Beziehungen spielt.(Papert 1996, S. 79 ff.) Ist er Vater- oder Mutterersatz, macht er Allianzen über die Grenzen der Subsysteme hinweg möglich, ist er ein Versteck? Entstandene Symptome müssten nicht nur im Lebenskontext der realen Familienmitglieder interpretiert werden, sondern der Therapeut müsste die Technologie sowie die Cybermitglieder der Familie mit einbeziehen. Dies wird ihm erschwert sein, wenn er sich nicht selbst mit PC und dem Internet vertraut gemacht hat; dies impliziert somit auch Anforderungen an die virtuellen Kompetenzen von Psychologen.

Im Vor-Internet-Zeitalter konnte Intimität als physische, geistige oder emotionale Nähe zwischen Menschen beschrieben werden, die im Zusammensein alle ihre Sinne nutzten. In Zukunft werden Psychologen und Mitglieder anderer helfender Berufe lernen müssen, dass Nähe auch empfunden und gelebt werden kann, ohne dass Menschen sich physisch nah sind, ja sich noch nicht einmal gesehen haben. Bevor dieses Phänomen hinreichend bekannt und vor allem akzeptiert ist, kann ich gewisse Probleme für Therapeuten voraussehen. Besonders in der Geburtsphase der Beratung für Menschen in virtuellen Beziehungen kann die Signifikanz und emotionale Involvierung unterschätzt, heruntergespielt und sogar verurteilt werden. Ich möchte eine Haltung vertreten, die meines Erachtens jedem Therapeuten gut ansteht, nämlich, dass für ihn Leitfaden sein sollte, was für herkömmliche Beziehungsprobleme gilt: kompetente, urteilsfreie, empathische und scharfsichtige Unterstützung der Klienten darin, zu erkennen, wer sie sind und welche Art sowie welchen Grad der Nähe sie sich im menschlichen Kontakt wünschen, um emotional wachsen zu können. Ein Berater darf und sollte Implikationen und Konsequenzen für diese Entscheidungen herausstellen, aber letztendlich wird die Wahl immer der Klient selbst treffen. Die oft gestellte Frage, ob es wirklich emotionale Verbundenheit im Cyberspace geben kann oder ob es sich nicht um eine reine Illusion handelt (z. B. Dery 1996, S. 202 ff.), habe ich in meinen Ausführungen bewusst nicht weiter thematisiert. Ich möchte sie auch nicht beantworten. Zum einen werden die Humanwissenschaften in diesem Punkt noch viel mehr Erfahrungswerte abwarten müssen, als ihr bisher zur Verfügung stehen. Hier wird auch von Bedeutung sein, wie Audio- und Videotechnologie in Zukunft in die Cyberkommunikation eingebunden werden. Zum anderen gefällt mir bis dato eine Aussage von Perreault am besten, die ich hier übersetzt zusammenfasse:

> »Wir alle träumen. Und Träume können unsere Phantasien ankurbeln, um neue Dimensionen unseres Selbst zu entdecken und sie in der Interaktion mit anderen fortzuentwickeln.«
>
> in: Suler 1996

Mein Dank geht an Klienten und Freunde, die mir ihre Cyberbeziehungen anvertraut haben und besonders an meine indische Kollegin Jasmeet Kaur, die maßgeblich an der Entstehung dieses Papiers beteiligt war, indem sie mit mir Ideen diskutiert und reflektiert hat – nicht am gemeinsamen Schreibtisch, sondern ganz zum Thema passend: im Cyberspace.

Abschließend zur Illustration noch ein positives und ein negatives Beispiel für die Verwendung neuer Technologien: Für die jugendliche Tochter einer Familie, die mich als Therapeutin konsultierte, stellte selbst die kürzeste Trennung von ihren Eltern oft ein Problem dar. Sie fühlte sich verunsichert und beängstigt, wenn sie alleine ausging oder ein Elternteil alleine in die Ferien fuhr. Als die Eltern ihr anboten, ein Mobiltelefon zu kaufen, mit dem das Mädchen jederzeit mit den Eltern Kontakt aufnehmen konnte, wurde sie ein bisschen sicherer auf ihren Streifzügen durch die Stadt außerhalb des elterlichen Heims. Die Mutter verbrachte einige Wochen bei Freunden außerhalb Europas und der E-Mail-Kontakt zwischen ihr und der daheimgebliebenen Tochter erleichterte dem Mädchen die Trennung erheblich. In diesem Fall scheinen die neuen Technologien Kontaktbarrieren zu überwinden und der Jugendlichen die nötige Sicherheit zu geben, die sie braucht, um Schritt für Schritt selbständiger zu werden.

Ein Paar, das über die psychische Krankheit der Frau in eine schwere Identitätskrise gekommen war, konsultierte mich zum Zeitpunkt, wo beide Partner fest entschlossen waren, sich von einander zu trennen. Tendenziell fühlte die Frau sich von ihrem Mann und dessen Wünschen nach physischer und psychischer Nähe sehr bedrängt. Er fühlte sich von ihrer Distanziertheit und ihrem Wunsch nach Autonomie bedroht und zurückgesetzt. Beide Partner besitzen Mobiltelefone. Ein häufiger Streitpunkt war die erwünschte Zahl der gegenseitigen Anrufe tagsüber, wenn beide außer Haus arbeiteten: Er wünschte sich viel Kontaktaufnahme, sie so wenig wie möglich. Da die Telefone ständig angeschaltet waren, waren beide, ob sie es wollten oder nicht, dauernd für den anderen verfügbar, was besonders ihr auf die Nerven ging. So beantwortete sie seine nicht entgegen genommenen Anrufe (die eine Mailbox speicherte) mit kurzen SMS-Nachrichten, wenn sie keine Lust hatte, mit ihm direkt zu sprechen. Diese Nachrichten waren für ihn zu unpersönlich und »zählten nicht«. Und so kam es auch zu Auseinandersetzungen zum Thema: »Wie zeigen wir uns und vertrauen darauf, dass wir einander lieben?« auch dann, wenn beide Partner getrennt waren und eigentlich gut eine Pause voneinander hätten gebrauchen können. Für diese beiden Menschen wäre es von Vorteil gewesen, wenn Mobiltelefone nicht existiert hätten: Sicher wären ihre Probleme hinsichtlich Nähe und Distanz auch ohne neue Technologie zu Tage getreten - die Elektronik gab ihnen jedoch noch mehr Möglichkeit, eine Dauerauseinandersetzung zu führen und Kontaktpausen, die oft hilfreich sind, um sich zu besinnen, zu vermeiden.

Literatur

Der Spiegel: Nr.8, 21.2.2000, S. 122 ff.
Speierer (Feb. 1999): »Cyberpsychologie«, www.biologie.uni-regensburg.de (Link: Med. Psychologie).
Suler, J. (1999): »The Psychology of Cyberspace«, www.rider.edu (Link auf der homepage: library).
King, S. A.: »The Impersonal Nature of Interpersonal Cyberspace Relations«, www.concentric.net (Link: Astorm).
www.internetaddiction.com
Dery, M. (1996): Escape Velocity. New York.
Papert, S. (1996): The Connected Family. Atlanta.

Die Eltern-Kind-Bindung als Prototyp intimer Beziehungen und ihre Bedeutung für die Kindesentwicklung im Zeitalter der Globalisierung

Gerhard J. Suess

»Wenn es etwas gibt, was Voldemort nicht versteht, dann ist es Liebe. Er wusste nicht, dass eine Liebe, die so mächtig ist wie die deiner Mutter zu dir, ihren Stempel hinterlässt. Keine Narbe, kein sichtbares Zeichen; so tief geliebt worden zu sein, selbst wenn der Mensch, der uns geliebt hat, nicht mehr da ist, wird uns immer ein wenig schützen. Es ist deine bloße Haut, die dich schützt. Quirrel, voll Hass, Gier und Ehrgeiz, der seine Seele mit der Voldemorts teilt, konnte dich aus diesem Grunde nicht anrühren. Für ihn war es eine tödliche Qual, jemanden zu berühren, dem etwas so wunderbares widerfahren ist, sagte Dumbledore.«

Rowling 1997, S. 324

Selbst wenn die Autorin, die mit Harry Potter eine unvergleichliche Begeisterung fürs Lesen unter Kindern und Jugendlichen auslöste, in der auf sieben Bände angelegten Geschichte mehr über Zauberei schreibt, so drücken sich doch in diesen Zeilen sehr irdische – auch außerhalb von Zauberei zu findende – Erkenntnisse aus. Doch das war nicht immer so. In den 20er Jahren noch war es eine Pioniertat, den Grund für die hohe Säuglingssterblichkeit in Waisenhäusern nicht in mangelnder Hygiene, sondern in fehlender Mutterliebe (v. Pfaundler 1925) zu suchen. Es setzte ein langwieriger Kampf um die Verbesserung der Bedingungen in Kinderheimen und Kinderkrankenhäusern ein, der mit den Namen Spitz (1945), Robertson und Robertson (1962) und schießlich auch Bowlby verbunden ist. Letzterer lieferte in seiner Trilogie (Bowlby 1975, 1976, 1983) eine theoretische Fundierung seiner Überzeugung, dass die Eltern-Kind-Bindung nachhaltig auf die weitere Entwicklung der Kinder wirkt und im Range eines Primärbedürfnisses steht. Seine Bindungstheorie hat sich innerhalb der letzten 30 Jahre zu einem Hauptforschungsfeld innerhalb der akademischen Entwicklungspsychologie entwickelt und erlebt nun innerhalb der Anwendungspraxis geradezu einen Boom.

Bisher sind jedoch vorwiegend Anwendungsfelder des Gesundheitsbereiches und weniger der Jugendhilfe von diesem Boom erfasst. Dafür verantwortlich könnten die von Krappmann (2001) beschriebenen Spannungen zwischen Jugendhilfe und Bindungstheorie sein, die zumindest zum Teil auf Missverständnisse zurückzuführen sind, auf jeden Fall jedoch auf den fehlenden Dialog zwischen den beiden Bereichen. Von diesem Dialog, der nach Krappmann bereits im Bereich der Erziehungsberatung (Suess & Pfeifer 1999, Suess, Scheuerer-Englisch & Pfeifer 2001) begonnen wurde, könnten beide Seiten profitieren: die Jugendhilfe von der Bindungstheorie, da sich mit ihren beschreibenden Kategorien ein bedeutender Teil der Praxiserfahrungen ordnen lässt und ihre Ergebnisse als Argumentations- und Entscheidungshilfen in der Jugendhilfe dienen können; und die Bindungstheorie von den praktischen Erfahrungen der Jugendhilfe im Umgang mit einer großen Vielfalt von Beziehungswirklichkeiten (Krappmann 2001). Damit könnte auch die »soziale Öffnung« der Bindungstheorie weiter vorangetrieben werden, die bereits mit den Untersuchungen zur Vereinbarkeit von Krippenbetreuung und Bindungsentwicklung bei Kleinkindern (Ahnert & Rickert 2000; Ziegenhain, Rauh & Müller 1998, Grossmann & Grossmann 1998), der Bedeutung der Väter (Grossmann, Grossmann & Zimmermann 1999) sowie der Beeinflussbarkeit der Eltern-Kind-Bindung durch den sozialen Kontext (vgl. Sroufe u.a. 1992, Vaughn u.a. 2001) ihren Anfang genommen hat.

Im vorliegenden Kapitel soll die Bindungstheorie nicht nur als Erklärungsrahmen für die Grundlagen intimer Beziehungen, sondern auch die zugrunde liegenden Prozesse aufgezeigt werden. In der Frage, wie sich frühe Erfahrungen auf spätere Entwicklungsphasen auswirken, wird auf das Konzept der inneren Arbeitsmodelle vom eigenen Selbst und von anderen in der Beziehung eingegangen. In einem abschließenden Teil werden Schlussfolgerungen für die Beratungs- und Therapie-Praxis gezogen.

Innerhalb der Bindungsforschung vollzieht sich bei der Klärung der zugrunde liegenden Prozesse eine Integration von Beiträgen aus unterschiedlichen Disziplinen: Die biophysiologische Grundlage findet genauso wie die Beiträge aus der modernen Gedächtnispsychologie und – schon fast vergessenen Konzepten – der Sozialpsychologie Berücksichtigung, wobei das psychoanalytische Erbe immer noch Einfluss auf die Bindungsforschung hat. Es ist schließlich die Schnittmenge dieser Disziplinen, die in der Weiterentwicklung der Bindungstheorie derzeit so erfolgsversprechend ist. Wo immer möglich, wird deshalb auch auf diese interdisziplinäre Seite der Bindungsforschung eingegangen.

Was sind Bindungen?

Natürlich kann hier angesichts der umfassenden Trilogie von Bowlby (1975, 1976, 1983) und einer anwachsenden Veröffentlichungstätigkeit zur Bindungsforschung (zusammengefasst in: Cassidy & Shaver 1999, Solomon & George 1999, Spangler & Zimmermann 1995) nur eine knappe und damit notwendigerweise selektive Darstellung der Erkenntnisse zum Wesen der menschlichen Bindungen erfolgen. Es sei deshalb auch auf die gerade kürzlich erschienen Bücher zum Thema in deutscher Sprache verwiesen: Suess & Pfeifer 1999, Brisch 1999, Gloger-Tippelt 2001, Suess, Scheuerer-Englisch & Pfeifer 2001, Brisch, Grossmann, Grossmann & Köhler 2001).

Der menschliche Säugling ist von Anfang an für die soziale Welt bestens vorbereitet: Er hat eine Vorliebe für das menschliche Gesicht und die menschliche Stimme und trainiert seine Kompetenzen für den Aufbau von Beziehungen durch immer ausdauerndere Interaktionen mit den Personen, die ihn betreuen. In den ersten Monaten kann er Hilfe und Unterstützung annehmen, um seine physiologische Regulation zu verbessern, später zeigt er eine enorme Fähigkeit zu rapidem Lernen und zur Verfeinerung des sozialen Austausches. Im Vergleich zu anderen nicht-humanen Primaten ist er jedoch nach der Geburt sehr hilflos. Man spricht von einem extra-uterinen Frühjahr, weil das menschliche Neugeborene erst mit einem Jahr den Entwicklungsstand eines nicht-humanen Primaten bei Geburt erreicht hat. Und deswegen ist der menschliche Säugling auch in besonderem Maße auf Schutz und Fürsorge angewiesen. Dafür sorgt ein Bindungsverhaltenssystem, das nach Bowlby im Rang eines Primärbedürfnisses steht. In Phasen der Unsicherheit wird es durch äußere oder durch innere Faktoren – wie Krankheit, fehlendes Vertrauen in die Bezugsperson etc. – aktiviert: Das Kind verliert sein Interesse an der Umgebung, anderen Kindern etc., sein Explorationsverhaltenssystem wird deaktiviert und es sucht die Nähe zu einer vertrauten Bindungsperson. Erst diese Nähe, der von der Bindungsperson erfahrene Trost und ihre Versicherung führen zur Beruhigung beim Kind und deaktivieren das Bindungsverhaltenssystem. Ein so beruhigtes Kind wird bald wieder guter Dinge sein und sich mit Interesse der Außenwelt zuwenden.

Das Bindungsverhaltenssystem hat sich im Laufe der stammesgeschichtlichen Entwicklung herausgebildet, weil dies zum Überleben der

Art beitrug. In der Umwelt der evolutionären Angepasstheit waren besonders junge, alte und kranke Gruppenmitglieder für Raubtiere, soge-nannte Greifer, ein willkommenes Opfer und für sie stellte allein die Grup-pe und vertraute Erwachsene den notwendigen Schutz dar. Gefahr drohte jedoch auch – wie wir heute wissen – von anderen Erwachsenen in harten Zeiten, wenn Krieg oder Nahrungsknappheit drohte, da Neugeborene auch die Ressourcen der gesamten Gruppe beanspruchten. Alleinerzie-hende gab es vor tausenden von Jahren nicht. Kinder wurden in den aus Jägern und Sammlern bestehenden Gruppen vielmehr von der erweiterten Familie unter Mithilfe der gesamten Gruppe betreut und erzogen und verbrachten beachtliche Zeit mit älteren Kindern (Simpson 1999, S. 121). Ein Kind hatte immer mehrere Bindungsbeziehungen gleichzeitig.

Während beim Säugling die Eltern bzw. die Erwachsenen, die das Kind versorgen, für die notwendige Nähe sorgen, übernehmen hierfür die Kinder in der zweiten Hälfte des ersten Lebensjahres zunehmend mehr und aktiv Verantwortung, nachdem sie immer deutlichere Präferenzen für bestimmte Personen entwickelt haben. Sie fremdeln zwischen sechs und neun Monaten und protestieren, wenn sich Bindungspersonen von ihnen entfernen. Die Bindungen treten als Entwicklungsaufgabe also gerade in einer Phase in den Vordergrund, in der die Kinder Eigenmobi-lität entwickeln und ihre Beaufsichtigung durch Erwachsene dadurch erschwert wird, und tragen somit zum Schutz des Kindes bei (Marvin & Britner 1999).

Die Bindung, von der die Bindungstheorie spricht, ist also nicht von Geburt an vorhanden, sondern entwickelt sich erst im ersten Lebensjahr und erreicht mit etwa drei Jahren das Endstadium der zielkorrigierten Partnerschaft, in der ein Kind anfängt, die Bedürfnisse und Pläne des Bindungspartners zu erkennen und in eigenes Handeln mit einzubezie-hen. Dadurch unterscheidet sich der in der Bindungstheorie verwendete Bindungsbegriff deutlich von dem des Konzeptes der Prägungsbindung (bonding), wie er von Klaus und Kennel in den 70er Jahren eingeführt wurde und in der Praxis von Entbindungskliniken immer noch sehr verbreitet ist (vgl. Rauh 1995). Diesem Konzept zufolge durchläuft das Neugeborene wenige Stunden nach der Geburt eine sensible Phase, in der es für den Aufbau einer Beziehung besonders empfänglich ist. Dieses Konzept hat zu positiven Veränderungen in Entbindungskliniken geführt, die nun Müttern ausgedehnten Frühkontakt mit ihren Neugeborenen unmittelbar nach der Geburt und ein frühzeitiges Kennenlernen durch Rooming-in ermöglichen. Allerdings sind die Effekte von Frühkontakt und Rooming-in nicht sehr nachhaltig. Sie werden nach ein paar Monaten durch andere Faktoren, wie emotionale Verfügbarkeit und soziale Unterstützung der Eltern überlagert und verlieren schnell an Bedeutung (vgl. Rauh 1995). Dies ist insbesondere für Eltern von Bedeutung, bei denen der Anfang infolge von Frühgeburtlichkeit, psychosozialer und / oder psychischer Belastung der Eltern ungünstig verlief. Für sie stellt das Bonding-Konzept eine zusätzliche Belastung dar, es entwertet alle nachfolgenden Beziehungserfahrungen und liefert darüber hinaus negative Zuschreibungen für alle später auftretenden Probleme im Umgang mit dem Kind (vgl. Erickson & Kurz-Riemer 1999).

Während alle Kinder zu den Personen, die sie hauptsächlich versorgen eine Bindungsbeziehung aufbauen – und unter optimalen Bedingungen sind dies mehr als eine oder auch zwei – so unterscheidet sich doch deren Qualität.

Bindungsqualitäten

Erfährt ein Kind während des ersten Lebensjahres, dass eine Bindungsperson verlässlich und angemessen auf das Kind eingeht, so entwickelt es in der zweiten Hälfte des ersten Lebensjahres eine sichere Bindungsbeziehung zu dieser Person. Mit einem Jahr lässt sich die Qualität dieses Bindungsmuster in der sogenannten »Fremde-Situation« feststellen – eine Prozedur, in der ein Kind zusammen mit seiner Bindungsperson in einen fremden Raum gebracht wird, und die zwei Trennungs- und Wiedervereinigungsepisoden vorsieht (Ainsworth u. a. 1978). In der nicht ganz 30 Minuten dauernden Prozedur wird das Kind zunehmend mehr Stress ausgesetzt, um die dynamische Balance zwischen den beiden sich gegenseitig ausschließenden Verhaltenssystemen der Bindung und der Exploration zu beobachten. Bei der Einstufung von Bindungsqualitäten wird insbesondere darauf geachtet, ob die anwesende Bindungsperson für das Kind bei Unsicherheit eine sichere Basis darstellt, mit deren Hilfe das Kind seine Unsicherheit regulieren kann und dann – wenn es wieder guter Dinge ist – zur Exploration übergehen kann. Die Episoden, in denen die Mutter den Raum wieder betritt, sind dabei besonders bedeutsam. Wenn das Kind zuvor verunsichert reagiert hatte, dann erwartet man in diesen Wiedervereinigungsepisoden eine deutliche Hinorientierung auf die Bindungsfigur.

Sicher an die jeweilige Bezugsperson gebundene Kinder (B-Bindungen) können ihre Unsicherheit unverfälscht und direkt der Bindungsperson mitteilen und sich die Zuwendung holen, die sie in dem Augenblick brauchen. Diese Kinder suchen also in Phasen der Unsicherheit verstärkt die direkte Kommunikation mit den jeweiligen Eltern und können so kompetent auf Beziehungspartner zurückgreifen, um aus Phasen der Unsicherheit wieder herauszufinden und Sicherheit für Exploration in der Situation wieder zu erlangen. Es kommt dabei weniger auf das Ausmaß der vorausgehenden Verunsicherung, also nicht auf die Intensität des Weinens an, als auf die Organisation von Verhalten und Gefühlsäußerungen in Bezug auf Bindungspartner. Kinder können im Falle einer sicheren Bindungsbeziehung allgemein auf die volle Spannbreite von Gefühlen, also auch auf negative Gefühle gerade in belastenden Situationen zurückgreifen. Sie verhalten sich also gefühlsstimmig und haben damit eine Bewältigungsstrategie erlernt, die beziehungsorientiert ist und als kompetent gelten kann. Diese Kinder stellen mit einem Anteil von ca. 60 % die größte Gruppe bei den meisten Untersuchungen, die bisher in vielen Ländern durchgeführt wurden. Einen aktuellen Überblick über den neuesten Stand der deutschsprachigen Bindungsforschung geben die von Rauh (2000) zusammengestellten Themenhefte »Bindung« der Zeitschrift »Psychologie in Erziehung und Unterricht« (vgl. auch Grossmann 2000).

Etwa ein Drittel der Kinder zeigt ein Bindungsverhaltensmuster in dieser Situation, das wir als unsicher-vermeidend (Typ A) bezeichnen. Nicht nur, dass sie während der Trennungsepisoden insgesamt weniger Verunsicherung zeigen, sondern das aktive Vermeiden der Bindungsperson bei Wiedereintritt in den Raum zeichnet die Bindungsstrategie dieser Kinder aus. Diese Kinder erwecken zunächst den Eindruck, dass sie besonders »cool« sind und weniger »am Rockzipfel der Mutter hängen«, also für die Postmoderne durchaus geeignet erscheinende Kinder – allerdings nur auf den ersten Blick. Genauere Analysen von Video-Aufnahmen zeigten nämlich, dass diese Kinder während der Trennungsepisoden angespannt sind und ihr Spiel in diesen Phasen unterdrückt ist. Dies bestätigen auch Analysen auf der physiologischen Ebene: Sowohl die Stresshormone als auch die Herzschlagfrequenz der Kinder steigen während dieser Phasen enorm an und bleiben lange Zeit auf hohem Niveau erhalten (vgl. Spangler 2001). Diese Kinder haben während ihres ersten Lebensjahres die Erfahrung machen müssen, dass Eltern in Phasen der Unsicherheit nicht für sie da waren, d. h. ihre Annäherungsbemühungen und Stresssignale in höchstem Maße ignorierten und sie sogar in diesen Phasen zurückwiesen (Grossmann u. a. 1985). Sie haben also erfahren, dass ihre Eltern immer dann psychologisch unzugänglich waren, wenn sie sie sehr dringend gebraucht hätten. So lernten sie, die negativen Gefühle in solchen Phasen vor den erwachsenen Bindungspersonen zu verstecken, um keine Zurückweisung erleben zu müssen. Später konnten sie dann selbst nicht mehr bewusst über diese negativen Gefühle in diesen Phasen verfügen, da sie im Zuge der Sprachentwicklung nicht in die dem Bewusstsein zugänglichen Gedächtnisspeicher (episodischer und semantischer) übernommen werden, sondern allein im prozeduralen Gedächtnisspeicher (dem sensumotorischen Gedächtnis) verbleiben. Die Bewältigungsstrategie dieser Kinder beruht also nicht auf voller Gefühlsstimmigkeit, sondern auf einer Abspaltung von negativen Gefühlen im Kontext von Verunsicherung; sie ist darüber hinaus auch nicht beziehungsorientiert, und gilt – auch auf Grund der sich längsschnittlich gezeigten Risiken – als weniger kompetent. Diese Kinder lernen in solchen Bindungsbeziehungen langfristig den Ausdruck von Bindungsbedürfnissen in intimen Beziehungen zu minimieren, ohne dass es ihnen bewusst wird.

Eine weitere Gruppe von Kindern verhält sich in dieser »Fremde-Situation« sehr ambivalent. Die Kinder sind oftmals bereits zu Beginn der Situation schon verunsichert, was sich durch die Trennungsepisoden nochmals steigert. Sie können diese negativen Gefühle ihren Beziehungspartnern durchaus in dieser Situation direkt mitteilen und ihren Jammer unverfälscht der Bindungsperson zeigen, allerdings mischt sich darunter immer wieder Ärger und Wut und sie zeigen sich in hohem Maße ambivalent: Sie wollen auf den Arm genommen werden, doch kaum oben, wollen sie auch schon wieder runter; ganz so als ob sie selbst nicht wüssten, was sie wollten – und das Wichtigste: Sie finden in dieser Situation keine innere Ruhe. Während des ersten Lebensjahres haben sie die Erfahrung gemacht, dass ihre Bindungspersonen sich in hohem Maße schwankend gegenüber ihren Signalen verhielten: einmal zeigten sie sich höchst einfühlsam und dann wieder waren sie blind gegenüber der von ihren Kindern geäußerten Unsicherheit. Diese Kinder haben also nicht gänzlich ihre Zuversicht in die psychologische Zugänglichkeit der jeweiligen Bindungspartner verloren, allerdings auch gelernt, sich auf die in solchen Bindungsbeziehungen vorherrschende Unbeständigkeit einzustellen und den Ausdruck von Bindungsbedürfnissen zu maximieren. Sie entwickeln auch im Laufe der weiteren Entwicklung eine Hypervigilanz für Bindungsgeschehen innerhalb von Beziehungen.

Diese drei genannten Bindungsmuster weisen trotz aller Unterschiede insgesamt einen hohen Organisationsgrad auf und stellen – wenn auch unterschiedlich kompetente – Bewältigungsstrategien angesichts verunsichernder Situationen dar. Sie können als ordnende Strukturen des subklinischen emotionalen Erlebensraumes von Kindern dienen und stellen keinesfalls psychopathologische Kategorien dar (vgl. Suess & Zimmermann 2001). Dies trifft voraussichtlich auch für eine erst später und derzeit intensiv beforschte vierte Bindungskategorie zu – die so genannte desorganisierte/desorientierte Bindungsqualität. Allerdings sind die davon betroffenen Kinder einem unvergleichlich höherem Risiko für spätere psychische Krankheit und Auffälligkeit ausgesetzt – deshalb werden sie mancherorts auch »hochunsichere« Bindungsqualitäten genannt (Crittenden 1999). Bei diesen Kindern kann zwar in der Fremde-Situation eine der drei – oben genannten – Bindungsmuster in Ansätzen erkannt werden, allerdings auch ein Zusammenbrechen der jeweiligen Organisation von Bindungsverhaltensmustern, so dass insgesamt keine in sich stimmige Strategie erkennbar ist. Es sei in Erinnerung gerufen, dass Kinder bei unsicher-vermeidenden Bindungsqualitäten gelernt haben, die betreffende Bindungsperson bei Unsicherheit zu vermeiden, um ihr auch dann noch nahe sein zu können: Vermeidung im Dienste der Nähe hat Main (1981) diese Strategie genannt. Sie haben gelernt, ihrer Bindungspersonen nahe, aber nicht zu nahe sein. Kinder mit einem unsicher-ambivalenten Bindungsmuster verstärken dagegen den Ausdruck ihrer Bindungsbedürfnisse und haben gelernt, damit bei ihren Eltern etwas zu erreichen.

Kinder mit einer desorganisierten / desorientierten Bindungsqualität zeigen kein einheitliches Verhaltensmuster (vgl. Solomon & George 1999, Jacobvitz u. a. 2001). Eine Gruppe zeigt während der Wiedervereinigungssituationen seltsame, desorganisierte Verhaltensweisen: Jacobvitz u.a. (2001) berichten von Kindern, die zu schreien beginnen, wenn ihre Mütter den Raum betreten, und sich danach auf den Boden werfen;

andere Kinder pressen während der Wiedervereinigungsepisode der Fremde-Situation auch ihre Hände vor den Mund und ziehen dabei die Schultern hoch, als ob sie vor der eintretenden Bindungsperson erschrecken würden. Wieder andere Kinder zeigen konfligierende Verhaltensweisen: Sie nähern sich der jeweiligen Bindungsperson indirekt an, indem sie sich im Kreis drehen. Am schwersten erkennbar sind schließlich eine dritte und letzte Gruppe von Hinweisen für Desorganisation/ Desorientierung: Eingefrorenes und Trance-artiges Verhalten. Der Ausdruck der Kinder friert unter den besonderen Stressbedingungen der Fremde-Situation ein, wird starr und unbeweglich – oder sie treten in der Situation in dissoziative Zustände ein, tagträumen, schauen durch Personen und Objekte gleichsam hindurch, als wenn sie sich in Trance befänden. Obwohl die Erforschung der entwicklungspsychologischen Zusammenhänge dieses desorganisierten Bindungsmusters noch am Anfang steht, so deutet vieles darauf hin, dass diese Kinder widersprüchliche Erfahrungen im Umgang mit den jeweiligen Bindungspersonen sammeln, da diese gleichzeitig zur Quelle der Sicherheit und des Erschreckens werden und somit das betreffende Kind in ein unlösbares Paradox stürzen. Die gefundenen Zusammenhänge dieses Bindungsmusters mit Misshandlung der Kinder unterstützt diese Interpretation. Auch wenn Eltern sich vor ihren Kleinkindern prügeln oder sich auf Grund von Alkoholkonsum oder psychischer Erkrankung unberechenbar gegenüber dem Kind verhalten, ist die Entwicklung eines desorganisierten Bindungsmusters nachvollziehbar. Wurden all die genannten Risikogruppen untersucht, so zeigte sich ein Anstieg von desorganisierten Bindungsmustern im Bereich von 67 bis 82 % der Kinder, während der Anteil der Bindungsdesorganisation bei Normalpopulation etwa 20 % betrug. Wurde der Erfahrungshintergrund der Eltern näher untersucht, so ergab sich ein deutlicher Zusammenhang zu unverarbeitetem Verlust und unverarbeitetem Trauma. Besonders wenn in einem Zeitraum von zwei Jahren vor oder nach der Geburt eines Kindes der Tod einer nahestehenden Person verkraftet werden muss, scheint eine Bindungsdesorganisation bei den betroffenen Kindern sehr wahrscheinlich. Dissoziative Zustände sind über einen Zeitraum von ca. zwei Jahren bei Trauernden normal, erschweren jedoch die Bindungsgestaltung zu einem Säugling und Kleinkind enorm. Die Kinder sind dann öfter mit sie erschreckendem Verhalten ihrer Eltern konfrontiert: plötzliches Weinen, Versinken in tiefe Trauer und Entrücken aus der gemeinsam mit dem Säugling geteilten Erfahrungswelt. Ebenso wie Depressive, wechseln diese Personen oft unvermittelt mitten im Interaktionskontext in einen unbewegten, ernsten Gesichtsausdruck, was Säuglinge und Kleinkinder zutiefst erschreckt, wie übrigens auch experimentell in den sogenannten »Still Face«-Untersuchungen mit entsprechenden Anweisungen an Mütter bei Kindern im ersten Lebensjahr gezeigt werden kann. Es zeigt sich immer mehr, dass desorganisierte Bindungsmuster mit »beängstigendem« Elternverhalten zusammenhängt, jedoch zeigen sich auch Hinweise für frühe Kindscharakteristiken, wie Spangler und Grossmann (1999) zeigen konnten. Desorganisierte Bindungsmuster zeigen sich ausschließlich im Alter bis etwa zwei Jahre, danach zeigen sich diese Kinder als überaus kontrollierend in der Beziehung zu ihren Eltern, so dass Bindungsforscher auch in Anfängen von Rollenumkehr sprechen. Die Kinder könnten die sie erschreckenden Interaktionen mit ihren Bindungspersonen nur durch eigene dissoziative Zustände bzw. durch übertriebene Eigeninitiative in der Beziehungsgestaltung in den Griff bekommen – so die vorläufige Interpretation. Eigeninitiativen stellen natürlich alle Formen aktiver Kontrolle von Beziehungsgeschehen und Rollenumkehr dar, wozu Kinder allerdings erst im Kindergartenalter in der Lage sind. Doch die Grundlagen haben sie schon in der Kleinkindzeit gelernt, denn in Momenten, in denen sie selbst große Angst empfanden, lernten sie sich aus Schreck enorm zurückzuhalten und ihre volle Aufmerksamkeit auf die Bindungspersonen zu richten. Die sehr abrupten und sehr beängstigenden Wechsel im Verhalten der Bindungspersonen dürften es den Kindern unmöglich machen, ein kohärentes Bindungsmodell von den betreffenden Eltern zu entwickeln. Zu widersprüchlich sind dazu die gemachten Erfahrungen, weswegen sie wahrscheinlich auch zwei unterschiedliche, nicht korrespondierende Modelle vom Elternteil entwickeln: eines vom liebevollen und eines vom beängstigenden, missbrauchenden etc. Elternteil. Doch diese Annahme muss sich erst noch in weiteren empirischen Studien bestätigen. Seit Beginn der 80er Jahre erst konzentriert sich die Bindungsforschung auf die Untersuchung der Entwicklung von Bindungsrepräsentationen (Bretherton & Munholland 1999), und die dafür notwendigen Erfassungsinstrumente (z. B. ASCT: Bretherton, Suess, Golby & Oppenheim 2001) werden erst nach und nach verfügbar.

Innere Arbeitsmodelle als Produkt intimer Beziehungen

Die beschriebenen Bindungsmuster sind im Ein-Jahres-Alter eindeutig Charakteristiken von Beziehungen und keine individuellen Charakteristiken der Kinder. Es sollte auch nicht von A-Kindern bzw. von B- oder C-Kindern gesprochen werden, da sich immer wieder – wo dies untersucht wurde – zeigt, dass Kinder zu Vater und Mutter gleichzeitig unterschiedliche Bindungsqualitäten haben können. Die Qualität des Bindungsmusters richtet sich nach der Art der Erfahrungen, die Kinder im Umgang mit den jeweiligen Bindungspartnern über einen längeren Zeitraum sammeln konnten. Diese Erfahrungen finden in so genannten inneren Arbeitsmodellen von sich und der Umwelt sowie der sie prägenden Beziehung ihren Niederschlag und tragen wesentlich zur Selbstentwicklung bei, die in zunehmendem Maße, und zwar beginnend mit dem zweiten Lebensjahr, von einer dyadischen zu einer individuellen Organisation übergeht.

Mit Erreichung der Objektpermanenz, zwischen dem sechsten und achten Lebensmonat, verfügt das Kind in wachsendem Ausmaß über innere Bilder, Pläne oder auch Landkarten, die ihm die Orientierung in seiner sozialen Welt erheblich erleichtern. So wie eine Landkarte es erlaubt, dass man sich bereits vor der Abreise auf eine Wanderung in einer bestimmten Gegend vorbereiten kann und sich bei Ankunft dann dort auch sofort besser zurechtfindet, obwohl man zum ersten Mal in der Gegend ist, so erlauben die inneren Arbeitsmodelle dem Kind, sich in sozialen Situationen schneller und besser zu orientieren. Dabei entspricht natürlich die Landkarte nicht vollständig der darin abgebildeten Umgebung: Flüsse sind keine blauen Linien und Städte keine unterschiedlich großen Punkte. Der Grad der Entsprechung bestimmt sich allein danach, wie gut sie Orientierung ermöglicht (vgl. Bretherton & Munholland 1999, Bretherton 2001, Bretherton u.a. 2001). Und vergleichsweise entsprechen die inneren Bilder beim Kind auch nicht exakt allen Facetten der von ihm erfahrenen Beziehungswirklichkeiten. Vielmehr leitet ihre Güte sich daraus ab, wie gut sie dem Kind helfen, sich in verunsichernden Situationen zurechtzufinden, ohne jedes Mal alle relevanten Komponenten neu einschätzen und begreifen zu müssen. Dies nämlich würde im Ernstfall viel zu lange dauern; da ist es dann schon besser, auf ein fertiges »Konzept« zurückgreifen zu können. Darüber hinaus ist es auch von großem Vorteil, wenn das Kind in die Lage versetzt wird, einen Handlungsplan zunächst innerlich in einem »Probelauf« durchspielen zu können, um danach erst eine Bewertung vorzunehmen, ohne die damit eventuell verbundenen Risiken tatsächlich jedesmal »in vivo« eingehen zu müssen. Bolwby hat deshalb ganz bewusst dafür den Ausdruck »inneres Arbeitsmodell« gewählt (vgl. Bretherton & Munholland 1999), weil er anders als die bereits verwendeten Ausdrücke – Landkarte, Bilder, Konzept – einen dynamischen Charakter beinhaltet. Dies entspricht seinem Verständnis von prozesshafter Entwicklung psychischer Entitäten als Ergebnis eines kontinuierlichen Austauschs zwischen Innen und Außen. Innere Arbeitsmodelle dienen der Vorhersagesicherheit und müssen deshalb in einem ständigen Austausch mit der Erfahrungswirklichkeit sein, immer offen für notwendige Updates. Sie ermöglichen also im besten Falle Kontinuität und Veränderung gleichzeitig für ein Individuum – eben in Abhängigkeit der jeweiligen Anforderungen aus der Umgebung. Sind dagegen keine Updates möglich, können innere Arbeitsmodelle die Erfahrungen nicht mehr realitätsnah abbilden, die Wirklichkeit nicht mehr in dem erforderlichen Ausmaß zur Kenntnis nehmen, was dann zu Fehlanpassungen führt. Diese inneren Arbeitsmodelle von sich selbst in der Beziehung mit Bindungspersonen werden im Laufe der Entwicklung zwar zunehmend individuell organisiert, werden jedoch nie zu rein individuellen Entitäten. Hier können wir auch auf Gedanken und Theorien zurückgreifen, die Lewin zeitlich vor und unabhängig von Bolwby zum psychologischen Lebensraum, der die Person und die Umwelt beinhaltet, entwickelt hat (1936). Danach verschiebt sich die äußere Grenze des Selbst je nach den Wünschen und Bedürfnissen der Person bzw. den in ihrem psychologischen Lebensraum herrschenden Kräfteverhältnissen.

> »As a consequence of the close relationship between the mother and the child's own person, the real abilities of the mother, her effectiveness as against the things and persons of the environment, have for the child the functional significance of an extension of his own security and power against the environment.«
> Lewin 1933, zit. nach Bretherton & Munholland 1999, S. 97

Während der Kindheit ist ein Selbst ohne bedeutsame Beziehungspartner schlichtweg nicht denkbar, auch später im Lebenslauf reicht das Selbst als Region, um mit Lewin zu sprechen, über das Individuum hinaus in den es umgebenden psychologischen Lebensraum, und die jeweiligen Grenzen dazwischen werden ganz wesentlich durch die Dynamik intimer Beziehungen bestimmt.

Wie wichtig sind Bindungen?

Innere Arbeitsmodelle und die unterschiedlichen Bindungsmuster sind – wie oben bereits ausgeführt – keine festen Zustandsgrößen, sogenannte »traits«, die im Laufe der frühkindlichen Entwicklung wie Koffer im Kind abgestellt werden und die weitere Entwicklung determinieren. Dies ist wohl eines der verbreitetsten Missverständnisse im Zusammenhang mit der Bindungstheorie (vgl. Sroufe & Waters 1977). Daran haben Bindungsforscher mitgewirkt, die nur nach immer ausgedehnterer Stabilität in der Bindungsentwicklung, nach Zusammenhängen zwischen Bindungsmustern im zweiten Lebensjahr und Kompetenzen in späteren Entwicklungsphasen gesucht haben und sich zu wenig oder zu spät der Erklärung von vorgefundenen Veränderungen über den Lebenslauf hinweg gewidmet haben. Dies musste die Skepsis derer erwecken, die in ihrer Arbeit auf die Veränderungsfähigkeit von Personen bauen und die die Bedeutung außerfamiliärer Erfahrungen in ihrer täglichen Arbeit kennen und schätzen gelernt haben. Bowlby selbst hat stets betont, dass frühkindliche Bindungserfahrungen die weitere Entwicklung zwar beeinflussen, jedoch keineswegs determinieren. Er schreibt von einer sehr formbaren Zustandsform der kindlichen Persönlichkeit bis zum siebten Lebensjahr mit einer abnehmenden Plastizität, je weiter man sich von diesem Entwicklungsabschnitt weg bewegt. Frühkindliche Bindungsmuster haben sich auch in den Längsschnittstudien als veränderungsfähig erwiesen, wenn die Erfahrungen innerhalb der betreffenden Beziehungen sich über einen längeren Zeitraum hinweg nachhaltig veränderten, was bei Hochrisiko-Stichproben immer in besonderem Maße zutrifft (Weinfield, Sroufe & Egeland 2000). Die Bindungsforschung hat nun gerade in den letzten Jahren mehr und mehr Erkenntnisse darüber gewonnen, wie Veränderungen in der Bindungsentwicklung zu erklären sind und demnach ergibt sich ein komplexes Bild, wie frühkindliche Bindungserfahrungen die weitere Entwicklung beeinflussen und welche Faktoren zu einer Änderung und einem Verlassen von Entwicklungspfaden beitragen.

Die oben bereits angeführten inneren Arbeitsmodelle helfen einem Kind in vielfältiger Weise, sich als Person in seiner sozialen Umwelt zu orientieren und die dabei gemachten Erfahrungen zu verarbeiten. Sie steuern in komplexer Weise die innere Regulation von Gefühlen und ihren Einsatz in Beziehungen. Wenn ein Kind gelernt hat, seinen Gefühlen im zwischenmenschlichen Bereich zu vertrauen und sie stimmig in Beziehungen auszudrücken, um auf seine Bedürfnisse hinzuweisen, wird es anders geartete Beziehungserfahrungen sammeln können als ein Kind, das gelernt hat, seinen Gefühlen zu misstrauen und Gefühle nicht stimmig einzusetzen. Kinder werden auch auf Grund unterschiedlicher gefühlsmäßiger Einschätzungsprozesse unterschiedliche Aspekte der Beziehungswirklichkeit wahrnehmen und unterschiedliche Bewertungen vornehmen: z. B. eine beziehungspessimistische oder -optimistische Wahrnehmung und Bewertung sozialer Konflikte: »Der wollte mir absichtlich weh tun.« bzw. »Der wollte das nicht.«, wenn es sich um ein und dasselbe Ereignis handelt (vgl. Suess, Grossmann & Sroufe 1992). Die Erfahrungen in der Beziehung mit Bindungspersonen prägen das eigene Selbst und somit auch die Erwartungshaltungen von Kindern, die nicht nur in bekannten Beziehungen angewendet werden, sondern mit zunehmendem Alter der Kinder auch auf neue Interaktionskontexte übertragen werden (vgl. Sroufe, Egeland & Carlson 2000, Krappmann 1994, vgl. Suess 2001). Erwartungshaltungen verfestigen sich bekanntlich dadurch, dass sie immer auf Bestätigung drängen: Erwarte ich mir nichts Gutes von Beziehungen, werde ich im Notfall auch nicht auf sie zurückgreifen und niemanden um Hilfe und Unterstützung bitten. So beraube ich mich nicht nur einer neuartigen Erfahrung »Beziehungen sind hilfreich«, sondern sehe danach – wieder einmal – auch mein altes Weltbild bestätigt. Wenn solche Erwartungshaltungen im Umgang mit anderen Beziehungspartnern zum Ausdruck gebracht werden, dann werden sie natürlich auch bestimmte Reaktionen auslösen. Im Minnesota Preschool Project wurden Erzieher danach gefragt, welche Reaktionen Kinder in ihnen auslösen. Es ergab sich ein deutlicher Zusammenhang zu deren Bindungshintergrund (vgl. Sroufe & Fleeson 1988). Kinder gestalten so ihre – sie wiederum in der Zukunft formende – Umwelt in steigendem Maße aktiv mit, und zwar in Abhängigkeit von ihren inneren Arbeitsmodellen vom eigenen Selbst und der Umwelt. Diese inneren Arbeitsmodelle erhöhen somit also die Wahrscheinlichkeit bestimmter Erfahrungen bzw. ermöglichen oder verbauen andere für Entwicklung förderliche Erfahrungen. Sroufe, Cooper und DeHart (1992) verwenden das Bild eines Rangierbahnhofes mit fächerartig auseinanderlaufenden Gleisen, die allerdings mit unzähligen Weichen miteinander verbunden sind, um ihre Aussagen zur Art der Verbindung von frühkindlichen Bindungserfahrungen und späteren Entwicklungsresultaten zu veranschaulichen. Je länger ein Zug auf einem von der Mittellinie abweichenden Gleis unterwegs ist, desto mehr Weichenstellungen sind notwendig, um ihn in die Mittellinie zurückzubewegen – neben der Zeitdauer ist natürlich auch die Abweichung des zurückgelegten Weges von der Ideallinie zu berücksichtigen.

Innerhalb der Längsschnittstudien zur Bindungsentwicklung konnte vor allem der subklinische Bereich der Entwicklung von Fehlanpassung aufgezeigt werden (vgl. Zimmermann u.a. 2000). Weichenstellungen kommen danach in der natürlichen Umgebung eines Kindes immer wieder vor und sind dann effektiv, wenn sie negative Erwartungshaltungen frustrieren und alternative Beziehungserfahrungen ermöglichen. Von diesen Erkenntnissen kann insbesondere auch Jugendhilfe profitieren (vgl. Krappmann 2001). Eine der wichtigsten Erkenntnisse der Bindungsforschung für die Praxis ist, dass eine Veränderung der inneren Arbeitsmodelle vertrauensvolle Beziehungen und den Respekt gewachsener Beziehungen erfordern. Es ist kritisch zu hinterfragen, wieweit Jugendhilfe in diesem Sinne Beziehungsarbeit leistet und nicht doch Beziehungsangebote als von personaler Kontinuität trennbare und grundsätzlich zwischen Personen beliebig austauschbare Leistungen betrachtet. Manchmal begegnet man innerhalb der Jugendhilfe auch der Auffassung, dass familiäre Bindungen nicht allzu sehr betont werden sollten, da sie die Autonomieentwicklung der Kinder behindern und eher Fesseln für sie darstellen. Auf dieses Missverständnis, dass Bindung und Autonomie sich gegenseitig ausschließende Konzepte seien, und Bindung etwas Beharrendes beinhalte, soll im Folgenden unter Erläuterung des Konzeptes der sicheren Basis eingegangen werden.

Das Konzept der sicheren Basis

Der evolutionstheoretische Hintergrund der Bindungstheorie betont sehr die Schutzfunktion der Eltern-Kind-Bindung. Allerdings wird in modernen evolutionstheoretischen Abhandlungen immer auch betont, dass ein Kind eine Bindung ausschließlich zu älteren und damit im Leben erfahreneren Personen aufbaut, so dass die Schutzfunktion dieser Beziehung gleichzeitig mit der Verfügbarkeit von Lernmöglichkeiten einhergeht. Das Herzstück der Bindungstheorie, das Konzept der sicheren Basis (vgl. Waters u. a. 1991), wird von Bowlby (1988) mit der Funktion eines Basislagers bei einer Bergexpedition verglichen. Zu diesem Basislager wird der Expeditionstrupp bei widrigen Wetterverhältnissen und bei anderen Gefahrenmomenten zurückkehren, um Sicherheit und Schutz zu suchen. Jedoch wird das Wissen über die Existenz eines verlässlichen Basislagers auch eine unschätzbare Bedeutung für den Wagemut und die enormen Leistungen der Teilnehmer des Expeditionstrupps bei der Besteigung des Gipfels darstellen. Dieser Wagemut und diese Leistungen schließlich machen dann den erfahrenen Bergsteiger ebenso aus, wie der geübte Umgang mit Sicherheitsfaktoren, zu denen eben auch das Aufsuchen des Basislagers im richtigen Moment gehört. Ein solches Basislager sollen Eltern nach der Bindungstheorie für ihre Kinder zur Verfügung stellen. Im ersten Lebensjahr erweisen sich bei den Eltern feinfühliges Eingehen auf die Signale des Kindes, Abstimmen des eigenen Handelns mit den gerade im Gange befindlichen Aktivitäten des Kindes sowie eine generelle emotionale Zugänglichkeit als wesentliche Ausstattungsmerkmale einer solch sicheren Basis (Grossmann u. a. 1985, Suess 1990). Die Kleinkinder entwickeln sich als Folge davon nun nicht etwa zu abhängigen Kindern, die »am Rockzipfel« ihrer Mütter hängen, sondern zu überaus autonomen Mitmenschen. Im zweiten Lebensjahr können sie sich – wenn sie guter Dinge sind – leicht von der Mutter lösen, in ihrer Anwesenheit auch freundlich mit fremden Personen umgehen und die Welt der Objekte eifrig explorieren. Mit zwei Jahren zeigen sie mehr Ausdauer im Umgang mit überfordernden Problemlösungen und können in flexibler Weise auf die Hilfe und Unterstützung der anwesenden Eltern zurückkgreifen (Matas u. a. 1978). Insgesamt fällt bei ihnen die erste Trotzphase (18. bis 30. Lebensmonat) nicht so extrem aus und sie zeigen sich im Kindergartenalter nicht nur kompetent in der Bewältigung sozialer Konflikte, sondern sind überaus selbständig und konzentriert beim Spiel (Suess u. a. 1992). Das gewonnene Vertrauen in die Verfügbarkeit der Eltern als sichere Basis führt ab dem zweiten Lebensjahr zu einem wachsenden Vertrauen in die eigenen Stärken des sich entwickelnden eigenen

Selbst (vgl. Sroufe & Fleeson 1988). Die Eltern spenden ihren Kindern mit einer sicheren Eltern-Kind-Bindung somit auch Sicherheit für ein von ihnen unabhängiges Leben, da die mit der sicheren Basis verbundenen Prozesse ins eigene Selbst integriert und auf andere Lebensbereiche übertragen werden. Diese Kinder lernen später in Abwesenheit der Eltern – z. B. bei Konflikten mit Gleichaltrigen im Kindergarten – sich selbst ein guter, nachsichtiger Kamerad zu sein, der sich selbst in schwierigen Situationen Sicherheit und Aufmunterung geben kann. Intime Beziehungen zu Bindungspersonen führen somit zu einer größeren Intimität zum eigenen Selbst (Lichtenberg 1998), die ihrerseits die Gestaltung positiver Sozialbeziehungen fördert, die dann wiederum stärkend auf die Entwicklung des eigenen Selbst wirken. Es sind diese Transaktionen, die ihren Anfang mit frühkindlichen Bindungsbeziehungen nehmen, die die Autonomieentwicklung fördern.

Die in Längsschnittstudien gefundenen Ergebnisse unterstützen das Bild eines solchen transaktionalen Geschehens. Kinder mit sicherem Bindungshintergrund lösten Konfliktsituationen in überwiegendem Maße selbständig, während Kinder mit unsicherem Bindungshintergrund sich entweder zurückzogen oder sofort zur Erzieherin liefen, um zu »petzen«. Die ersteren Kinder machen also immer wieder die Erfahrung, dass zwischenmenschliche Konflikte nichts Bedrohliches sind, sondern bewältigt werden können und schließlich auch zu einer besseren Abstimmung von Bedürfnissen in Beziehungen führen können. So entwickeln sie ihre Konfliktbewältigungsstrategien zu immer größerer Kompetenz weiter. Die anderen Kinder lernen dagegen, Konflikte zu meiden und erst gar nicht auf eigene Bewältigungskompetenzen zu vertrauen (Suess u. a. 1992). Das Team um Sroufe (vgl. Sroufe & Fleeson 1988) beobachtete darüber hinaus, dass Kinder mit unsichervermeidendem Hintergrund im Kindergarten sehr große Anhänglichkeit an die erwachsenen Erzieher zeigten, öfter bei ihnen auf dem Schoß saßen, immer um sie herumschlichen und generell sehr indirekte Strategien der Annäherung anwendeten. Insgesamt schenkten sie den erwachsenen Erziehern sehr viel mehr Aufmerksamkeit als den Gleichaltrigen im Kindergarten, was eigentlich für diese Altersphase die vorherrschende Entwicklungsaufgabe wäre.

Bindung und emotionale Verfügbarkeit für die Kinder führt also nicht zu Abhängigkeit, sondern im Gegenteil zu größerer Autonomie.

Gerade die Kinder, die sich im zweiten Lebensjahr bei Unsicherheit nicht direkt mit ihrem Kummer an ihre Eltern wandten, sondern in dieser Situation ihre Gefühle unterdrückten und zunächst »cool« und unabhängig wirkten, zeigten sich im Kindergarten in hohem Maße abhängig gegenüber Erwachsenen.

Bindungsmodelle im Erwachsenenalter

Inwieweit Eltern als sichere Basis für ihre Kinder zur Verfügung stehen können, hängt neben der Qualität von Gegenwarts-Beziehungen bzw. des sozialen Unterstützungssystems und dem allgemeinen Lebensstress in hohem Maße von ihren eigenen Beziehungserfahrungen in ihrer Kindheit ab. Dies konnte in zahlreichen Untersuchungen immer wieder belegt werden, seitdem das Erwachsenenbindungsinterview (Adult Attachment Interview: AAI) als Instrument zur Erfassung von Bindungsrepräsentationen im Erwachsenenalter zur Verfügung steht (George, Kaplan & Main 1985, vgl. Gloger-Tippelt 2001). Das AAI, ein etwa ein- bis eineinhalbstündiges klinisches Interview, spricht mit seinen Fragen zur Erinnerung möglichst weit in der Kindheit zurückliegender Bindungserfahrungen zwei unterschiedliche Gedächtnisspeicher an: den semantischen mit seinen Bewertungen von Erfahrungen und den episodischen mit den konkreten Erlebnisinhalten. Im günstigen Fall können Erwachsene gleich gut auf beide Gedächtnisspeicher bei der Schilderung ihrer Kindheit zurückgreifen, d. h. es herrscht eine ausgewogene Balance bei den angeführten Erinnerungen zwischen diesen beiden Gedächtnisspeichern. Die für die jeweilige Beziehung angeführten beschreibenden Eigenschaftswörter finden dann auch ihre Entsprechung in konkreten Erlebnisschilderungen, die wiederum als Beleg für die Bewertungen ihrer Kindheitsbeziehungen gelten können. Diese Personen können ihre Erinnerungen kritisch reflektieren und so Lehren aus vergangenen Erfahrungen für die Gegenwart ziehen. Bei der Auswertung des AAI kommt es insgesamt mehr auf das »Wie« als auf die konkreten Inhalte des Gesagten an; eine komplexe Analyse des Diskurses ermöglicht es, hinter die Ebene des gesprochenen Wortes zu sehen und Abwehr und Verdrängung zu erfassen. Der Aufbau des Interviews zielt insgesamt auf eine Überraschung das Unbewussten ab. Dass dies schließlich gelang und mit dem AAI wirklich Bindungsrepräsentationen der

Mütter mit all ihren unbewussten Anteilen in aussagekräftiger Weise erfasst werden können, zeigte sich wiederum in den Längsschnittstudien zur Bindungsentwicklung. Die Qualität der Bindungsbeziehung mit ihren Kindern, in der Fremde-Situation im zweiten Lebensjahr der Kinder erfasst, konnte auf Grund der AAI-Einstufungen mit einer über 80%igen Trefferquote, selbst wenn das AAI mit den Müttern vor der Geburt der Kinder durchgeführt worden war (Fonagy, Steele & Steele 1991), vorhergesagt werden (vgl. van Ijzendoorn 1995). Neben einer Validierung der AAI-Methode ließ sich zudem eine Tradierung von Bindungsmustern über zwei Generationen hinweg belegen. Die Studien zeigten jedoch auch Hinweise zu deren Unterbrechung: Kindheit übt demnach auf das weitere Beziehungsgeschehen einen bedeutsamen Einfluss aus, ist allerdings keinesfalls Schicksal, wie die folgenden Ausführungen zeigen sollen.

Eine Gruppe von Eltern berichteten im AAI zwar über Erfahrungen, die auf eine unsichere Bindung mit ihren Eltern in der Kindheit schließen lassen, insgesamt ließen sie jedoch eine produktive Auseinandersetzung mit diesen Erinnerungen erkennen. Diese Auseinandersetzung mit der eigenen Beziehungsgeschichte führte dann schließlich dazu, dass wesentliche Erfahrungen nicht verdrängt werden mussten, sondern stimmig in eine Gesamtbewertung einflossen und in die Erwachsenenpersönlichkeit integriert werden konnten. Ihr Einfluss auf die Gegenwartsbeziehungen wurde von diesen Eltern erkannt und konnte insgesamt kontrolliert werden. Diese Personen hatten sich – wie die Untersuchungen zeigten – durch »Beziehungsarbeit« einen sicheren Bindungsstatus erarbeitet; meist waren andere intime Gegenwartsbeziehungen – auch therapeutische Beziehungen – an diesem Veränderungsprozess beteiligt. Das bei diesen Eltern vorherrschende und mit dem AAI erfasste Bindungsmodell wird »frei autonom« (F) genannt und trifft auch für Eltern zu, deren Kindheit von Bindungssicherheit geprägt war und bei denen ebenfalls eine kohärente und gefühlsstimmige Auseinandersetzung mit Kindheitserinnerungen stattfindet. All diese Eltern der Gruppe »F« sprachen bereitwillig auch über Probleme in der Kindheit, ohne die eigenen Eltern dafür zu verurteilen. Sie konnten im Gegenteil auch deren Perspektive einnehmen und sich deren So-Geworden-Sein unter Berücksichtigung von deren Kindheit erklären.

Eine solche offene und stimmige Auseinandersetzung mit Kindheitserinnerungen konnte im AAI bei einer weiteren Gruppe von Eltern nicht gefunden werden. Es wurde bei ihnen auch deutlich, dass sie ihre Kindheitserinnerungen nicht stimmig in ihre Erwachsenenpersönlichkeit integrieren konnten. Sie idealisierten ihre Kindheit und die Beziehung zu ihren Eltern, was sich im AAI in einer durchweg positiven Bewertung der Beziehungen zu den Eltern ausdrückt. Diese positiven Bewertungen konnten diese Eltern jedoch nicht mit konkreten Erlebnisinhalten oder Geschichten unterfüttern bzw. sie verfingen sich in Widersprüchlichkeiten, wie z. B. »die Beziehung zur Mutter war liebevoll, umsorgend, rücksichtsvoll und sie war immer sehr gut« als vorgenommene Bewertungen, und später im Interview in der Schilderung der Beziehung zu einem jüngeren Bruder dann die Aussage, dass die Mutter dieses Kind vorgezogen habe und ihm im Unterschied zur Interviewten vieles habe durchgehen lassen. Der Leser des Interviews erhält insgesamt den Eindruck, dass hier negative Erlebnisinhalte ausgelassen oder aktiv im Gespräch abgeblockt werden – und dafür gibt es auch konkrete Auswertungsregeln, die reliabel Bindungsmodelle zuordnen lassen.

Im Längsschnitt zeigte sich, dass diese Eltern ihre unsichere Bindungsvergangenheit an ihre Kinder weitergeben: In der Fremde-Situation wurde bei ihnen und ihren Kindern mit hoher Wahrscheinlichkeit eine unsicher-vermeidende Bindungsbeziehung gefunden. Die Bindungsrepräsentation dieser Eltern wird innerhalb der Bindungsforschung »abwehrend / verdrängend« (dismissive: Ds) genannt und sie ist gekennzeichnet durch eine Unausgewogenheit im Zugriff auf die Erinnerungen zu Ungunsten des episodischen Gedächtnisspeichers.

Bei einer dritten Gruppe von Eltern schließlich besteht eine Unausgewogenheit im Zugriff zu den beiden Gedächtnisspeichern zu Ungunsten des semantischen Speichers. Sie sind durchaus in der Lage, auch negative Kindheitserlebnisse zu erinnern, schaffen es jedoch nicht, Lehren für ihre Gegenwartsbeziehungen und die eigene Persönlichkeitsentwicklung daraus zu ziehen, da sie keinen Abstand zu den Bindungserfahrungen haben und darin noch sehr verwickelt sind. Sie zeigen oftmals ein hohes Ausmaß an gegenwärtigem Ärger den eigenen Eltern gegenüber und sind in hohem Maße mit ihren Bindungsbedürfnissen gegenüber ihren eigenen Eltern beschäftigt. Insgesamt fehlt ihnen die ordnende Kraft des semantischen Gedächtnisspeichers, ohne die all ihre Erinnerungen nicht mehr als einen »Repräsentanzen-Salat« darstellen (Köhler 1999). In der Fremde-Situation ließ sich bei ihnen und ihren einjährigen Kindern in hohem Ausmaß eine »unsicher-ambivalente« Bindungsqualität beobachten.

Bei einer weiteren Gruppe von Eltern, denen gegenüber die Kinder in der Fremde-Situation ein desorganisiertes / desorientiertes Bindungsmuster zeigten, ließen sich im AAI Hinweise für unverarbeitete Verlusterfahrungen (z. B. durch Tod) oder Traumata (körperlicher oder sexueller Missbrauch) finden. Wenn im AAI jene Themen angesprochen wurden, schienen diese Eltern den Interview-Kontext aus den Augen zu verlieren und zeigten Unaufmerksamkeiten in der Überwachung des Diskurses: Eine Mutter brach ihre Ausführungen darüber, wie sie vom Tod ihres Vaters erfahren hatte, abrupt mitten im Satz ab und fuhr nach längerem Schweigen – so als ob nichts gewesen wäre – mit einem ganz anderem Thema fort (Jacobvitz u.a. 2001). Gerade diese Ergebnisse über die Zusammenhänge von desorganisierter/desorientierter Bindungsqualität im Kleinkindalter und Anzeichen von unverarbeiteter Trauer/Traumata im AAI sowie die gefundenen Zusammenhänge zu psychischer Erkrankung von Eltern, sexuellem und körperlichem Missbrauch, Alkohol- und Drogenmissbrauch, Geburt des Kindes in zeitlicher Nähe zum Tod einer nahestehenden Person, gewalttätige Auseinandersetzungen von Eltern vor ihren Kindern usw. lassen diese Bindungsqualität aus klinischer Sicht besonders bedeutsam erscheinen. Kleinkinder entwickeln nach heutigem Erkenntnisstand immer dann eine desorganisierte/ desorientierte (D-Bindung) Bindungsqualität, wenn sie gleichzeitig ihre Eltern als Quelle der Sicherheit und des Erschreckens erleben, indem sie indirekt (durch dissoziative Zustände, gegenseitiges Prügeln der Eltern vor dem Kind) oder direkt (körperlicher und sexueller Missbrauch bzw. anderweitig direkt beängstigendes und erschreckendes Verhalten im Umgang mit den Kindern) immer wieder durch ihre Eltern erschreckt werden. Sie schaffen es deshalb auch nicht, in verunsichernden Situationen eine organisierte Strategie zur Erlangung von Sicherheit mit Hilfe ihrer Eltern aufrecht zu erhalten. Panik bestimmt das Bild in solchen verunsichernden Situationen, die ein Teil der Kinder durch »Wegtreten« in dissoziative Zustände löst. Die Risiken für spätere eigene psychische Erkrankung ist bei ihnen vergleichsweise hoch (s. für eine Zusammenfassung: Jacobvitz & Hazen 1999, Jacobvitz u.a. 2001).

Wenn bisher also überwiegend die positive Bedeutung intimer Beziehungen angesprochen wurde, so wird gerade hier angesichts desorganisierter Bindungsqualitäten auch deren negative Wirkung deutlich. Deshalb kann es nicht nur darum gehen, Kindern intime

Beziehungserfahrungen von Anfang an zu ermöglichen, sondern auch deren Gestaltung muss mit berücksichtigt werden. Kinder sind als aktive Partner anzuerkennen, die in ungünstigen Fällen auch erwachsene Beziehungspartner in negative Transaktionen hineinziehen können. Die Forderung nach stärkerer Beziehungsarbeit innerhalb der Jugendhilfe muss daher auch die Berücksichtigung der komplexen transaktionalen Prozesse von Bindungsentwicklung mit einbeziehen, um Veränderung und Kontinuität – wo geboten – zu gewährleisten. Dabei ist es nicht ausreichend, sich nur auf Probleme zu konzentrieren.

In Langzeituntersuchungen an Kindern mit hohem Risikopotential für Fehlentwicklung ist immer wieder eine Gruppe von Kindern aufgefallen, die sich trotz vielfältiger Risiken »normal« entwickeln. Was unterscheidet diese Kinder von anderen, die trotz vergleichsweise geringer Risiken Probleme entwickeln? Neben erhöhten Risiken findet man bei diesen Kindern Schutzmechanismen, und hier zeigt sich vor allem die Bedeutung einer guten Eltern-Kind-Beziehung. Diese gilt mittlerweile als einer der besten Schutzfaktoren, den wir kennen, und er hilft, vielfältigste Risiken und Widrigkeiten abzupuffern. Da das Leben voller Risiken ist und man selbst mit bestem Hilfesystem nicht alle aus dem Leben von Kindern tilgen kann, sind diese empirischen Befunde für Jugendhilfe nicht nur Trost, sondern auch handlungsleitend (vgl. Suess & Zimmermann 2001, Zimmermann u.a. 2000). Was können wir tun, um den Aufbau von Eltern-Kind-Bindungen gezielt zu unterstützen?

Schlussfolgerungen für die Jugendhilfe

Der Bindungsaufbau verläuft bei weitem nicht in dem Maße automatisch, wie dies die unterschiedlichen Hilfesysteme, die erst später im Leben von Kindern zuständig sind, nahe legen. Dieser Prozess ist gerade bei der Gruppe von Kindern aus Risikopopulationen höchst störanfällig, und unsichere Bindungsqualitäten werden von Generation zu Generation weitergegeben. Die moderne Bindungsforschung hat nicht nur diese Kontinuität immer wieder belegen können, sondern auch die Faktoren herausgefunden, die diese Transmissionsprozesse durchbrechen helfen und Veränderung ermöglichen. Und hiervon könnte Jugendhilfe profitieren.

Wie wir gesehen haben kommt den frühkindlichen Bindungsbeziehungen nicht auf Grund prägungsartig ablaufender Prozesse eine hohe Bedeutung für den weiteren Entwicklungsverlauf der Kinder zu, sondern auf Grund der sich mit ihrer Hilfe entwickelnden Modelle über die Bindungsperson und sich selbst in dieser Beziehung, die schließlich den Kern des während der ersten beiden Lebensjahre entstehenden Selbst bilden. Die Qualität der Bindungsbeziehung entscheidet also über die Entstehung psychischer Strukturen mit, die ihrerseits wiederum die Beziehungswelt des Kindes mitbestimmen. Da ein Kind seiner Umgebung nicht passiv ausgeliefert ist und sich diese Umwelt von Anfang an und mit zunehmendem Alter in zunehmendem Maße aktiv mitgestaltet, trägt es seine Erwartungshaltungen auf Grund früherer Erfahrungen in Bindungsbeziehungen in neue und alte Beziehungen hinein und versucht diese – ob wünschenswert oder nicht – immer wieder in Beziehungen zu bestätigen (vgl. Suess 2001). Deshalb ist es geboten, möglichst früh diese Entwicklungsspiralen – wo sie zu späterer Fehlanpassung führen können – zu unterbrechen (s. Münchener Modell einer interaktionszentrierten Säuglings-Eltern-Beratung und Psychotherapie von Papousek 1998, Schieche 2001). Das Wort »früh« müsste demnach auch in der Jugendhilfe an Bedeutung gewinnen, um möglichst von Anfang an die Entwicklung positiver Erwartungsmuster bzw. innerer Spannkraft zu fördern. Dazu steht auch konkretes Wissen aus der genannten entwicklungspsychologischen Bindungsforschung und aus Interventionsstudien zur Verfügung. Dieses Wissen drängt jetzt in die Anwendungsfelder (z. B. familientherapeutisches und bindungsorientiertes Interventionsmodell von Marvin 2001). Mittlerweile erlebt auch in Deutschland die Anwendung der Bindungstheorie einen Boom, und es wird an vielen Orten gerade das »Know-how« eingekauft, um Frühintervention vor Ort anbieten zu können. Es ist schon bezeichnend, dass gerade in der Postmoderne solche Aktivitäten boomen. Vielleicht hat dazu die Erkenntnis geführt, dass auf Bindung genauso wenig wie auf Essen und Trinken verzichtet werden kann – d. h. dass Bindung im Range eines Primärbedürfnis steht – allerdings auch, dass Familien ohne Unterstützung zunehmend weniger in der Lage sind, diese Primärbedürfnisse von Kindern zu erfüllen. Vielleicht kommt im Zeitalter der Globalisierung der Jugendhilfe die besondere Verantwortung zu, Kindeswohl aktiv zu fördern und nicht nur bei wie auch immer gearteten Problemlagen defizitorientiert tätig zu werden. D. h. Jugendhilfe sollte eine Kultur des Aufwachsens fördern (Krappmann 2001).

Im Folgenden wird kurz das aus der Bindungsforschung heraus entwickelte Frühinterventionsprojekt »STEEP« (Steps Toward Effective and Enjoyable Parenting) von Erickson und Egeland (Erickson & Kurz-Riemer 1999, Egeland u. a. 2000) dargestellt, das sich in einer längsschnittlich angelegten Evaluationsstudie als effektiv und praxistauglich erwies.

Frühintervention mit dem Ziel der Förderung der Eltern-Kind-Bindung

Zwei Ebenen der Intervention stehen bei Anwendung der Bindungstheorie im Vordergrund: Die Handlungsebene und die Repräsentationsebene. Die Handlungsebene betrifft den beobachtbaren Umgang von Eltern mit ihrem Kind, während die Repräsentationsebene die Bindungsmodelle von Eltern mit ihren Wurzeln in deren eigener Kindheit beinhaltet. Während ein Elternteil sein Kind im Arm hält, hat es gleichzeitig eine Vorstellung davon im Kopf. Manchmal sind diese Vorstellungen von Kindheit und Bindungsbeziehung so realitätsfern, dass kein Platz für das reale Kind bleibt. In anderen Fällen wieder führen Stress und Partnerprobleme dazu, dass selbst bei angemessenen Bindungsmodellen der Umgang mit dem Kind nicht einfühlsam ist. Es spricht viel dafür, immer auf beiden Ebenen gleichzeitig zu intervenieren.

Was man sehen kann, das glaubt man auch

Zur positiven Beeinflussung des Umgangs der Eltern mit ihrem Kind, eignet sich in hervorragender Weise der Einsatz von Videotechnik. Die Aufzeichnung und das gemeinsame Betrachten von Eltern-Kind-Interaktionen in ausgewählten Situationen schaffen einen sehr guten Rahmen für Veränderung. Dabei ist das Vorgehen sehr ressourcenorientiert, d. h. nicht Kritik an den Eltern, sondern aufbauend auf positiven Interaktionssequenzen, stehen die Förderung der Reflexion elterlichen Verhaltens, die Förderung der Perspektivenübernahme und der Beachtung der Auswirkungen elterlichen Verhaltens auf das Kind im

Mittelpunkt der Intervention. Nachdem eine Mutter als Teilnehmerin eines Frühinterventionsprojektes die Videoaufnahme über eine Auseinandersetzung mit ihrem 18-monatigen Kind (extreme Frühgeburt) gesehen hatte, wurde ihr zum ersten Mal deutlich, wieviel Rücksicht dieses Kind auf sie, die Mutter, nahm. Vorher hatte sie das Kind immer nur als Tyrannen und sich als Opfer gesehen.

Rückschau, um vorwärts zu kommen

Das oben genannte Feinfühligkeitstraining führt zwar meist in relativ kurzer Zeit zum Erfolg, wird jedoch immer in seiner Beständigkeit infolge unsicherer Bindungsmodelle der Eltern beeinträchtigt. Diese Bindungsmodelle haben ihre Wurzeln in den Kindheitsbeziehungen der Eltern zu ihren eigenen Eltern. In der Frühintervention kann das Erwachsenen-Bindungs-Interview (AAI) eingesetzt werden, um diese Bindungsmodelle nicht nur zu diagnostizieren, sondern auch gemeinsam mit den Eltern bearbeiten zu können. Das Interview dauert etwa eineinhalb Stunden und wird auf Band mitgeschnitten. Anschließend wird das Interview abgeschrieben. Dieses aufwendige Verfahren ist derzeit das einzige seiner Art, um Bindungsmodelle Erwachsener auf der Repräsentationsebene anzusprechen. Es hat sich nicht nur als zuverlässige Methode erwiesen, sondern auch als eine solche mit großer Vorhersagekraft für die Bindungsentwicklung von Kindern, wie oben ausgeführt wurde. Es wird derzeit daran gearbeitet, diese aufwendige Methode zeitsparender zu gestalten. Jedoch lassen die positiven Rückmeldungen den Aufwand des AAI, insbesondere bei Eltern mit sehr schwierigem Bindungshintergrund, gerechtfertigt erscheinen, wie z. B. bei Eltern mit einer Geschichte von Heimunterbringung, ausbeuterischer Beziehungsgeschichte u. ä. Diese Eltern empfinden das AAI als eine besondere Wertschätzung ihrer eigenen Person. Es hilft zudem, den sehr allgemeinen Vorsatz, den all diese Eltern haben, ihrem Kind eine bessere Erziehung zukommen zu lassen, als es bei ihnen der Fall war, konkret zu gestalten. In den Gesprächen und in den Interaktionstrainings rückt somit in den Mittelpunkt, Auswirkungen der Bindungsgeschichte der Eltern auf den Umgang mit ihren Kindern zu beobachten und zu kontrollieren, d. h. die eigene Geschichte immer mit gegenwärtigem Beziehungsgeschehen zu verknüpfen. Geschichte dient dann dem eigenen Vorwärtskommen.

Insbesondere bei Eltern mit hohem Risikopotential geben das Video-interaktionstraining und das AAI die nötige Struktur, um den Fokus der Eltern-Kind-Beziehung angesichts des familiären Stresses und des Beziehungschaos, den diese Eltern immer wieder erleben, nicht zu verlieren und die Eltern-Kind-Bindung möglichst optimal zu fördern.

Die Rolle von Wissen und Information über Kindesentwicklung
Eine gegebene Feinfühligkeit bei Eltern kann durch unangemessene Modelle von Kindheit unwirksam werden. So ist insbesondere bei sehr jungen Eltern die »Sprachlosigkeit« im Umgang mit ihren Kindern auffallend (vgl. Downing & Ziegenhain 2001). Viele von ihnen sind von der Wertlosigkeit des Sprechens mit ihrem Kind überzeugt und ebenso davon, dass ihr Kind blind auf die Welt kommt und die Mutter ja sowieso nicht verstehen würde. Wenn es gelingt, diese Eltern von der Bedeutung der Sprachmelodie und der gestischen sowie mimischen Auseinandersetzung mit dem Kind zu überzeugen, ist oft ein entscheidender Faktor zur Förderung des Kindeswohls erreicht. Stimme und Mimik unterstützen einen Säugling dabei, innere Regulation zu erlangen, d. h. sie können ihm Halt geben. Sprachlosigkeit und ausdrucksarmes Gesicht »erschrecken« einen Säugling. Die wohl verbreitetste Theorie, die der Feinfühligkeit entgegensteht, ist die Verwöhntheorie. Eltern haben große Angst, durch einfühlsames Eingehen auf die Signale des Kindes ihr Kind zu verwöhnen und sich den Haustyrannen von morgen heranzuziehen. Obwohl es in der modernen Entwicklungspsychologie mittlerweile keine Anhängerschaft dieser Verwöhntheorie mehr gibt, ist in der Bevölkerung dieses Konzept nach wie vor häufig anzutreffen. Demzufolge wird ein negatives Bild des Kindes gezeichnet: als ob es von Anfang an sein Trachten wäre, seine soziale Umgebung und seine Eltern zu beherrschen und sich ihnen gegenüber durchzusetzen. Eine solche Sichtweise des eigenen Kindes führt dazu, nicht auf das Weinen und Schreien des Kindes zu reagieren, um es nicht zu bestärken. Das Bild eines Kindes, das sehr gut auf die soziale Interaktion mit seiner Umwelt vorbereitet, also von Anfang an sozial ausgerichtet ist und eine auf Gegenseitigkeit ausgerichtete Beziehung eingehen kann, führt zu anderem Elternverhalten. Folgerichtig plädieren Entwicklungspsychologen heute dafür, das Kind von Anfang an als eigenständige Person zu respektieren, das mit seinem Weinen etwas ausdrücken möchte. Wenn es dann erfährt, dass darauf

eingegangen wird, lernt es ein positives und beziehungsförderliches Modell von Beziehungen: Wenn es mir schlecht geht, kümmern sich meine Eltern um mich, ich kann mich also auf sie verlassen, das gibt mir Sicherheit und ich bin liebenswert. Ein bedeutender Bestandteil von Frühintervention ist es demnach, angemessene Konzepte über Kindheit und abgesichertes Wissen über kindliche Entwicklung zur Verfügung zu stellen. Mehr als andere Beratungsangebote erheben viele Frühinterventionsprojekte den Anspruch empirisch abgesicherten Vorgehens. Dies stellt insbesondere die Mitarbeiter vor hohe Anforderungen angesichts der Wissensexplosion im Bereich der frühkindlichen Entwicklung und der Frühintervention. Zudem ist es erforderlich, sich zu konkreten Fragestellungen Wissen anzueignen, z. B. bei Schlafproblemen in den ersten Lebensjahren. Hier gibt es konkrete Programme, konkretes Wissen, das an Eltern weitergegeben werden kann. Besonders Eltern von erstgeborenen Kindern haben auf diesem Gebiet einen hohen Informationsbedarf (vgl. Papousek 1998, Schieche 2001).

Zeitliche Planung

Während man vor noch nicht allzu langer Zeit von den schnellen Erfolgen von Frühintervention schwärmte, weisen die jetzt vorliegenden Frühinterventionsstudien darauf hin, dass insbesondere bei hoher Risikokonstellation ein Zeitraum von mindestens drei Jahren eingeplant werden muss, wobei allerdings die Termine unterschiedlich eng gelegt werden. Gerade unter ungünstigen Bedingungen lassen sich frühe Veränderungserfolge nur dauerhaft durch eine längere Betreuung absichern. Neuere Erkenntnisse lassen für eine Aufrechterhaltung des Kontaktes zu den betreuten Familien (Termine in größeren zeitlichen Abständen) bis zum sechsten Lebensjahr plädieren. Es ist also die Erkenntnis gewachsen, dass eine dauerhafte Verbesserung von Bindungsqualitäten doch nicht so schnell und in so kurzer Zeit zu erreichen ist. Neben dem inhaltlichen Vorgehen wird deswegen auch die zeitliche Planung als bedeutsam für den Erfolg von Frühintervention betont. Es gibt bestimmte Phasen in der kindlichen Entwicklung bzw. in der Eltern-Kind-Beziehung, in denen Veränderungen sehr viel wahrscheinlicher vorkommen (sowohl in erwünschter als auch in unerwünschter Richtung) als in anderen Phasen. Terminvergaben sollten deshalb im Hinblick auf diese Entwicklungsaufgaben erfolgen: Zum einen können dadurch positive Veränderungen in die nächste Entwicklungsphase hinüber gerettet werden, zum anderen kann die natürliche Bereitschaft zur Veränderung für Intervention optimal genutzt werden.

Arbeitsweise

Während in der Erziehungsberatung üblicherweise die Beratungsleistungen überwiegend in der Beratungseinrichtung erfolgen, werden in der Frühintervention Hausbesuche angestrebt. Daher sind Fallzahlen hier auch wegen des höheren Zeitaufwandes von Intervention in der häuslichen Umgebung niedriger als in der Erziehungsberatung. Hausbesuche werden in der Frühintervention nicht in erster Linie aus Gründen des Entgegenkommens für Eltern mit kleinen Kindern favorisiert, sondern wegen des besseren Zuganges, den BeraterInnen dadurch insbesondere zu Risikofamilien erhalten. Insgesamt gestaltet sich die Hilfe dadurch niedrigschwellig. Frühinterventionsprojekte auf dem Hintergrund der Bindungstheorie stellen alle die therapeutische Beziehung in den Mittelpunkt. BeraterInnen / TherapeutInnen sollen demnach für die Ratsuchenden als sichere Basis dienen, von der aus sie nicht nur all ihr Leid und ihre Probleme erkunden, sondern auch alte Bindungsmodelle auf ihre Angemessenheit hin überprüfen können, um sie gegebenenfalls durch neue zu ersetzen. Vertrauen und Sicherheit haben deswegen in der Beratung / Therapie einen hohen Stellenwert, jedoch auch Konflikte in dieser Beziehung, die dann auch dazu führen, dass negativen Erwartungshaltungen wider- »sprochen« wird und neue Beziehungserfahrungen ermöglicht werden (vgl. Suess & Röhl 1999, Suess 2001).

Schluss

Eine Gesellschaft, die die Möglichkeiten zur Pflege intimer Beziehungen beschneidet, die Entwicklung der Fähigkeiten zum Aufbau intimer Beziehungen und später der Weitergabe dieser Fähigkeiten an die nächste Generation nicht fördert, beraubt sich selbst ihrer Grundlagen. Dies gilt insbesondere für die Postmoderne mit ihrem atemberaubenden Veränderungstempo, in der immer weniger überpersönliche Symbolgehalte die Selbstregulierung insbesondere von Jugendlichen und Heranwachsenden unterstützen. Dadurch erhalten gerade in diesen Zeiten personale Beziehungen bei der Befriedigung von Sicherheitsbedürfnissen größere Bedeutung. Doch nicht nur durch die Begleiterscheinungen der Globalisierung wird Sicherheit und Sinnstiftung erschwert, längst hat die radikale Pluralisierung der Lebensformen die Familie als immer noch vorherrschende Form der »Organisation von Sozialisationsprozessen« (Lüscher 1995, S. 236) erreicht. Das Wissen der Bindungstheorie ist jedoch auch dafür von Bedeutung, da es sich nicht nur auf familiale Beziehungsformen bezieht. Die sie prägende entwicklungspsychologische Perspektive richtet ihr Augenmerk auf die Inhalte von Entwicklungsprozessen und nicht auf die Formen, in denen sie stattfinden. Somit rücken Beziehungsqualitäten in den Vordergrund, und die Tatsache, ob Vater und Mutter in einem Haus wohnen, andere Partner haben o. ä. spielt keine Rolle. Die Aussagen der Bindungstheorie sind deswegen auch unabhängig von mit Familie verbundenen Norm- und Wertvorstellungen. Darin steckt auch der Wert der Bindungstheorie gerade in der Postmoderne. Dadurch, dass sie ihr Augenmerk auf die Wirkmechanismen – die Wurzeln – menschlicher Entwicklung richtet, kann sie als Richtschnur bei scheinbar grenzenloser Beliebigkeit (anything goes) bzw. traditioneller Überbetonung äußerer Sozialisationsformen dienen. Deshalb ist sie auch für eine Familienpolitik von Nutzen, in deren Zentrum nicht ein bestimmtes Modell von Familie steht,

> »sondern das Bemühen, ihre anthropologischen Aufgaben (die der Familie, Anm. d. Verfassers) unter Berücksichtigung der vielfältigen, sich rasch ändernden Lebensbedingungen immer wieder neu zu bedenken und zu gestalten.«
>
> Lüscher 1995, S. 248

Gerade wenn alle äußeren Sicherheiten wegbrechen und alles Gewohnte sich schneller verändert, als uns lieb ist, kommt es auf Fähigkeiten zur Schaffung eines »Netzes verlässlicher, d. h. eine gedeihliche Entwicklung ermöglichender, Beziehungen« (Lüscher 1995, S. 246) bzw. über die Verfügbarkeit von sicheren Basen an. Davon handelt die Bindungstheorie – wie im vorliegenden Beitrag gezeigt wurde – und deshalb sind ihre Beiträge gerade auch im Zeitalter der Globalisierung von Bedeutung (Suess 1996).

Literatur

Ahnert, L., Rickert, H. (2000): Belastungsreaktionen bei beginnender Tagesbetreuung aus der Sicht früher Mutter-Kind-Bindung. Psychologie in Erziehung und Unterricht, 47, 189–202.

Ainsworth, M. D. S., Blehar, M. C., Waters, E. & Wall, S. (1978): Patterns of attachment. A psychological study of the strange situation. Dillsdale (Lawrence Erlbaum).

Bowlby, J. (1975): Bindung. München (Kindler).

Bowlby, J. (1976): Trennung. München (Kindler).

Bowlby, J. (1983): Verlust, Trauer und Depression. Frankfurt (Fischer).

Bowlby, J. (1988): A secure base: Clinical Applications of attachment theory. London (Tavistock, Routledge).

Bretherton, I. (2001): Bindungsbeziehungen und Bindungsrepräsentationen in der frühen Kindheit: Überlegungen zum Konstrukt des Internalen Arbeits-Modells. In: Brisch, K.-H., Grossmann, K. E., Grossmann, K. & Köhler, L. (Hg.): Bindung und seelische Entwicklungswege. Vorbeugung, Intervention und Praxis. Stuttgart (Klett-Cotta).

Bretherton, I., Munholland, K. A. (1999): Internal Working Models in Attachment Relationships: A Construct Revisited. In: Cassidy, J., Shaver, P. R. (1999): Handbook of Attachment: Theory, Research, and Clinical Applications. New York (Guilford Press).

Bretherton, I., Suess, G. J., Golby, B., Oppenheim, D. (2001): Attachment Story Completion Task (ASCT) – Methode zur Erfassung der Bindungsqualität im Kindergartenalter durch Geschichtenergänzungen im Puppenspiel. In: Suess, G. J., Scheuerer-Englisch, H., Pfeifer, W.-K. (2001): Bindungstheorie und Familiendynamik. Gießen (Psychosozial-Verlag).

Brisch, K.-H. (1999): Bindungsstörungen – Von der Bindungstheorie zur Therapie. Stuttgart (Klett-Cotta).

Brisch, K.-H., Grossmann, K. E., Grossmann, K. und Köhler, L. (Hg., im Druck): Bindung und seelische Entwicklungswege. Vorbeugung, Intervention und Praxis. Stuttgart (Klett-Cotta).

Cassidy, J., Shaver, P. R. (1999): Handbook of Attachment: Theory, Research, and Clinical Applications. New York (Guilford Press).

Crittenden, P. M. (1999): Klinische Anwendung der Bindungstheorie bei Kindern mit Risiko für psychopathologische Auffälligkeiten oder Verhaltensstörungen. In: Suess, G. J. & Pfeifer, K.-W.(1999): Frühe Hilfen. Die Anwendung von Bindungs- und Kleinkindforschung in Erziehung, Beratung, Therapie und Vorbeugung. Gießen (Psychosozial-Verlag).

Downing, G. & Ziegenhain, U. (2001): Besonderheiten der Beratung und Therapie bei jugendlichen Müttern und ihren Säuglingen – die Bedeutung von Bindungstheorie und videogestützter Intervention. In: Suess, G. J., Scheuerer-Englisch, H. & Pfeifer, W.-K. (2001): Bindungstheorie und Familiendynamik. Gießen (Psychosozial-Verlag).

Egeland, B., Weinfield, N. S., Bosquet, M. & Cheng, V. K. (2000): Remembering, Repeating, and Working Through: Lessons from Attachment-Based Interventions. In: Osowsky, J. D. & Fitzgerald, H. E.: Infant Mental Health in Groups at High Risk (Bd. 4). WAIMH Handbook of Infant Mental Health. New York (J. Wiley & Sons, Inc).

Erickson, M. F., Kurz-Riemer, K. (1999): Infants, Toddlers, and Families. A Framework for Support and Intervention. New York, London (Guilford Press).

Fonagy, P., Steele, H., Steele, M. (1991): Intergenerational patterns of attachment: Maternal representations during pregnancy and subsequent infant-mother attachments. Child Development, 62, 891–905.

George, C., Kaplan, N. & Main, M. (1985): Adult Attachment Interview (2. Aufl., Unveröffentlichtes Manuskript). Berkeley (University of California).

Gloger-Tippelt, G. (2001): Bindung im Erwachsenenalter. Göttingen (Huber).

Grossmann, K. E. (2000): Bindungsforschung im deutschsprachigen Raum und der Stand bindungstheoretischen Denkens. Psychologie in Erziehung und Unterricht, 47, 221–237.

Grossmann, K. & Grossmann, K. E. (1998): Bindungstheoretische Überlegungen zur Krippenbetreuung. In: Ahnert, L. (Hg.): Tagesbetreuung für Kinder unter drei Jahren. Theorie und Tatsachen (S. 69–81). Bern (Huber).

Grossmann, K., Grossmann, K. E., Spangler, G., Suess, G. J. & Unzner, L. (1985): Maternal sensitivity and newborn orienting responses as related to quality of attachment in Northern Germany. In: Bretherton, I. & Waters, E. (Hg.): Growing points of attachment theory and research. Monographs of the Society for Research in Child Development, 50, 233–256.

Grossmann, K. E., Grossmann, K. & Zimmermann, P. (1999): A wider view of attachment and exploration: Stability and change during the years of immaturity. In: Cassidy, J. & Shaver, P. R. (Hg.): Handbook of attachment: Theory, research, and clinical applications. New York (Guilford Press), S. 760–786.

Jacobvitz, D., Hazen, N. (1999): Developmental Pathways from Disorganization to Childhood Peer Relationships. In: Solomon, J., George, C. (1999): Attachment Disorganisation. New York (Guilford Press).

Jacobvitz, D., Hazen, N., Thalhuber, K. (2001): Die Anfänge von Bindungs-Desorganisation in der Kleinkindzeit: Verbindungen zu traumatischen Erfahrungen der Mutter und gegenwärtiger seelisch-geistiger Gesundheit. In: Suess, G. J., Scheuerer-Englisch, H. & Pfeifer, W-K. P.: Bindungstheorie und Familiendynamik. Gießen (Psychosozial Verlag).

Köhler, L. (1999): Anwendung der Bindungstheorie in der psychoanalytischen Praxis. Einschränkende Vorbehalte, Nutzen, Fallbeispiele. In: Suess, G. J. & Pfeifer, K.-W. (1999): Frühe Hilfen. Die Anwendung von Bindungs- und Kleinkindforschung in Erziehung, Beratung, Therapie und Vorbeugung. Gießen (Psychosozial-Verlag).

Krappmann, L. (1994): Sozialisation und Entwicklung in der Sozialwelt gleichaltriger Kinder. In: Schneewind, K. A. (Hg.): Enzyklopädie der Psychologie – Pädagogische Psychologie, Bd. 1: Psychologie der Erziehung und Sozialisation. Göttingen (Hogrefe), S. 495–524.

Krappmann, L. (2001): Geleitwort. In: Suess, G. J., Scheuerer-Englisch, H. & Pfeifer, W-K. P. (2001): Bindungstheorie und Familiendynamik. Anwendung der Bindungstheorie in Beratung und Therapie. Gießen (Psychosozial-Verlag).

Lewin, K. (Ausgewählte Schriften): Cognitive or field theory of personality. In: Sahakian, W. S. (1977): Psychology of Personality: Readings in Theory. Chicago (Rand McNally).

Lichtenberg, J. D. (1998): Intimität mit dem Selbst. Vortrag bei der Arbeitsgemeinschaft für integrative Psychoanalyse, Psychotherapie und Psychosomatik am 6.6.1998 in Hamburg.

Lüscher, K. (1995): Postmoderne Herausforderung der Familie. Familiendynamik. 20, 233–251.

Main, M. (1981): Avoidance in the service of proximity: A working paper. In: Immelmann, K., Barlow, G., Petrinovich, L. & Main, M. (Hg.): Behavioral development: The Bielefeld Interdisciplinary Project. New York (Cambridge University Press), S. 651–693.

Marvin, R. S. (2001): Beiträge der Bindungsforschung für die Praxis der Familientherapie. In: Suess, G. J., Scheuerer-Englisch, H. & Pfeifer, W.-K. (2001): Bindungstheorie und Familiendynamik. Gießen (Psychosozial-Verlag).

Marvin, R. S. & Britner, P. A. (1999): Normative Development – The Ontogeny of Attachment. In: Cassidy, J. & Shaver, P. R. (Hg.): Handbook of attachment: Theory, research, and clinical applications. New York (Guilford Press). S. 760–786).

Matas, L., Arend, R. & Sroufe, L. A. (1978): Continuity of adaptation in the second year: The relationship between quality of attachment and later competence. Child Development, 49, 547–556.

Papousek, M. (1998): Das Münchner Modell einer ineraktionszentrierten Säuglings-Eltern-Beratung und -Psychotherapie. In: von Klitzing, K.: Psychotherapie in der frühen Kindheit. Göttingen (Vandenhoeck & Ruprecht).

Pfaundler, M. v. (1925): Über Anstaltsschäden bei Kindern. In: Monatsschrift für Kinderheilkunde, 29, 611.

Rauh, H. (1995): Frühe Kindheit. In: Oerter, R.& Montada, L.: Entwicklungspsychologie. Weinheim (Psychologie Verlags Union, Beltz), S. 167–248.

Rauh, H. (2000): Themenhefte »Bindung (1 und 2)« der Zeitschrift »Psychologie in Erziehung und Unterricht« Heft 2 und 3.

Robertson, J. (1962): Hospitals and children: A parent's eye view. New York (Gollancz).

Rowling, J. K. (1997): Harry Potter und der Stein des Weisen. Hamburg (Carlsen).

Schieche, M. (2001): Störungen der Bindungs-Explorationsbalance und Möglichkeiten der Intervention. In: Suess, G. J., Scheuerer-Englisch, H. & Pfeifer, W.-K. (2001): Bindungstheorie und Familiendynamik. Gießen (Psychosozial-Verlag).

Simpson, J. A. (1999): Attachment Theory in Modern Evolutionary Perspective. In: Cassidy, J. & Shaver, P. R. (Hg.): Handbook of attachment: Theory, research, and clinical applications. New York (Guilford Press), S. 760–786.

Solomon, J., George, C. (1999): Attachment Disorganisation. New York (Guilford Press).

Spangler, G. (2001): Die Psychobiologie der Bindung – Ebenen der Bindungsorganisation. In: Suess, G. J., Scheuerer-Englisch, H. & Pfeifer, W.-K. (2001): Bindungstheorie und Familiendynamik. Gießen (Psychosozial-Verlag).

Spangler, G., Grossmann, K. (1999): Individual and Physiological Correlates of Attachment Disorganization in Infancy. In: Solomon, J., George, C. (1999): Attachment Disorganisation. New York (Guilford Press).

Spangler, G., Zimmermann, P. (1995):Die Bindungstheorie – Grundlagen, Forschung und Anwendung. Stuttgart (Klett-Cotta).

Spitz, R. (1945): Hospitalism: An inquiry into the genesis of psychiatric conditions in early childhood. In: The Psychoanalytic Study of the Child, 1, 53–74.

Sroufe, L. A., Cooper, R. G.& DeHart, G. (1992): Child Development – Its Nature and Course. New York (McGraw-Hill).

Sroufe, L. A., Egeland, B., Carlson, E. A. (2000): One Social World: The Integrated Development of Parent-Child and Peer Relationships. In: Collins, W. A. & Laursen, B.: Relationships as developmental contexts. The 30th Minnesota symposium on child psychology. Hillsdale, N.J. (Erlbaum), S. 241–262.

Sroufe, L. A., Fleeson, J. (1988): The coherence of family relationships. In: Hinde, R. A. & Stevenson-Hinde, J. (Hg.): Relationships within families: Mutual influences. Oxford (Oxford University Press), S. 27–47.

Sroufe, L. A. & Waters, E. (1977): Attachment as an organizational construct. Child Development, 48, 1184–1189.

Suess, G. J. (1990): Die Arbeit mit Scheidungsfamilien – Überlegungen aus der Sicht der Bindungstheorie und der Kontextuellen Therapie. Praxis d. Kinderpsychol. u. Kinderpsychiat., Heft 8, Oktober.

Suess, G. J. (1996): Entwicklungspsychologische Bindungstheorie: Beiträge für die Erziehungsberatung. In: Dillig, P. & Schilling. H. (Hg.): Erziehungsberatung in der Postmoderne. Mainz (Matthias-Grundewald-Verlag).

Suess, G. J. (2001): Eltern-Kind-Bindung und kommunikative Kompetenzen kleiner Kinder – Die Bindungstheorie als Grundlage für ein integratives Interventionskonzept. In: Schlippe, A. v., Lösche, G. & Hawellek, C.: Frühkindliche Lebenswelten und Erziehungsberatung – Die Chancen des Anfangs. Münster (Votum-Verlag).

Suess, G. J., Grossmann, K. E., Sroufe, L. A. (1992): Effects of infant attachment to mother and father on quality of adaptation in preschool: From dyadic to individual organization of self. International Journal of Behavioral Development, 15, 43–65.

Suess, G. J. & Pfeifer, K.-W.(1999): Frühe Hilfen. Die Anwendung von Bindungs- und Kleinkindforschung in Erziehung, Beratung, Therapie und Vorbeugung. Gießen (Psychosozial-Verlag).

Suess, G. J. & Röhl, J. (1999): Die integrative Funktion der Bindungstheorie in Beratung / Therapie. In: Suess, G. J. & Pfeifer, K.-W.(1999): Frühe Hilfen. Die Anwendung von Bindungs- und Kleinkindforschung in Erziehung, Beratung, Therapie und Vorbeugung. Gießen (Psychosozial-Verlag).

Suess, G. J., Scheuerer-Englisch, H. & Pfeifer, W.-K. (2001): Bindungstheorie und Familiendynamik. Gießen (Psychosozial-Verlag).

Suess, G. J., Zimmermann, P. (2001): Anwendung der Bindungstheorie und Entwicklungspsychopathologie – Eine neue Sichtweise von Entwicklung und (Problem-) Abweichung. In: Suess, G. J., Scheuerer-Englisch, H. & Pfeifer, W.-K.: Bindungstheorie und Familiendynamik. Gießen (Psychosozial-Verlag).

Vaughn, B. E., Heller, C. & Bost, K. K.(2001): Bindung und Gleichaltrigenbeziehungen während der frühen Kindheit. In: Suess, G. J., Scheuerer-Englisch, H. & Pfeifer, W.-K.: Bindungstheorie und Familiendynamik. Gießen (Psychosozial-Verlag).

Waters, E., Kondo-Ikemura, K., Posada, G. & Richters, J. E. (1991): Learning to Love: Mechanisms and Milestones. In: Gunnar, M. & Sroufe, L. A.: Self processes and development. The Minnesota Symposia on Child Development. Hillsdale, New Jersey (Erlbaum).

Van Ijzendoorn, M. H. (1995): Adult attachment representations, parental responsiveness, and infant attachment. A meta-analysis on the predictive validity of the adult attachment interview. Psychological Bulletin, 117, 387–403.

Weinfield, N. S., Sroufe, L. A. & Egeland, B. (2000): Attachment from Infancy to Early Adulthood in a High-Risk Sample: Continuity, Discontinuity, and Their Correlates. Child Development, 71, 3, 695–702.

Ziegenhain, U., Rauh, H., Müller, B. (1998): Emotionale Anpassung von Kleinkindern an die Krippenbetreuung. In: L. Ahnert (Hrsg.): Tagesbetreuung für Kinder unter drei Jahren. Theorie und Tatsachen. Bern (Huber), S. 82–98.

Zimmermann, P., Suess, G. J., Scheuerer-Englisch, H. & Grossmann, K. E. (2000): Der Einfluss der Eltern-Kind-Bindung auf die Entwicklung psychischer Gesundheit: Konzepte und Befunde aus Längsschnittstudien. In: Petermann, F., Niebank, K. & Scheithauer, H. (Hg.): Entwicklungspsychopathologie der frühen Kindheit. Göttingen (Hogrefe).

Autorenangaben

Prof. Dr. Bernd Ahrbeck, Institut für Rehabiliationswissenschaften an der Humboldt-Universität, dort Leiter der Abteilung für Verhaltensgestörtenpädagogik.

PD Dr. Ann Elisabeth Auhagen, Freie Universität Berlin, Fachbereich Psychologie.

Claus Barkmann, Diplom-Psychologe, Mitarbeiter der Abteilung für Psychiatrie und Psychotherapie des Kinder- und Jugendalters, Klinik und Poliklinik für Psychiatrie und Psychotherapie am Universitätsklinikum Hamburg-Eppendorf.

Prof. Dr. Dr. Peter Gottwald, Lehrstuhl für Psychologie mit dem Schwerpunkt Psychotherapie an der Carl-von-Ossietzky Universität Oldenburg.

Prof. Dr. Wolfgang Hantel-Quitmann, Professor für klinische Psychologie und Familienpsychologie an der Hochschule für Angewandte Wissenschaften in Hamburg.

Prof. Dr. Peter Kastner, Professor für Psychologie und Methodenlehre an der Hochschule für Angewandte Wissenschaften in Hamburg.

Prof. Martin Kirschenbaum, Ph. D., Gründer und Ehrenpräsident der California Graduate School of Family Psychology in San Francisco, Professor für klinische Psychologie an der John-F.-Kennedy University in Orinda.

Alexander Korittko, Diplom-Sozialarbeiter und Paar- und Familientherapeut, Systemischer Supervisor (DGSF), Weiterbildungsreferent am Institut für Systemisch-Integrative Paar- und Familientherapie in Hamburg.

Prof. Dr. Gerd Lehmkuhl, Direktor der Klinik und Poliklinik für Psychiatrie und Psychotherapie des Kindes- und Jugendalters der Universität zu Köln.

Prof. Dr. Ulrike Lehmkuhl, Humboldt-Universität Berlin, Klinik für Psychiatrie, Psychosomatik und Psychotherapie des Kindes- und Jugendalters an der Berliner Charité.

Prof. Dr. Matthias Petzold, Professor am Erziehungswissenschaftlichen Institut der Heinrich-Heine-Universität Düsseldorf und an der Universität zu Köln, eigene Praxis für Medien- und Familienberatung.

Dr. med. Angela Plaß, Mitarbeiterin der Abteilung für Psychiatrie und Psychotherapie des Kinder- und Jugendalters, Arbeitsgruppe »Schizophrenie«, Klinik und Poliklinik für Psychiatrie und Psychotherapie am Universitätsklinikum Hamburg-Eppendorf.

Prof. Dr. Georg Schürgers, Hochschule für Angewandte Wissenschaften in Hamburg, Schwerpunkt »Sozialarbeit mit psychisch Kranken«, Arzt für Psychiatrie, Psychotherapie und Psychotherapeutische Medizin.

Prof. Dr. Michael Schulte-Markwort, stellvertretender Direktor der Abteilung für Psychiatrie und Psychotherapie des Kinder- und Jugendalters, Klinik und Poliklinik für Psychiatrie und Psychotherapie am Universitätsklinikum Hamburg-Eppendorf.

Barbara Standke-Erdmann, Paartherapeutin in freier Praxis in Hamburg.

Dr. Gerhard Suess, Diplom-Psychologe, Leiter einer Erziehungsberatungsstelle in Hamburg.

bereits erschienen 2002
368 Seiten · Broschur
EUR (D) 19,90 · SFr 35,90
ISBN 3-89806-131-0

Dieser Sammelband ist ein erster Versuch, zu zeigen, wie unterschiedlich und vielfältig sich Erinnerungen an den Holocaust kulturell, wissenschaftlich und biografisch gestalten können, wenn Verbindungen zur eigenen historischen Herkunft explizit hergestellt werden. Dies ist gerade für die deutsche Debatte wichtig, weil noch immer suggeriert wird, es gäbe so etwas wie allgemeine Formen des Erinnerns an den Holocaust. Der Band möchte Deutsche dazu ermutigen, sich im Zusammenhang mit dem Holocaust mit den eigenen Familiengeschichten in ihren kulturellen und politischen Bezügen zu beschäftigen. Die amerikanischen Beiträge zeigen, wie selbstverständlich dies bereits für die Nachkommen der Überlebenden ist.

P⊞V
Psychosozial-Verlag

Februar 2002 · 247Seiten
Broschur
EUR (D) 24,90 · SFr 44,50
ISBN 3-89806-141-8

Das Buch behandelt kompensatorische Formen kirchlicher Glaubensverluste an den Beispielen Naturfrömmigkeit, »heilender« Sex, Körperkulte. Der Autor zeigt Zusammenhänge mit der zunehmenden Unanschaulichkeit der modernen Naturwissenschaften auf und stellt Helmuth Plessners Lehre von der Natürlichen Künstlichkeit des Menschen in allgemeinverständlicher Sprache dar.

Ergänzende Beiträge zu Begriffen wie Rolle, Vertrauen in großen Gruppen, ewiger Frieden, Heimat zeigen jeweils das ersatzreligiöse Moment auf. Er plädiert dafür, Psychoanalyse zu den philosophischen Selbst- und Weltdeutungsunternehmen zu rechnen.

PᴥV
Psychosozial-Verlag

April 2002 · ca. 250 Seiten
Broschur
EUR (D) 36,– · SFr 63,–
ISBN 3-89806-142-6

Das Buch untersucht aus interdisziplinärer Perspektive das Verhältnis von Erinnerung und Neubeginn, somit das Verhältnis von Vergangenheit und Zukunft, von Vergangenheits-bewältigung und neuem Lebensentwurf. Ob Erinnerungen verarbeitet werden können, welche Formen des Erinnerungsprozesses für die Verarbeitung nützlich sind – diese Fragen interessieren den Psychotherapeuten ebenso sehr wie den Historiker, den Ethnologen, aber auch den Literaturwissenschaftler.

P🖾V
Psychosozial-Verlag

Jörn W. Scheer (Hg.)

Identität in der Gesellschaft

Beiträge zum besseren Verständnis der *Conditio Humana* in diesen Zeiten

edition psychosozial

Bereits erschienen 2001
302 Seiten
Broschur
EUR (D) 29,90 · SFr 53,–
ISBN 3-89806-130-2

Dieses Buch bietet eine multidisziplinäre Sicht auf die Conditio Humana, in der sich ein psychologischer Ansatz mit einer gesellschaftlichen Perspektive verbindet, die ernste Themen ernst nimmt, aber auch die Leichtigkeit des Daseins nicht verkennt. Nicht nur, weil einige der Autoren sich der »Psychologie der Persönlichen Konstrukte« George Kellys verpflichtet fühlen, ist dabei ein über weite Strecken sehr persönliches Buch herausgekommen, das nicht nur Fachleute ansprechen wird.

P V
Psychosozial-Verlag